정치지도자론

정치지도자론

정치와 정치가가 나아가야 할 길

이진호 지음

한국학술정보(주)

'콩 심은 데 콩 나고 팥 심은 데 팥 난다'라는 말은 '원인에 따라서 결과가 생긴다'라는 뜻이다. 실제 정치 정의와 개념 이해 등 접근 방식에 따라 정치가의 행동 양식도 달라진다. 인간의 기본적인 사고체계와 행동 양식은 자신이 습득한 지식과 경험이 가장 강한 영향을 미친다. 교육을 통한 사회화가 중요한 이유가 여기에 있다. 처음부터 올바르거나 합리적인 지식을 습득하면 건전한 사고체계를 형성하지만, 올바르지 않고 비합리적인 지식을 습득하게 되면 불건전한 사고체계가 형성되기 마련이다. 정치에 대한 개념 이해가 중요한 이유도 어떤 정의 내용을 학습하고 이해하고 경험하고 추구하느냐에 따라 국가 발전과 국민을 위해 임하는 지도자가 될 수도 있고, 자신의 이기적인 탐욕 실현을 위해 국민을 선동하고 투쟁을 일삼는 정치가가 될 수도 있기 때문이다.

오늘날 어느 나라 할 것 없이 정치가들을 보면, 정치가 무엇인지 정치가인 자신들이 무슨 일을 해야 할지 그 내용과 방법을 잘 알지도 못하면서 저급한 정치 하위문화를 만들고 익혀 정치를 하겠다고 나서는 사람들이 너무 많다. 그들이 하는 행동의 면면을 지켜보면 하나같이 국가와 국민을 위한 일을 하는 것이 아니라, 자신들의 이기적인 탐욕을 채우기 위한 일을 하면서 국민을 명분으로 내세워 국민을 위한 일을 하는 척 가장된 행동이나 쇼를 일삼는다. 이제는 이러한 정치 하위문화를 당연한 것으로 받아들이는 정치가가 증가하고 그러한 풍조가 대중에게까지 퍼져 오히려 좋은 정치 문화를 개발하고 유지·발전시키려는 사람들을 애송이나 세상 물정을 모르는 사람 취급을 하는 경향까지 생겨나고 있다. 그러니 올바른 정치가 이루어지지 않는 나라가 많다.

안다는 것은 단순하게 깨닫거나 습득한 지식을 기억으로 가지고 있는 것이 아니라 생각하여 판단하고 관계하는 일까지 해야 제대로 아는 것이라고 할 수 있다. 정규교육을 받거나 책을 많이 읽고 스스로 수행을 한 사람 중에는 자신이 많은 것을 안다고 생각하는 경향이 있다. 실제로 많은 것을 아는 사람도 있다. 그런데 깨달음을 얻고, 지식(知識)을 많이 가졌다고 아는 것이 많다고 할 수 있는가? 그것은 아니다. 지식이 가치가 있으려면 지식을 통하여 식견을 갖출 수 있어야 한다.

식견도 그것을 갖추는 것으로 끝나서는 소용이 없다. 올바른 일을 하는 데 사용해 가치를 창출해야 한다. 안다는 것이 실제 제대로 아는 것이 되려면 아는 것을 올바른 일을 위해 사용하고 실천해야 한다. 그래서 "구슬이 서 말이라도 꿰어야 보배"라는 말이 생겼다. 어느 나라 할 것 없이 정치가들은 상당한 학력을 보유하고 있으며, 사람들 앞에서 고사성어와 명언을 인용하는 등 상당히 유식한 척하는 경향이 있다. 그러나 진짜 아는 것이 있는 정치가는 자신이 아는 것을 올바른 일을 위해 사용하고 실천한다. 정치가에게 올바른 일은 무엇인가? 그것은 국가와 국민을 위해 헌신하고 봉사하는 일이다. 즉 국가와 국민을 위해 아는 것을 올바르게 사용하는 사람이 진짜 아는 것이 있는 사람이다.

잘못된 정치와 정치가에 대한 인식을 바로잡아 국가와 국민을 위해 정치가들이 올바른 정치를 하도록 하기 위해, 정치가 무엇이고 정치가가 무슨 일을 하는 사람인지, 좋은 정치를 하는 방법은 무엇인지 그 답을 제시하였다. 부디 정치가 원래 만들어진 목적대로 널리 세상을 이롭게 하는 데 도움이 되었으면 하는 바람이다.

2012년 6월 30일
이진호

목 차

제2장 | 정치와 정치가 행태에 대해 갖는 의문과 이해 제고

제4장   올바른 정치의 길

제1장

국가에 대한
개념 이해와 정치 접근

1. 국가

1) 국가의 형태 정립과 발전

국가(國家, state)는 일정한 영토에 거주하는 다수인으로 구성되어 통치권을 갖고 있는 공동체, 일반적으로 일정한 영토 내의 주민에 대해 통제권을 행사하는 권력기구를 가리켜 사용된다. 그것은 원시시대의 부족국가에서 시작되어 고대의 도시국가, 전제국가와 제국, 중세의 봉건국가, 근대의 절대군주국가, 시민국가 등 다양한 형태를 거쳐 발전해 왔다. 그러나 이탈리아어 'stato'에서 유래한 유럽계 유사어의 용례는 통상 절대군주국가 이후의 근대국가, 즉 주민에 대해 배타적이고 전면적인 통제권을 갖는 주권국가를 가리키고 있다.

그 의미에서의 국가는 주권(sovereignty: 최고 권력)의 뒷받침이 되는 군대 및 경찰조직을 독점하고 행정을 지지하는 관료기구를 구비하여 통화의 발행, 과세나 관세 등의 경제 및 재정의 권력을 보유함으로써 성립한다. 또한 근대국가가 정비되면 그것은 성문법에 따라 지배되고 독립의 재판소를 갖는 법치국가, 입헌국가로 발전한다. 영국과 미국에서는 통상 이렇게 성립한 입법, 행정, 사법의 권력기구 전체를 가리켜 '정부(government)'라고 한다. 그런데 독일이나 일본에서의 정부는 '행정부'만을 가리키는 것이 보통이다.

정부는 국가 내에서 일원적으로 성립한다는 것이다. 복수의 국가(州)가 그 기본적인 권한을 유지한 채 연합으로서 큰 국가를 구성할 때 그것은 연방국가(federal state)라고 한다. 미합중국이나 독일

연방공화국이 그 예이다. 시민혁명으로 주권국가가 주민사회나 주민의 인권 보호자로 전환하여 주민이 국가에 일체감을 갖는 국민(nation)으로 상승함에 따라 그것은 국민국가라고도 불리게 되었다. 'nation'은 오늘날 종종 국가의 동의어로 이용되고 있다. 국민국가의 성립과 함께 교육이나 소통(communication)을 통하여 문화나 언어의 국민적인 평준화가 진행되어 국민의 일체성을 높이고 국가주의(nationalism)를 낳았다.

광의의 국가가 역사상 무엇을 계기로 출현하였는가에 대해서는 오래 전부터 "기마 민족에 의한 정복(굼플로비치, Ludwig Gumplowicz)"이나 "지배 집단에 의한 착취기구의 형성(마르크스, Karl Marx)" 또는 "농업 사회에서의 수리의 통제(비트포겔, Karl August Wittfogel)" 등의 설이 뒤섞여 있다. 또한 국가가 갖는 권력과 다른 사회집단이 갖는 권력의 관계에 대해서는 '본질에서 동등하다는 다원적 국가론(라스키, Harold Joseph Laski)'과 '국민에 의한 궁극적인 최고 권력으로서 권리의 시인이 수반된다는 일원적 국가론(베버, Max Weber)' 등이 있다. 그 어느 것을 취하든 근대 이후의 세계에서 국가가 기본적인 정치집단이고 국민이 국가권력의 통제로부터 벗어날 수 없다는 사실은 변함이 없다.

근대에 국가가 주관적인 국민국가로 구성되었다는 것은 자본주의 경제가 국가의 영역을 단위로 하는 국민경제로 발전하였다는 사실과 상응하는 것이다. 근대 국민국가에서 국민은 전통적인 존재로서의 민족과 동일하지 않다. 그러나 19세기 말부터 20세기에 걸친 민족주의 운동의 발전 속에서 각 민족이 각각 국가를 만드는 민족자결의 권리가 주장되면서 근대국가의 재편 물결은 세계를 크게 흔들게 되었다. 그것은 한편으로는 식민지 국가를 해체하는 계기가 되었지만, 다른 한편으로는 나치 독일과 같이 근린 제국을 강권으로 병합하거나 유고슬라비아와 같이 인종분쟁으로 국가가 해체하는 계기가 되기도 하였다.

20세기 후반 이후 다민족 다문화가 공존하는 국민국가의 재형성이 모색되었던 것은 그 때문이다. 그러나 세계경제에서 국제화의 진행은 국민국가의 기반인 국민경제를 해체하고 있다. 다국적 기업이 발전하여 유럽연합(EU)과 같은 국민국가의 상위 지역기구가 성립한 것은 그 결과에 지나지 않는다. 그 위에 세계무역기구(WTO)나 국제통화기금(IMF)과 같은 국제기구가 종횡으로 조직되어 국제연합의 여러 기구와 호응하면서 강력하게 국가에 개입한다. 이 의미에서 과거와 같은 주권국가로서의 국민국가는 큰 전환점에 직면하고 있다.[1]

(1) 국가의 형성

국가의 형성이론은 여러 가지가 있다. 홉스(Thomas Hobbes)가 볼 때, 국가는 개인이 자유를 구가하게끔 하기 위해서가 아니라, 개인을 파멸로 이끄는 자유로부터 개인을 구하기 위해 형성된 것이다.[2] 하지만 국가는 초월적 세계로부터 그 존재 이유를 확보하고 있다기보다는 인간의 뜻에 따라 이루어진 인위적 기제라고 할 수 있다. 시민 사회의 분자화된 개인들 사이의 갈등 위에 군림하며, 이들의 갈등을 통제하는 객관적인 법질서로 투영되고 있다. 국가는 도덕적 힘뿐 아니라 물리적·도구적 힘, 심지어는 심리적 압력이나 문화적 영향력까지 행사하는 것이 현실이다.

---

1) 21세기 정치학대사전.
2) 박완규(2007), "리바이어던, 근대국가의 탄생", 사계절, p.157.

국가는 인간의 경제와 정치적 필요 때문에 생겨났다. 첫째, 인간이 국가를 형성한 것은 인간생존에 필요한 물자의 자급자족을 위한 것이다. 인간의 기본적 경제욕구인 의식주(衣食住) 문제는 공동의 노력을 통하여 원활하게 해결해 나갈 수 있고, 타자로부터 분리된 고립된 존재로서는 그 경제적 욕구를 충족시킬 수 없다. 인간 각자는 다른 사람이 필요로 하는 것을 그들에게 줄 수 있으며, 다른 사람이 줄 수 있는 것을 필요로 한다. 이러한 상호의존 관계는 필연적으로 노동의 분화와 기능의 전문화를 가져오며 사회가 발전할수록 강화된다. 경제적 필요 때문에 결합한 사람들 사이의 경제적 근거에서 오는 노동의 전문화는 더 많은 양과 더 좋은 질의 물자를 더욱더 쉽게 생산하는 것을 의미한다. 노동의 분업화에 입각한 인간적 협동은 최초에는 가정사회로부터 시작해서 점점 복잡해지면서 마침내 국가사회 규모에 이르게 된다. 국가 성립의 최초 원인은 이렇게 경제적 필요에 있었다. 모든 국가는 그 본성에서 그 무엇보다도 큰 경제적 관심이 있으며, 언제나 최대한으로 경제생활에서 자급자족적 생존을 유지하는 상태가 되도록 노력한다. 인간생활과 인간생존에 경제적 자급자족은 결정적 의미를 지닌다. 가족은 개인보다는 경제적으로 더 자급자족한다. 사회는 가족보다 더욱 경제적 자급자족을 실현한다. 사회가 자급자족할 만큼 커져서 비로소 국가가 형성된다. 경제적 자급자족은 인간과 사회와 국가가 존재하는 한 언제나 변함없이 소망 되는 것이다. 국가는 인간이 생존하기 위해 서로의 도움이 필요한 데서 성립하고, 사람들이 상호 조력자로서 한 거주지에 모이면서 형성하는 생활공동체가 국가로 발전하지만 경제적 자급자족을 지향하는 국가는 정상적 국가가 아니다. 하지만 국가에서 가장 중요한 문제는 국민이 먹고사는 일과 직결된 경제문제이다. 먹고사는 것은 인간을 포함한 모든 생물의 영원한 공통 해결과제이다. 둘째, 국가는 먼저 경제적 필요에서 생겨났다. 경제적 필요 때문에 결합한 개인들은 각자의 독자적 공헌으로 경제사회를 구성한다. 경제사회를 형성한 각 개인은 처음에는 개인적 이해관계에만 집착하게 된다. 경제사회에서 사람들 사이의 갈등과 대립은 필연적이다. 여기서 국가의 정치적 역할이 요구된다. 국가는 경제사회 또는 사회생활에서 야기되는 갈등과 대립을 해소하려는 정치적 필요 때문에 형성된다.[3] 사회 속에서 인간 대 인간의 투쟁은 사회가 발전할수록 더욱 진전되고 그것이 해결되지 않으면 만인(萬人)에 대한 만인(萬人)의 투쟁 상태에 도달해 사회를 해체 상태로까지 이르게 할 수도 있다. 인간은 그러한 상태를 미리 방지하기 위해 정치적 역할을 통해 사회질서의 조직화를 시도하고 사회가 분열과 파쟁(派爭)으로 마비되거나 파국 상태에 이르지 않도록 질서를 확립해 나간다.

(2) 국가권위와 개인 자율성 사이의 대립과 갈등

국가의 기본기능은 국가 구성원의 갈등을 완화해 내부 질서를 지키고 외부의 침해로부터 안전을 유지하는 데 있다. 이처럼 국가는 안정된 질서를 요구하는 개인들이 있기 때문에 존재한다.[4] 그러나 개인의 자율성과 국가의 권위 사이에는 심각한 갈등과 대립이 존재한다. 국가의 권위는 개인에게 판단을 정지하고 국가의 판단에 따르라고 요구한다. 이와 같은 성격의 국가권위에 복종할 경우, 개인의

---

3) 이수윤(1998), "정치학 개론", 법문사, pp.105~107.
4) 박완규(2007), "리바이어던, 근대국가의 탄생", 사계절, p.151.

가장 중요한 의무, 즉 매 순간 개인이 옳다고 판단하는 것을 선택해야 할 자율성의 의무와 배치되는 문제를 불러일으킨다. 그러므로 통치자나 정부에 의한 국가권위에 대한 조건 없는 복종행위 요구는 시민 불복종운동을 만들어낸다. 시민은 법을 따라야 할 의무가 있음에도 문제의 법이 부당하다고 판단할 경우, 이에 불복한다.

시민 불복종(civil disobedience)[5]은 국가가 심각한 수준으로 정의의 규범이나 도덕의 규범을 위배할 때, 그 오류를 바로잡는 데 이바지하는 등 합리적인 지배가 이루어지도록 하는 중요한 요소이다. 따라서 지배와 복종의 관계를 안정시키기 위하여 지배자 쪽에도 피지배자 쪽에도 그들의 관계가 정당한 것이라 하여 피차에 인정하는 지배 정당성의 근거에 대한 신념이 필요하다. 합법적 지배는 제정된 법질서가 가지는 합법성에 지배·복종의 근거를 두는 것으로서, 기본적으로는 법의 지배를 의미한다. 법의 지배(rule of law)는 사람에 의한 자의적 지배를 부정하고 법에 따른 지배를 강조하는 원리이다. 이 경우 법질서는 인간의 주체적인 정치적 활동으로 창조되고 변경될 수 있다는 신념이 전제된 것이다.

국가의 권위가 도덕성을 띤 정당한 권위인지, 다수의 동의에 입각한 법적인 권위인지에 관한 한, 항상 불확실성이 내재해 있다. 그러나 이러한 불확실성에도 국가에 대한 복종을 결정하는 것은 '나'이다. 정치적 복종은 국가에 대한 문제가 아니라 '나'에 대한 문제인 셈이다. 국가의 권위가 도덕적 차원이나 법적 차원에서 불

---

5) 시민 불복종(市民不服從, Civil Disobedience)은 국가의 법, 정부 또는 지배 권력의 명령 등이 부당하다고 판단했을 때, 이를 공개적으로 거부하는 행위를 말한다. 대개 비폭력 수단을 쓴 저항이지만, 꼭 그렇지 않을 수도 있다. 인도의 비폭력 저항 운동(모한다스 카람찬드 간디의 사회 복지 운동, 영국으로부터의 독립운동)과 남아프리카 공화국의 인종차별 반대 투쟁, 미국의 공민권운동 등이 대표적인 예이며, 소크라테스의 유명한 재판이 시민 불복종의 철학적 토대를 마련한 사건으로 간주한다.

확실성에도 '내'가 복종하기로 한다면, '나'의 불완전성과 이기주의적 속성을 고려할 때, 그것은 의미 있는 결단이다.[6]

2) 국가의 3요소

국가에는 영토, 국민(사람), 주권(정부)이 갖춰져 있어야 한다는 견해이다. 그 어느 것이 빠져도 국가라고 할 수 없다. 그러나 현재 국경을 초월한 다양한 교류가 활발하게 이루어지고 있으며 또한 영토의 의미를 갖지 않는 지구온난화 등의 국제적 문제(issue)도 많아져 영토 혹은 영토 자체가 문제가 되고 있다. 국가는 국민을 가져야 하지만, 그 사람들은 시대에 따라 신민(臣民), 국민(nation)으로 불리고 있다. 그리고 주권은 대외적인 주권, 대내적인 주권(그것을 나타내는 것이 내정 불간섭)으로 성립하지만, 현재는 기본적으로 주권을 인정하면서도 국제기구, 지역통합 등이 진행되는 과정에서 그러한 주권이 수정되고 있다. 또한 유효한 통치가 불가능한 국가도 있는데 그것을 '파탄국가'라고 하는 예도 있다. 이상의 요소 외에도 국가는 폭력장치(경찰, 군대)를 정통적으로 보호 유지하는 등의 기본적인 특징을 가지고 있다.[7]

(1) 영토

영토(領土, territory)는 광의로는 국가의 통치권이 미치는 영역으로서 영해·영공(領海·領空)까지도 포함하지만, 국제법상의 협의(狹義)

---

6) 박효종(2001), "국가와 권위", 박영사, pp.26~61.
7) 21세기 정치학대사전.

에서는 국가영역(國家領域) 가운데 그 중심 부분인 토지(土地)에 관한 부분만을 말한다. 국가는 국제법상 그 상부(上部) 또는 내부(內部)에 광범한 배타적·전속적 권리(排他的·專屬的 權利), 이른바 주권(영토고권(領土高權))을 가진다. 영토의 범위는 각 국가가 권력행사(權力行使)를 정상적으로 발동할 수 있는 법률적 범위이므로 각 국가의 헌법(憲法)에 규정되고 있다.

본국뿐만 아니라 국외의 영토도 포함된다. 또 영토는 국가 간에 법률상 정당하게 발동할 수 있는 권력의 범위 또는 한계를 확정하므로 국제법상 영토 및 국경에 관하여 원칙이 확립되어 있다. 특히, 국경(國境)은 자연적 경계 및 인위적 경계와 국제 조약에 의한 경계의 2종으로 구별하고 있으며, 영토의 변경절차에 관하여는 제국 헌법 중에 별도로 규정하고 있는 국가도 있다. 영토는 국제법상 할양·병합·정복·선점으로 변경된다. 또 영토에 관한 한, 무해항행(無害航行)·무해항공(無害航空)에 상응하는 의무는 없다.[8]

(2) 국민

국민(國民, nation people)은 국가의 소속 구성원으로서 국적을 가진 자이다. 국권에 복종하는 국민의 지위를 신민(subject)이라 하고 국정에 참여할 국민의 지위를 공민(citizen)이라 한다. 각국은 국민이 되는 요건은 법률(국적법)로 정하고 있으며, 국민은 포괄적인 통치권의 지배를 받는다. 그리고 국민은 위와 같이 개개의 국가 소속 구성원만을 뜻하지 않고 국가기관으로서의 국민이라는 이념적 통일체를 의미하기도 한다. 이러한 의미에서의 국민을 선거인단(選擧人團)이라고 한다.[9]

---

8) 법률용어사전.

(3) 주권

주권(主權, sovereignty)은 일반적으로 입법·행정·사법이라는 국가 제반 권력의 기초가 되는 지배 권력을 의미한다. 보댕(Jean Bodin)에 의하여 주창된 이후 다음과 같은 여러 가지 의미로도 사용됐다. ▲국가의 최고 의사: 국가 정치의 형태를 최종적으로 결정하는 권력·군주주의 또는 국민주권이라고 일컫는 경우의 주권은 이 뜻이다. ▲국가권력이 최고의 독립성인 것: 주권국 또는 비주권국이라고 일컫는 경우의 주권을 말한다. ▲통치권 또는 국권: 이 뜻의 주권은 여러 가지 권리의 총체라 하고 혹은 단일한 원시적·고유·불가분의 권력이라고 한다. "주권은 국민에게 있고 모든 권력은 국민에게서 나온다"라는 각국의 헌법 조항은 주권이 국가의 최고 의사이자 국가 정치 형태를 최종적으로 결정하는 권력임을 의미하는 것이다.[10]

국민주권(國民主權, popular sovereignty)은 국가의 정치 형태와 구조를 최종적으로 결정하는 권력이 국민에게 있다는 원리로 국민주권주의, 인민주권과 같은 말이다.[11] 국가의 정치에 관한 최종적인 결정권이 군주에게 있을 때는 군주주권이라 하고, 국민에게 있으면 국민주권이라 한다. 그 결과 국민이 헌법 제정권을 갖게 되고 민주주의의 유력한 근거가 되었다.[12] 민주정치는 국가의 주권이 국민에게 있고 국민의 의사에 따라 운용되는 정치를 말한다. 즉 국민주권 개념이 근간이다.

국민주권 개념은 토마스 홉스(Thomas Hobbes)와 존 로크(John Locke),

---

9) 법률용어사전.

10) 법률용어사전.

11) Basic 고교생을 위한 정치경제 용어사전.

12) Basic 고교생을 위한 윤리 용어사전.

장 자크 루소(Jean-Jacques Rousseau) 같은 철학자가 주장한 사회계약설과 밀접하게 연관되어 있다. 넓은 의미로는 군주주권에 대응하여 프랑스 혁명(the French Revolution) 이후 형성된 민주주의 일반을 지칭하는 것으로 사용하기도 하고, 좁은 의미로는 인민주권과 대비하여 개별적 국민이 아닌 추상적 국민에게 주권이 있다는 원리로도 사용한다.[13] 엄밀히 말한다면 국민을 추상적인 단일체로 파악하여 그것이 주권을 가지는 경우와 개개의 개인에 주목하여 그 집단으로서의 국민이 주권을 가지는 경우로 구별하기도 한다. 후자의 국민주권이라는 말에는 다분히 부르주아(bourgeois)[14] 주권이라는 뉘앙스(nuance)[15]를 가미(加味)하여 쓰고 있는 경우가 많다.

오늘날 대부분의 국가는 넓은 뜻의 국민주권의 원리를 인정하고 있다.[16] 그러나 국민주권 개념이 단순한 주의(主義)상의 개념에 그침으로써 나폴레옹(Napoléon) 제정과 같이 주권은 국민에게 있으나 주체적인 통치권은 군주에게 위임된다는 전제정치 합리화의 이론으로 사용된 예도 많다.[17] 국민주권주의(國民主權主義)는 국가의사를 결정하는 최고의 원동력은 국민에게 있다는 것이다. 통치권자는 국민에 의해서 결정되고, 국가의 모든 통치 권력의 행사는 국민에 의해서 이루어지는 것을 말한다. 주권은 국내에서는 최고의 권력이며, 국외에 대해서는 독립의 권력을 의미한다. 또 국민주권에서의 '국민'은 개별적인 국민을 의미하는 것이 아니라 '이념적·정치적

---

13) Basic 고교생을 위한 정치경제 용어사전.

14) 부르주아(프 bourgeois)는 중세 유럽 도시에서, 중산 계급의 시민·근대 사회에서, 자본가 계급에 속하는 사람.

15) 뉘앙스(프 nuance)는 어떤 말에서 느껴지는 느낌이나 인상.

16) doopedia 두산백과.

17) Basic 고교생을 위한 윤리 용어사전.

통일체로서의 전체 국민'을 말한다.[18]

2. 헌법

　헌법(憲法)은 국가 존립의 기본적 조건을 규정하는 근본법으로 국가의 조직·구성·작용의 대원칙을 정한 기초법이다. 다른 법률·명령으로써 변경할 수 없는 한 국가의 최고 법으로 국민의 기본권을 보장하고 국가의 권력구조와 국가 기능 상호 간의 관계를 규율함으로써 모든 국가작용의 근원과 정당성의 근거를 이룬다. 헌법은 기본적으로 국가의 형태, 국가에 대한 개인의 기본권 그리고 통치조직의 조직과 구성, 기능을 규율대상으로 하고 있다. 이 밖에 국가의 사회경제적인 과제를 기본권의 형태로 또 사회경제질서 형성에 대한 국가의 과제를 선언하는 형태로 표현한다. 오늘날 보편화하여 있는 헌법국가는 인류의 오랜 역사의 산물이다.[19]

---

18) 시사상식사전.

19) 전광석(2004), "한국헌법론", 법문사, p.3.

3. 삼권분립

삼권분립(三權分立, separation of the three powers)은 상호 간 견제·균형을 유지함으로써 국가권력의 집중과 권력의 남용을 막기 위하여 권력을 입법·사법·행정의 상호 독립된 세 기관에 분산하는 원리이다. 자유주의적인 정치조직 원리로서 국가권력의 전횡(專橫)을 방지하여 국민의 자유를 보호하기 위한 것이다. 이 이론을 처음으로 받아들인 것은 1787년 미국연방헌법이었으며, 1791년 및 공화력(共和曆) 3년의 프랑스 헌법 등이 이를 채택하였다. 영국은 불문헌법 국가이기 때문에 1688년 명예혁명이 있을 때까지 대헌장(마그나카르타)·권리청원·권리장전 등에 의한 헌법적 원칙이 문서로 만들어짐으로써 이 원칙이 서서히 나타났다. 그 뒤로 삼권분립주의는 차차 헌법적 원칙으로 발전하고, 오늘날과 같이 보편화하기에 이르렀다.[20]

1) 입법부

입법 기관은 국민이 선출한 의원들로 구성된 국회(의회)로, 법률을 제정하고 헌법 기관을 구성하며 국정을 감시하고 견제하는 대의 정치의 핵심적인 기관이다.[21]

---

20) 하태권 외(2001), "현대 한국정부론", 법문사, pp.309~310.
21) Basic 중학생을 위한 사회 용어사전.

2) 사법부

사법부는 법에 따라 재판을 하는 기관으로, 대법원과 대법원이 담당하는 모든 기관을 통틀어 이르는 말이다. 독립된 사법 기관으로 오늘날 세계 각국이 공통으로 독립성을 보장하고 있다. 공정한 재판을 위해 무엇보다 중요한 것은 사법부의 독립이다. 사법부는 법관으로 구성되며, 대표자는 대법원장이다. 법관은 국민의 권리를 보호하고 정의를 지키기 위해 헌법과 법률로 양심에 따라 자유롭게 심판하도록 규정하고 법관의 신분을 보장하고 있다.[22]

3) 행정부

행정부는 행정을 맡아보는 국가 기관을 말한다. 행정부(行政府)는 입법·사법·행정 등 한 나라의 통치 기구 전체를 가리키며, 좁게 보면 내각 또는 행정부 및 그에 부속된 행정 기구만을 가리킨다. 행정부는 국가의 통치권을 행사하는 기구로, 각 법을 근거로 한 정책을 집행하는 곳이다. 대부분 관공서가 바로 이 행정부에 속하며, 행정부의 우두머리는 대통령이다.[23]

---

22) 학습용어 개념사전.
23) 학습용어 개념사전.

4. 정부

1) 정부의 개념과 역할

사회는 상호작용하는 개인과 집단의 복잡한 이해관계로 구성되어 있다. 사회를 구성하는 수많은 개인과 집단들은 권력이나 물질적 재화 혹은 지위나 명예 등의 사회적 가치를 둘러싸고 서로 많이 차지하려고 경쟁한다. 그런데 이들이 추구하는 사회적 가치는 매우 한정되어 있기 때문에, 사회적 가치의 배분을 둘러싼 경쟁은 필연적으로 갈등을 가져온다. 그러나 사회적 질서와 안정을 유지하기 위해 갈등은 완화되거나 해소되어야 한다.

정부는 이와 같은 정치체제 내에서 발생하는 갈등을 완화하거나 없앨 수 있는 방법을 모색하고 그것을 실행하기 위한 장치(device)라 할 수 있다. 정부는 사회적 갈등을 없애고 사회통합을 이루기 위하여, 정책결정 및 집행을 통하여 사회 전체의 이익이 증진되는 방향으로 정당한 권위(legitimate authority)를 행사하여 그 사회의 구성원들에게 가치를 배분하는 기능을 수행한다. 이러한 역할을 통하여 정부는 사회적 질서를 유지하고, 환경의 변화에 적응하도록 사회를 변화시키기도 한다.[24]

일반적으로 거시적인 관점에서 정부의 역할은 시장과의 관계에서 규칙 제정자(심판자), 지원자, 규제자로 구분할 수 있다. 이러한 정부의 역할은 이념적 성격과 시대적 위상에 따라 달라진다. 정부의 역할을 규제자와 지원자의 관점에서 본다면 네 가지 유형으로

---

[24] 하태권 외(2001), "현대 한국정부론", 법문사, pp.11~12.

구분할 수 있다. 정부의 시장에 대한 규제와 지원이 거의 없는 경우는 자유방임주의형이다. 이때 정부의 역할은 규칙 제정자에 국한된다. 규제는 거의 없는 상태에서 정부의 강력한 지원이 있는 경우는 중상주의형이다. 여기서 정부의 주된 역할은 지원자의 역할이다. 정부의 규제와 지원을 동시에 강력하게 하는 경우는 가부장주의형인데, 정부는 지원자와 규제자의 역할을 동시에 수행한다. 정부의 지원은 약한 대신에 강력한 정부의 규제를 받는 경우는 입법주의형이며, 정부는 규제자 구실을 한다. 미시적 관점에서 정부의 기능은 정부가 제도상 또는 사실상 담당하는 행정사무인 정부가 '하는 일'을 말한다. 정부의 기능은 활동영역에 따라 법질서 유지, 국방 및 외교, 경제적, 사회적, 교육·문화적 기능으로 분류할 수 있으며, 활동과정의 성질에 의해 기획·집행, 규제·조장·중재 기능으로 분류할 수 있다.

정부의 형태는 넓은 의미와 좁은 의미의 두 가지 형태로 나눌 수 있다. 넓은 의미의 정부는 삼권분립구조를 이루는 입법부, 사법부, 행정부 모두 포함한 총체적인 정부기관을 지칭하며 정부를 국가 통치기구 혹은 국가권력구조로 본다. 이러한 권력분립의 원리가 헌법의 권력구조에 어떻게 적용되느냐에 따라 여러 가지 정부형태로 나눌 수 있다. 일반적으로 권력집중형 전제주의와 권력분립형 입헌주의로 나눌 수 있으며, 입헌주의 정부형태는 다시 대통령제와 의원내각제 등으로 구분할 수 있다. 좁은 의미의 정부형태는 국가 목적을 달성하기 위해 행정권을 행사하는 정부관료제 조직으로 입법부와 사법부에 대한 행정부를 의미하며 행정권의 주체이다.[25]

정부의 사명은 ① 정의를 수호하고, ② 내정의 안정을 확립하며,

---

25) 이종수 외(2005), "새 행정학", 대영문화사, pp.51~55.

③ 국토를 방위하고, ④ 국민 복지를 증진하고, ⑤ 자유를 지키는 것[26]이지만, 정부의 제1차적인 임무이면서 본원적인 임무는 국민이 일상생활에서 불편을 겪지 않도록 공공의 서비스를 제공하는 것이다. 오늘날 우리는 무한경쟁시대에 살고 있다. 정부도 여기서 예외가 될 수 없다. 정부의 경쟁력이 떨어지면, 정부에 의해 영향을 받는 기업의 경쟁력이 떨어지고, 사회 다른 부문의 경쟁력도 저하될 수밖에 없다. 이 치열한 무한경쟁 여건 속에서 살아남기 위해서는 이제 정부 부문도 관점의 전환이 필요하다. 힘의 논리로 대변되는 정치적 사고보다, 합리성과 효율성으로 대변되는 경영적 사고가 어느 때보다 요구된다.[27]

전통적인 정부의 개념은 정부와 민간부문과의 관계뿐 아니라 세계화의 영향으로 근본적으로 변화하고 있다. 민간부문과의 관계에서는 사회 각 부문이 공공정책과 행정에 더 많은 영향력을 행사하게 되면서 사회에 대해 통제적이고 규제적인 기관으로 보았던 전통적인 정부의 개념이 구시대의 개념이라는 주장이 나오고 있다. 세계화는 현대정부에 심각한 도전이 된다. 정부의 역할뿐만 아니라 전통적인 정부의 개념에 근본적인 변화를 일으켜 놓고 있기 때문이다. 정부에 대한 긴장의 일부는 국제환경의 점진적인 중요성의 결과이자 동시에 세계적 압력으로부터 자국의 경제와 사회를 차단하려는 정부 능력의 한계에서 비롯된 것이다. 정부에 대한 압력은 국제 자본시장에서 그리고 유럽연합(EU, European Union)[28]과 같은

---

26) 조셉 S. 나이 외 저, 박준원 옮김(2001), "국민은 왜 정부를 믿지 않는가", 굿인포메이션, p.28.

27) 박세정(1995), "세계화 시대의 일류행정", 가람기획, pp.14~21.

28) 유럽연합(EU, European Union)은 1957년 유럽경제공동체가 출범한 이후 단일 유럽법과 마스트리흐트조약에 의한 EC(European Community, 유럽공동체)의 새로운 명칭이다. 약칭은 EU이다. 유럽의 정치·경제 통합을 실현하기 위하여 1993년 11월 1일 발

초국가적 기구에서 나오고 있다. 따라서 세계화는 국가의 주권에 심각한 제약을 가하고 있다. 경제협력개발기구(Organization for Economic Cooperation and Development, OECD)는 "주권의 개념을 외부의 간섭 없이 통제력을 행사할 수 있는 능력으로 정의한다면, 국민국가는 분명히 주권의 약화를 경험하고 있다"라고 지적한다.[29] 그러나 정부는 그저 단순하게 어떤 가치 있는 정책내용과 정책 목적을 달성하는 수단적 존재 그 이상의 의미가 있는 존재이다. 따라서 정부의 정책결정과정을 정부가 생산해내는 가시적이고 물질적인 성과만을 기초로 평가해서는 곤란하다.

사람들은 정부를 통해 자신의 존엄성과 가치를 인정받으려고 한다. 더 나아가서 정부의 정책결정과정은 타인에 대해 윤리적으로 행동할 수 있도록 가르치고, 우리의 인격을 형성하는 학교의 기능을 수행한다. 타인은 우리에게 중요하다. 그들이 우리를 어떻게 생각하느냐 하는 것이 우리의 자존심과 존엄성에 대한 느낌을 좌우한다. 정부의 정책과정 역시 이러한 느낌이 전달되는 상호작용의 과정이다. 정부의 역할 가운데 하나는 바로 국민의 존엄성과 가치에 대한 사회적 인정(social recognition)이다. 사회적 인정이라고 하는 가치는 결코 시장에서 생산되거나 거래될 수 없는 성질의 것이다.[30]

효된 마스트리흐트조약에 따라 유럽 12개국이 참가하여 출범한 연합기구이다. 원래 EEC(European Economic Community, 유럽경제공동체) 회원국은 벨기에·프랑스·서독·이탈리아·룩셈부르크·네덜란드였으며 1973년에 덴마크·아일랜드·영국, 1981년에 그리스, 1986년에 포르투갈·스페인, 1995년에 오스트리아·핀란드·스웨덴 등 EFTA(European Free Trade Association, 유럽자유무역연합) 회원국이 모두 가입하였다. 2004년 폴란드·헝가리·체코·슬로바키아·슬로베니아·리투아니아·라트비아·에스토니아·키프로스·몰타 등 10개국이 가입하였고, 2007년 불가리아·루마니아가 새로 가입함으로써 가맹국 수가 총 27개국으로 늘어났다.

29) 주성수(2004), "공공정책 가버넌스", 한양대학교 출판부, p.17.

30) 오석홍 외(2000), "정책학의 주요이론", 법문사, p.320.

(1) 제도

제도(制度, institution)는 사회 속에서 일정 기간 지속해서 사람들의 행위를 구속 또는 방향설정, 사람들의 상호관계를 정형화함으로써 하나 또는 복수의 기능을 충족하는 구조나 절차, 규범체계를 말한다. 협의로는 법률이나 규칙에 명문화된 행동 규칙을 가리키지만, 광의로는 공식적인 규칙의 배경에 이것을 지지하는 관습, 문화, 양식(pattern), 더 나아가 일상생활의 간(間) 주관적[31]인 의미 구성에 대해 이용되는 때도 있다. 즉 정치제도·교육제도·경제제도·가족제도·종교제도 등에서부터 도덕이나 언어와 같은 것까지 포함한다. 이 제도가 존재함으로써 사회를 구성하는 모든 개인의 행동은 억제되고 방향이 부여되기 때문에, 안정적으로 더불어 살아갈 수 있다.[32]

(2) 정책

정책(政策, policy)은 정치 과정의 산물로서 공공목표의 달성 또는 공공문제의 해결을 위해 정부나 정치단체가 취하는 활동 방향이다. 보통 정책 결정은 입법부나 행정부 등 국가기관에서 내려지지만, 이해 당사자인 시민도 언론이나 이익단체 등을 통해 정책 결정에 능동적으로 참여할 수 있다. 오늘날 정책 결정 과정에는 선거나 여론 형성을 통한 참여뿐만 아니라, 국민의 의사를 정치화하는 정당이나 이익단체 등의 참여가 커다란 비중을 차지하고 있다.[33]

---

31) 간(間) 주관적(Inter Subjective) 또는 상호 주관적: 많은 주관 사이에서 서로 성질이 공통적인 것을 뜻함.

32) 21세기 정치학대사전.

33) Basic 고교생을 위한 정치경제 용어사전.

(3) 행정

행정(行政, public administration)은 정치를 행함, 법률에 좇아서 정무(政務)를 집행하는 행위, 입법 작용 및 사법 작용을 제외한 국가의 통치 작용이다. 근대 국가는 국가 작용을 입법·사법·행정의 3부문으로 구별하여 각기 국회·법원·행정부에 분배하고, 상호 견제·균형에 의하여 권력 남용을 방지하는 권력분립제를 취하고 있다.34) 일반적으로 행정이라 하면, 법 아래에서 법의 규제를 받으면서 국가 목적 또는 공익을 실현하기 위해 행하는 능동적이고 적극적인 국가 작용을 말한다. 그러나 이러한 정의는 정부의 행정, 즉 공행정(public administration)(→공공행정)에만 국한된 개념이다.

행정의 개념에는 이러한 공행정(公行政)뿐만이 아니라 넓게는 민간 기업의 경영, 즉 사행정(business administration)까지 포함되기도 하므로 행정의 개념을 한마디로 정의하기란 사실상 어려운 일이다. 사행정(私行政)까지 포함된 행정의 개념을 넓은 의미의 행정 또는 일반행정(general administration)이라고 부른다. 왈도(D. Waldo)는 넓은 의미의 행정을 '고도의 합리성을 지닌 협동적 인간 노력의 한 형태'라고 정의하고, 사이먼(H. A. Simon)은 '어떤 특정의 목적을 달성하기 위하여 두 사람 이상이 모여 협동하는 행위'라고 정의하였다.

어쨌든 넓은 의미의 행정은 모든 조직에 적용할 수 있는 인간 협동의 측면에 초점을 둔 개념이고, 좁은 의미의 행정은 행정조직을 중심으로 이루어지는 그 구조와 공무원의 활동을 의미한다. 그러나 이러한 개념은 단순히 적용 범위를 놓고 구분한 것에 지나지 않으며, 행정을 파악하는 측면에 따라 그 개념도 달라질 수 있다.

---

34) Basic 고교생을 위한 정치경제 용어사전.

이를테면 행정을 관리적 측면에서 파악하면 국가 목적을 실현하기 위한 사람과 물자의 관리라 말할 수 있고(행정관리설), 통치적 측면에서 파악하면 행정은 정치와 더불어 통치과정 일부로서 정책과정이라 볼 수 있으며(통치기능설), 사회를 바람직한 방향으로 변화시키고 발전을 유도하는 통치 기능으로 볼 수도 있다(발전기능설). 그리고 행정업무를 처리하는 사람의 행태에 초점을 모아 행정을 파악하면 공동목표를 달성하기 위한 합리적이고 집단적인 협동 행위가 곧 행정으로 볼 수 있다(행정형태설).35)

2) 대표적인 정부형태 세 가지

(1) 대통령중심제

대통령제(大統領制, presidential system)는 행정부와 입법부가 엄격히 분립·독립되며 행정부의 수반인 대통령은 국민에 의하여 선출되는 정부형태이다. 행정부와 입법부를 엄격히 분립시켜 상호 간에 대등한 관계를 유지하는 이른바 '견제와 균형'의 원리에 충실한 제도다. 대통령제 또는 대통령책임제라고도 한다. 행정부의 수반인 대통령은 국민에 의하여 선출되며, 행정부와 입법부는 뚜렷하게 독립되어 있다. 대통령을 수반으로 하는 행정부가 국민에 대하여 책임을 지고 모든 정책을 수행한다. 법률안거부권을 행사할 수 있어서 의회 다수당의 횡포를 견제할 수 있다.

대통령은 국회해산권이 없으며 입법부 또한 대통령 불신임권이

---

35) 이해하기 쉽게 쓴 행정학용어사전.

없어, 대통령의 임기 기간 내에는 정권이 계속 유지된다. 대통령 임기 동안은 정국이 안정될 수 있고, 국회 다수당의 횡포를 견제할 수 있다는 장점이 있으나, 임기가 보장됨에 따라 행정부가 정치적 책임에 둔감할 수 있으며 후진국에서는 대통령 독재의 우려가 있다. 18세기 미국에서 시작돼 이후 중남미 각국에 보급되었으며 오늘날 내각책임제와 함께 세계에서 널리 채택되고 있는 정부조직의 한 형태다.36) 의원내각제는 영국의 역사적·정치적 관습의 산물인데 반하여, 대통령제는 독립전쟁 이후에 미국이 인위적으로 만들어낸 새로운 정부형태로서 많은 나라가 미국의 대통령제를 모방하고 있다.

대통령제의 특징은 대통령제에서는 대통령을 수반으로 하는 행정부의 성립과 존속이 의회로부터 완전히 독립되어 있다. 대통령은 국민이 선출하고 행정부는 대통령에 따라서 구성되며, 대통령은 국가수반인 동시에 행정수반의 지위를 가진다. 대통령과 정부는 임기 동안 의회에 대하여 정치적 책임을 지지 않으며 의회를 해산할 권한도 없다. 의회의원과 행정부 각료의 겸직이 인정되지 않고 정부의 법률안 제출권이나 행정부 각료의 의회출석·발언권도 인정되지 않는다. 그러나 입법부와 집행부의 상호억제와 균형을 위해 일반적으로 대통령은 법률안거부권을 가지며, 의회는 고위공무원 임명에 대한 동의권, 국정감사·조사권, 탄핵소추권 등을 가진다.

대통령제의 장점은 크게 보면 정국의 안정, 정책의 계속성, 국회 다수파의 횡포 방지 등 세 가지를 들 수 있다. 대통령의 임기가 보장되므로 임기 중 정국이 안정된다. 대통령과 정부가 정책을 지속해서 추진하는 것이 가능하므로 국가의 정책이 계속성을 가지게 되고 강력한 행정을 수행할 수 있다. 의회 다수당의 횡포를 방지할

---

36) 시사상식사전.

수 있으며, 국회에서 다수결에 의해 배제된 소수자의 이익을 보호할 수 있다.

대통령제의 단점은 크게 보면 대통령의 독재화, 행정부와 의회의 조화 어려움 두 가지를 들 수 있다. 국가원수와 행정수반의 지위를 겸하는 대통령이 방대한 권력을 가지면서 임기 중 국회에 대하여 책임을 지지 않으므로 독재화될 위험이 크며 대통령의 권력이 비대해질 가능성이 있다. 대통령의 소속당과 국회의 다수당이 일치하지 않을 때 행정부와 입법부의 충돌을 해결할 조정방법이 없게 되고, 정국의 불안정이 장기화한다.[37]

(2) 의원내각제

의원내각제(議員內閣制, parliamentary government)는 내각책임제 또는 의회정부제라고도 한다. 정부의 성립이 의회의 신임을 받는 것을 필수조건으로 하는 제도이다. 즉 의회의 신임을 받아서 내각을 구성한다. 의원내각제는 영국의 제한군주제 틀 속에서 서서히 형성되어 18세기 말까지 거의 확립된 원칙이 되었다. 본래 의원내각제는 국왕과 의회라는 2개 기관의 대항관계를 전제로 하고 있으며, 내각은 국왕과 의회 간에 국왕의 신임을 얻어 행정권을 행사함과 동시에 국민대표인 의회에 대해서 책임을 지는 처지에 놓인다.

영국에서 불문의 헌법관습으로 성립한 의원내각제는 19세기에는 유럽대륙의 입헌군주제 제국에서 채용하게 되었으며, 그 과정에서 이론적으로 정리되어 헌법 규정으로 성문화되었다. 공화제 국가로 최초로 의원내각제를 채용한 것은 제3 공화제시기(1875~1940년)의 프

---

37) 네이버 지식사전.

랑스이다. 이때 내각을 임명한 것은 대통령의 역할이었지만, 대통령 자신은 의회에 의해 선임되기 때문에 의회에 대항하는 권력으로서는 기능하지 못하였다. 헌법상 대통령에게 부여되어 있던 의회 해산권도 1877년 이후에는 행사할 수 없게 되어 유일한 국민대표기관인 의회가 내각에 대한 우위를 갖게 되었다(일원주의적 의원내각제).

의원내각제의 개념에 대해서는 내각이 의회에 대해서 책임을 지고, 의회의 신임을 잃은 내각은 사직해야 한다는 점을 본질적 특징으로 볼 것인지(책임 본질설), 내각의 의회 해산권 행사로 실현된 의회와 내각의 억제·균형관계를 중시할 것인지(균형 본질설)에 따라 견해가 달라지지만, 후자의 입장에서 제3 공화제 하의 프랑스의 제도는 진정한 의원내각제라고는 볼 수 없다. 그러나 현대는 단지 의회와 내각이라는 2개 기관의 관계에만 주목하는 것이 아니라 양 기관과 국민(유권자)의 관계에서 의원내각제를 받아들이는 것이 더욱 중요할 것이다.[38]

(3) 군주제도·입헌군주제

군주제도(君主制度, monarchy)는 일반적으로 귀족계급의 우두머리인 1명의 군주가 단독으로 통치하는 정부 형태이다. 군주가 법에 제한 받지 않고 통치하는 전제(절대)군주제가 군주의 권한이 법으로 제한되는 입헌군주제로 발전해 왔다. 입헌군주제(立憲君主制, constitutional monarchy)는 왕권과 민주주의를 양립시키는 구조이다. 오늘날 입헌군주제를 취하는 국가에서는 일반적으로 군주는 명목적 원수에 그칠 뿐 사실상 통치권은 없다.[39]

---

38) 21세기 정치학대사전.

5. 정치

1) 정치의 발현

사회에서 인간과 인간 사이의 투쟁은 그들이 추구하는 사회적 가치의 희소성 때문이다. 인간은 생존을 위한 물질적 욕망을 비롯하여 명예욕에 이르기까지 그 욕망이 무한하다. 그러한 인간 욕망을 충족시키기 위하여 일정한 사회가 자유롭게 처리할 수 있는 자원은 유한다. 무한한 욕망과 유한한 자원 사이의 모순은 필연적으로 사람들 사이의 갈등과 투쟁을 촉발시킨다. 인간이 한정된 희소자원의 획득을 둘러싸고 서로 대립하는 곳에서는 인간과 인간의 싸움은 좀처럼 피할 수 없다. 인간과 인간의 대립, 경합, 투쟁관계는 당사자들 사이에서 해결되는 때도 있지만, 종종 날카롭고 치열한 투쟁으로 진전되기도 한다. 그러한 사태를 미리 방지하기 위해 사회질서의 조직화가 시도된다. 바로 여기에서 정치는 필연적으로 등장한다.

정치는 인간 사회생활의 제반 문제로부터 발생하며 직접 결합하여 있다. 인간의 정치생활은 국가의 역할과 더불어 시작된다. 정치는 항상 국가권력을 중심으로 전개되며, 권력의 확립과 권력행사를 통해 발현된다. 정치의 역할에 의해서 사회생활 내부에 질서가 확립되고 사회생활이 영속화할 수 있다. 하지만 정치는 단순히 사회적 질서의 조화에 그쳐서는 안 된다. 궁극적으로 사회적 조화에 입각한 사회통합을 실현하여야 한다.[40] 통합된 힘을 바탕으로 어

---

39) 21세기 정치학대사전.

려움에 부닥친 상대적 약자를 구제하고 발전을 선도하여 국민의 복리 증진과 권익 신장을 이루어내고 삶의 질 향상과 인간 존엄성 실현을 위해 장래의 구상(vision)까지 제시할 수 있어야 한다. 현실 속에서 실질적인 정치의 주역으로서 그러한 일을 해야 할 사람이 정치가이다.

2) 정치에 대한 개념 이해와 정치 접근

(1) 정치의 정의

정치에 대한 정의는 여러 가지가 있다. 사전적 의미의 정치(政治)는 국가의 주권자가 그 영토 및 국민을 통치함, 국가권력을 획득하고 유지하며 행사하는 활동, 여러 권력이나 집단 사이에 생기는 이해관계의 대립 등을 조정·통합하는 일을 말한다. 정치(政治)가 제 역할을 하기 위해서는 통치 행위를 통한 이해관계 조정이나 권력의 유지는 아주 중요하다. 그러나 이것은 정치가(政治家)의 직무와 연관된 것으로 정치의 고유한 기능과는 다소 거리가 있다. 그럼 정치란 무엇인가? 국민을 이롭게 하는 일이다. 그 핵심은 경세제민과 편익 제공이다. 경세제민(經世濟民)은 세상을 다스리고 백성을 구제함, 편익(便益)은 편리하고 유익함, 편리(便利)는 편하고 쉬움이다.

유익(有益)은 이롭거나 이익이 있음, 도움이 되는 데가 있음, 이익(利益)은 물질적으로나 정신적으로 보탬이 되는 것, 유익하고 도움이 되는 것을 말한다. 그러므로 정치(政治, politics)는 국민에게

---

40) 이수윤(1998), "정치학 개론", 법문사, pp.79~110.

물질적으로나 정신적으로 편하고 쉬우면서 보탬이 되고 삶에 유익하고 도움이 되는 일을 말한다. 이를 위해 나라·사회 일을 보살피거나 주재하고, 목적에 따라서 잘 정리하거나 다루어 처리함으로써 문란해지지 않도록 바로잡고, 어지럽던 것을 평정하고, 병리 현상(문제)을 해결하고, 죄에 대해 벌을 주고, 곤경에 처한 국민은 구하여 건지거나 도움을 주는 등의 제반 활동을 통해 사회 문제를 해결하고, 목표를 달성하고, 발전을 통하여 국민의 권익을 신장하고 복리를 증진하여, 삶의 질[41]을 향상하고 인간 존엄성[42]을 실현하는

---

41) 삶의 질(quality of life, QOL)은 자신의 삶에 대한 객관적인 정도뿐만 아니라 주관적인 인식과 평가에 의한 만족의 정도이다. 기본적인 생활 조건의 예는 주거 장소, 기초 생활비, 직업, 여가 등이며, 주관적인 인식과 평가의 예는 친구 관계, 관심과 사랑, 자존심 등을 들 수 있다. 삶의 질은 사람들의 복지나 행복의 정도를 말한다. 생활 수준과는 달리, 삶의 질을 직접 측정할 수는 없다. '삶의 질'이라는 개념에는 물질적인 측면(건강, 식사, 고통의 부재 등)과 정신적인 측면(스트레스나 걱정이 없고 즐거움 등)이 있다. 사람마다 어떤 것들이 갖추어진 상태에서 만족을 느끼는지가 다르므로, 특정한 사람의 삶의 질을 예측하는 것은 사실상 불가능하다. 그러나 일반적으로, 인구 집단이 누리는 식사나 주거, 안전, 자유 및 권리의 수준이 높을수록 집단에 속하는 이들의 전반적인 삶의 질이 높아질 것으로 예측할 수 있다. 또한, 인간이 요구하는 욕구를 단계적으로 나열하게 되면, 가장 기초적인 욕구는 건강이 되고, 다음으로는 물리적 요건, 마지막으로 이 욕구는 인간의 궁극적 만족 목표로서 문화와 여가, 사회 참여 등이 포함된다.

42) 인간 존엄성이 실현되려면 무엇보다 타인의 인권과 존엄성을 범해서는 안 된다. '범하다'는 '법률·규칙·도덕 따위를 어기다. 남의 권리·정조·재산 등을 무시하거나 짓밟거나 빼앗다. 들어가서는 안 되는 경계나 지역 따위를 넘어 들어가다. 잘못을 저지르다'라는 뜻이다. 인권(人權)은 자연권, 인간이 인간으로서 당연히 갖는 기본적 권리, 자연권(自然權)은 인간이 나면서부터 가지고 있는 권리, 천부 인권(天賦人權)은 하늘이 사람에게 평등하게 부여한 권리, 권리(權利)는 일을 자유로이 처리할 수 있는 권한, 법학에서는 특정한 이익을 주장하고 또 누릴 수 있는 법률상의 능력, 존엄(尊嚴)은 높고 엄숙함, 높아서 범할 수 없음, 존엄성(尊嚴性)은 감히 범할 수 없는 높고 엄숙한 성질을 말한다. 인간의 존엄성은 프랑스 혁명 이념이자 현대 민주주의 이념인 자유, 평등, 박애에 바탕을 두고 있다. 자유로운 활동을 보장하고 성별이나 연령, 신분과 직업, 경제 상태나 신체적 조건, 인종이나 피부색 등을 이유로 차별하거나 인간성이 부정되어서는 안 된다는 생각을 하고 모든 사람을 차별 없이 사랑하는 자유, 평등, 박애를 실천해야 제대로 이루어질 수 있다. 그러므로 인간의 존엄성이 실현되려면 모든 사람이 법률·규칙·도덕 따위를 어기지 않고, 남의 권리·정조·재산 등을 무시하거나 짓밟거나 빼앗아서는 안 되고, 들어가서는 안 되는 경계나 지역 따위를 넘어 들어가지 말아야 하며, 잘못을 저지르지 말아야 하는 등 모든 사람이 자신과 타인의 권리와 인격을 존중받는 가운데 서로 도와 편익을 주고받는 일을 하며 상호 존중과 상호 만족을 통한 공존공영을 추구해야 한다. 그러나 중요한 것은 인간 존엄성은 누가 만들어 주는 것이

것이 핵심이다.

정치가(政治家)는 그러한 일을 하는 사람이다. 그러나 일은 마음만 가지고 되는 것이 아니며, 개인이 갖춘 능력만으로 모든 국민을 이롭게 하기는 쉽지 않다. 그래서 정치가가 국가와 국민을 위해 올바른 정치를 하도록 국민 스스로 의무 부담을 자임하며 자신들이 가진 주권을 지도자에게 위임하는 것이다. 민주주의 국가에서 주권은 국민에게 있다. 주권(主權)은 가장 중요한 권리, 국가 구성의 요소로서 최고·독립·절대의 권력이다. 국민 스스로 의무 부담을 자임하고 주권을 정치가에게 위임한 것은 국민을 위한 정치를 하기 위함이다. 그러므로 정치가는 직위에 수반되는 권력을 고유 목적에 맞게 국민을 위해 봉사하고 헌신하는 데 사용해야 한다.

봉사(奉仕)는 국가 사회 또는 남을 위해 헌신적으로 일함, 헌신(獻身)은 몸을 바쳐 있는 힘을 다함이다. 정치가의 국민을 위한 봉사와 헌신은 그 사회에서 생산된 엘리트[43](elite)에게 주어진 도덕적 의무이기도 하다. 그럼 정치가가 국민에게 물질적으로나 정신적으로 편하고 쉬우면서 보탬이 되고 삶에 유익하고 도움이 되는 일인 정치를 제대로 하기 위해서는 어떻게 해야 하는가? 국민을 단합하게 하고, 일자리를 창출하고, 국민 각자가 자각하게 하면서 문제해결능력을 발휘하여 국가와 사회를 발전시켜야 한다. 발전(發展)은 더 낫고 좋은 상태로 나아감이다. 정치지도자는 문제를 해결하고 국가를 발전시켜 국민의 권익 신장과 복리를 증진하여 삶의 질을 향상하고 인간 존엄성을 실현하기 위해 국민을 발전적인 방향으로 이끌어야 한다.

아니라 구성원인 자신이 노력하여 만들어가는 것이라는 점을 분명하게 알아야 한다.
43) 엘리트(프 elite)는 사회 또는 사회단체에서 지도적 입장에 있는 소수의 빼어난 사람.

그럼 인간 존엄성과 삶의 질 향상을 실현하려고 하는 이유는 무엇인가? 그것은 인간이 추구하는 보편적 가치인 행복한 삶의 바탕이 되기 때문이다. 행복은 개인이 노력하여 얻는 것이다. 인간 존엄성과 삶의 질이 향상한다고 반드시 모든 사람이 행복해지는 것은 아니지만, 인간 존엄성과 삶의 질은 개인의 행복에 강한 영향을 미친다. 가장 좋은 정치는 국민을 행복하게 하는 것이다. 이러한 정치를 위해서는 국민이 자발적으로 따르고 협력하게 하는 것이 필요하다. 국민의 자발적 지지와 협력을 얻기 위해 정치가는 마음이 너그럽고 슬기로워 덕행이 높으며, 떳떳하고 옳은 행동을 해야 한다. 그래야 만사가 순조롭게 돌아간다.

(2) 정치에 대한 개념 이해의 중요성

'콩 심은 데 콩 나고 팥 심은 데 팥 난다'라는 말은 '원인에 따라서 결과가 생긴다'라는 뜻이다. 실제 정치 정의와 개념 이해 등 접근 방식에 따라 정치가의 행동 양식도 달라진다. 인간의 기본적인 사고체계와 행동 양식은 자신이 습득한 지식과 경험이 가장 강한 영향을 미친다. 교육을 통한 사회화가 중요한 이유가 여기에 있다. 처음부터 올바르거나 합리적인 지식을 습득하면 건전한 사고체계를 형성하지만, 올바르지 않고 비합리적인 지식을 습득하게 되면 불건전한 사고체계가 형성되기 마련이다. 정치에 대한 개념 이해가 중요한 이유도 어떤 정의 내용을 학습하고 이해하고 경험하고 추구하느냐에 따라 국가 발전과 국민을 위해 일하는 지도자가 될 수도 있고, 자신의 이기적인 탐욕 실현을 위해 국민을 선동하고 투쟁을 일삼는 정치가가 될 수도 있기 때문이다.

예를 들어 ▲정치(政治)를 '나라·사회 일을 보살피거나 주재하고, 목적에 따라서 잘 정리하거나 다루어 처리함으로써 문란해지지 않도록 바로잡고, 어지럽던 것을 평정하고, 병리 현상(문제)을 해결하고, 죄에 대해 벌을 주고, 곤경에 처한 국민은 구하여 건지거나 도움을 주는 등의 제반 활동을 통해 사회 문제를 해결하고, 목표를 달성하고, 발전을 통하여 국민의 권익을 신장하고 복리를 증진하여 삶의 질을 향상하고 인간 존엄성을 실현하기 위해, 국민에게 물질적으로나 정신적으로 편하고 쉬우면서 보탬이 되고 삶에 유익하고 도움이 되는 일'로 이해하고 실천하는 사람은 국가 발전과 국민을 위해 봉사하고 헌신하는 일을 당연하게 생각하고 실행할 것이다. 그러나 ▲정치(政治)는 '국가권력을 둘러싼 여러 계급 간의 싸움, 즉 국가의 지도·관리권, 국가 및 국가 활동의 형태, 그 활동의 구체적 내용(그것은 인간 생활의 모든 분야에 관계될 수 있고, 대외적 각종 정책, 각종 활동도 포함한다.)을 둘러싼 여러 계급 간의 싸움'이다. 따라서 그것은 계급분열 및 국가의 발생과 함께 발생하며, 그것의 소멸과 함께 소멸하는 사회현상의 하나이다. 그러므로 기본적으로 각 시대의 주요한 생산관계와 그것에 대응하는 계급관계에 따라 규정되어 있다. 어느 계급의 이해, 목적 등은 그 계급의 성격을 결정하는데, 그것들은 또한 그 정치의 내용·정치투쟁의 방법·수단·양식·형태 등을 규정함과 동시에, 그것들이 사회의 진보발전에 합치되며 그것을 촉진하는 것인가 아닌가에 따라 그 계급과 정치의 역사적 성격이 결정된다. 정치는 생산 및 계급적 여러 관계의 집중적 표현이며 역사적·민족적·국제적 각 조건이나 사상적·문화적 상황, 조직화 정도 등에 따라 조건 지워진다. 현대에서 정치는 여러 정당의 활동, 즉 각각의 계급, 각각의 계층의 이해, 목적을 정식화하여 싸우는 여러 정당의 활동을 중심으로 추진되고 있는데, 마르크스주의에 따르면 제국주의적 부르주아지의 정치는 사회진보를 거역하고 있다. 이에 대하여 노동자 계급과 그 정당, 마르크스-레닌주의당의 정치는 사회발전을 추진시키는 것일 뿐 아니라, 지금까지의 모든 계급정치와 달리 자기 자신, 즉 노동자 계급의 해방에 한정되지 않고 인류 전체의 해방을 목표로 한 정치활동이라고 하며, 이와 함께 마르크스-레닌주의에 기초한 정치는 일체의 계급이기주의적인 정치에 대하여 그 당파성을 공공연히 주장한다[44]고 정치를 이해하는 사람들은 자신이 권력을 획득하고 유지하는 일을 투쟁을 통해 실현하기 위하여 계급투쟁에 골몰하는 것을 정치활동으로 착각할 가능성이 높다.

3) 정치가

정치가(政治家, politician)는 사회 문제를 해결하고 목표를 달성하고 발전을 통하여 국민의 권익을 신장하고 복리를 증진하여 삶의 질을 향상하고 인간 존엄성을 실현하는 등 국민에게 물질적으로나 정신적으로 편하고 쉬우면서 보탬이 되고 삶에 유익하고 도움이 되는 일을 하는 사람이다. 또한 정치를 맡아서 하는 사람, 정치에 정통한 사람, 정치에 관한 학식과 경험이 풍부한 사람, 정치에 활발히 참여하거나 매우 밀접한 관련이 있는 직업을 가진 사람을 말하기도 한다. 정치인(政治人)은 정치가(정치를 맡아서 하는 사람)와 같은 말이다.

---

44) 철학사전.

정치가의 범주(範疇)에 속하는 사람들은 역사적으로 다양하게 변화됐다. 소부족의 수장을 비롯하여 영주와 그 가신, 군주와 그 가신들까지는 군사나 행정에 관계하는 사람과 정치가가 분화되지 않았다. 그러나 자본주의가 급속히 발달한 근대 의회민주주의 이후에는 전형적으로 선거에서 선출된 각종 수준(level)의 의원, 대통령, 수장, 총리 등을 가리키며, 사실상 정치에 강한 영향을 미치고 있다. 그러나 군인이나 (법무)관료, 성직자나 저널리스트[45](journalist), '우두머리(boss)'나 '막후 인물' 등은 정치가의 범주에서 제외된다.[46]

　정치가의 범위를 뚜렷하게 구분하기는 쉽지 않지만 좁은 의미에서는 대통령, 국회의원, 지방자치단체장, 지방의회의원같이 정당 정치에 관여하는 사람, 넓은 의미에서는 국가 차원에서 볼 때 주로 선거를 거쳐 취임하거나 임명에 국회의 동의가 있어야 하는 공무원, 감사원의 원장·감사 위원과 사무총장, 국회의 사무총장과 사무차장, 헌법 재판소의 재판관과 사무처장 등이 속하는 정무직공무원(政務職公務員)을 비롯한 행정부, 입법부, 사법부 등에서 일하는 고위관료, 여론 형성에 관여하는 사람 등도 포함될 수 있다. 하지만 단순한 업무를 하는 고위공무원은 정치가로 보기 어렵다.

　정치가가 정치에 참여하는 이유는 다양하다. 개인적인 이익, 정당의 이익, 국민 이익 때문일 수 있다. 많은 정치가가 정치적인 성과를 내기 때문에 정치가들은 국가의 동량, 후세의 모범으로 간주한다. 이들은 보통 관리 업무 일반에 상당히 숙달되어 있으며, 때때로 국민 복지 향상과 국가 이익 도모 사업에 상당한 영향력

---

45) 저널리스트(journalist)는 방송·신문·잡지의 기자. 신문·잡지 또는 방송 등을 통하여 대중에게 시사적인 정보와 견해 따위를 전달하는 활동 또는 그런 활동을 하는 사업(journalism)에 종사하는 사람.

46) 21세기 정치학대사전.

을 행사한다.

베버(Max Weber)는 당파성과 투쟁이 정치가의 본령이며 정치가에게 필요한 자질로서 ▲미래를 내다보면서 현실 변혁을 지향하는 정열 ▲현실을 있는 그대로 그러나 거리감을 가지고 받아들이는 식견 ▲정치가 폭력성을 갖는 수단과 분리할 수 없는 것의 인식에서 온 결과책임의 자각 등을 들었다. 이러한 규범적인 논의에 대해 프로이트(Sigmund Freud) 심리학의 영향을 받은 라스웰(Harold Lasswell)은 권력을 추구하는 정치가의 전형을 'P} d} r=P'라고 정식화하였다. P란 유아기에 길러지는 것으로 그러나 억압되어 표출을 요구하는 권위, 특히 부친에 대한 증오와 같은 사적 동기(private motives)로 그것에는 자아에 대한 낮은 평가를 뒤집고자 하는 욕구도 포함된다. 그것은 결국 왕이나 자본가와 같은 타도해야 할 공적인 대상으로 바꾸고(d=displace) 그러한 치환은 공공을 위한 이익이라는 명분으로 합리화(r=rationalization)된다. 이러한 변환(}=transformed into)을 성공리에 실행할 수 있는 사람이 정치가(P=political man)가 되는 것이다.

정치가가 된 실제 이유나 자질이 어디에 있든 일정 나이 이상이면 누구나 정치가를 지망할 수 있는 오늘날에는 상당한 자본가를 제외하고 그들은 보수를 얻으면서 정치에 '의해' 살아가는 것만은 아니지만, 어느 정도는 공적·윤리적 목적 달성을 목표로 정치를 '위해' 살아가지 않으면 선거라는 유권자의 지지가 요구되는 경쟁에서 살아남을 수 없다. 치열한 그 과정에서 자신의 정치가로서의 희망을 유권자에게 이해시켜 표를 얻기 위해서는 그들은 자신에 대한 지지가 유권자에게 유익하다는 것을 말로서 설명할 필요가 있다. 더욱 확실한 것은 부동(浮動)하지 않는 조직 형적(形跡)을 배양해 두는 것이다.

확실한 개인 후원회를 세습할 수 있는 '2세 의원'은 이 점에서 단연 유리하다. 당선된 정치가는 조직된 정당 단위로 행동하는 것이 보통이며, 권모술수와 관계없이 다수당으로서 정권을 탈취하는 것이 직접 그들의 위신과 보수와 권력의 증대로 이어진다. 정치가로서의 업적이 쌓여 특정의 정책분야에 영향력이 있는 인물로 인정되면 정치 엘리트(elite)로 행사할 수 있는 권력이 한층 강력해진다. 업계(이익집단)나 관료와의 결속은 그 과정에서 발생하며 그것은 부패나 부정을 낳는 요인이 되기 때문에 정치가에 대한 감시와 제어가 항시 필요하다. 민주주의가 보편화하고 또한 직접 민주제가 사실상 곤란한 경우 정치가는 많은 유권자를 대표하여 정치적 결정에 관여한다.[47]

4) 정치권력

정치권력(政治權力, political power)은 강제를 수반하는 영향력 행사를 항상 잠재하도록 하면서 이데올로기(ideology)[48]적으로도 정당한 것이라는 장치를 하여 강제에 따르는 비용을 최소화하면서 최대의 편익을 끌어내려고 한다. 강제장치를 독점하고자 하는 것이 정치권력의 큰 특징이다. 국내와 국외를 불문하고 군대, 경찰, 정보조직, 행정조직, 폭력단, 범죄기업 등의 강제장치가 광범위하게 존재하고 있으며, 평소 반항 세력에 대해 억제를 시도하고 필요한 경

---

47) 21세기 정치학대사전.
48) 이데올로기(독 Ideologie)는 어떤 사회 집단의 사상, 행동을 근본적으로 제약하거나 이끄는 관념이나 믿음의 체계.

우에는 실력행사로 정치의사의 관철을 도모하고자 한다.

그럼에도 대부분 정치권력은 강제장치를 독점하지 못한다. 총의 소지가 합법적일 때 또는 반란 게릴라[49]군이 강력하게 무장하고 있을 때는 강제장치를 정치권력이 독점하고 있다고 할 수 없다. 강제장치의 실제 사용 여부와 상관없이 통상 정치권력은 강제장치의 확대를 목표로 한다. 그것은 물리적으로는 군대, 경찰, 정보조직, 교도소 등을 포함한다. 하지만 반란군이 활발하면 정규군대의 강제력은 저하된다. 공적인 경찰의 힘이 저하되면 사적인 경찰집단이 출현하고 더 나아가 사적 복수 등이 횡행한다.

예를 들면 교도소 수감자는 미국은 200만 명이고 일본은 5만 명이다. 미국의 정치권력은 일본보다 이러한 강제장치를 다용하고 있다. 이데올로기적인 정당성의 주장도 정치권력의 고유한 것이기 때문에 이것이 없으면 강제의 집행만으로 정치권력이 마모된다. 이데올로기적인 정당성은 역사적·문화적인 배경이 있어야 비로소 가능하다. 시대착오적인 이데올로기적 정당성을 주장해도 역효과를 가져오기 때문에 변화에 따라 지배 정당화를 위해서는 이데올로기의 유연하고 예민한 사용이 통치 집단에 있어서 매우 중요하다.

국가주도형 경제발전이 아직 활발한 경우에는 정부의 대량 공공 산업기반 시설(infrastructure) 투자를 정당화하는 이데올로기로 충분하다. 그러나 정보기술을 구사하는 사적인 첨단기업이 기술혁신을 담당하는 경제를 선도하는 시대에는 정부의 대량 공공사업 지출이 기피된다. 집단주의 시대에서 개인주의 시대가 되어도 대량의 저렴한 노동력 창출과 협조 중시 사회화를 강조하는 교육은 시대착오

---

49) 게릴라(에 guerilla)는 정규군이 아니고 유격전에 종사하는 소부대. 유격대. 유격전(遊擊戰). 또는 그 전법(戰法).

적인 것이 된다.

정치권력은 강제장치와 이데올로기적 정당성 외에 많은 자원을 필요로 한다. 그중에서도 조직적인 네트워크(network, 통신망이나 방송망)가 중요하며 그것이 없으면 절대 권력을 호언장담해도 권위는 사막을 향하게 된다. 재정적인 자원도 불가결하며 사회에서의 착취, 강탈, 징세, 부역, 관세 등은 강제장치나 조직 네트워크를 동원하는 비용을 회수하기 위해서도 필요하다. 정치권력은 재정기반 강화와 함께 진전된 것이라고 해도 좋을 것이다. 덧붙여 간과할 수 없는 것은 국제적인 세력이다.

정치권력은 세계적인 시대정신이라고 할 수 있는 것과 조화를 이루어 비로소 오랫동안 살아남는다. 예를 들면 20세기 후반에 탄생한 신흥국가의 헌법을 보면 그 대부분이 프랑스 혁명, 미국 독립선언·헌법, 국제연합헌장, 인권헌장 등에서 강조된 주요개념이 반영되어 있다. 21세기 초 189개 독립국의 헌법은 이러한 헌법이나 문서 조각을 맞추어 합성한 것(mosaic)이라고 해도 과언이 아니다.[50]

---

50) 21세기 정치학대사전.

6. 정당

정당(政黨, political party)은 일정한 정치 이상의 실현을 위해 정치권력의 참여를 목적으로 하는 정치 단체, 정치적 견해를 같이하는 사람들이 정권 획득을 목표로 모인 조직이나 정치적 결사체이다. 정당은 권력 획득이 목적이며, 특정 집단의 이익 실현을 목적으로 한 이익 집단과는 구별된다. 정당은 공익을 위하여 정책을 추진한다. 그리고 선거에 후보자를 추천하고 지지하며, 국민이 정치 의사결정에 참여하도록 하는 역할을 한다.[51] 이를 위해 정당은 정치적으로 논의의 중심이 되는 문제(issue)를 형성하고 이것을 정책으로 공약화함으로써 유권자의 지지를 호소한다. 또한 정당은 정책 의제 설정 과정에서 이익 결집 기능을 수행한다. 이익 결집 기능이란 각종 집단의 요구를 행정 및 정치 체제를 통해 정책대안으로 전환하는 것을 말한다.

민주정치 역사에서 최초로 등장한 정당은 17세기 영국의 토리당(왕권파)과 휘그당(민권파)이지만, 근대적 정당의 성립은 19세기 초 위의 두 정당에서 발전된 보수당과 자유당이다. 의회정치라는 기준에서 볼 때 1900년대 초 보수당과 노동당의 양당제 성립이 그 시초이다. 19세기 초엽까지만 하더라도 대부분 사상가나 정치가들은 정당을 정치기구 일부로 받아들이는 것을 반대했었다. 그럼에도 정당은 18세기 말엽부터 발달하기 시작하였고, 점차 정치적으로 무시할 수 없는 존재로 두각을 나타냈다.

일찍이 영국의 정치학자 브라이스(J. Bryce)가 그의 저서 <근대

---

51) Basic 중학생을 위한 사회 용어사전.

민주주의(*Modern Democracy*)에서 "무엇보다도 정당은 없어서는 안될 존재이다. 지금까지 자유민주국가로서 정당을 갖지 않은 경우는 없었으며, 정당 없이는 대의제 정치의 운영이 가능하다고 입증한 사람은 없다"라고 강조한 것을 보더라도 대의제 민주정치에서는 정당이 불가결한 제도라 하겠다. 오늘날 정당은 정부와 국민 사이의 여과(濾過) 기관으로서 여론을 수렴하여 정부에 반영하기도 하고, 정부의 정치적 결정을 국민에게 알리기도 한다. 또 정당은 국민의 선택에 따라 정치를 직접 담당하기도 하고, 정부의 시책을 비판 또는 감독함으로써 이른바 행정통제, 즉 민중통제의 기능을 하기도 한다.[52]

1) 정당정치

정당정치(政黨政治, party politics)는 정당이 정권을 잡고 정치적 실권을 쥐는 정치를 말하며, 의회정치와 분리해서 생각할 수 없는 정치형태로 보통 복수정당제를 전제로 한다. 대의제 민주주의는 다수결의 원칙과 함께 소수의견 존중이 이루어져야 하는데, 정당정치는 이러한 민주주의를 실현해주므로 현대 민주정치는 정당정치로 특징지어진다. 미국, 영국 등과 같은 양당구도를 갖기도 하고 독일, 프랑스, 이탈리아와 같은 다수정당 구도를 갖기도 한다.[53]

---

52) 행정학사전.
53) 시사상식사전.

2) 정당체제

정당체제(政黨體制, party system)는 정당을 구성요소로 하는 정치제도나 정치체계로, 정당정치가 전개되는 체계이라 할 수 있다. 정당체제의 기본적 성격을 결정하는 것은 정당의 수이다. 주요 정당이 1개인 경우를 일당체제, 2개인 경우를 양당체제, 그 이상을 다당체제라고 하는 것이 전통적인 분류법이었다. 그러나 현대 정당론을 대표하는 논객인 사르토리(Giovanni Sartori)는 정당 수도 중요하지만, 그것만이 규정 요소는 아니라고 주장한다. 그는 정당의 상대적 규모, 정당 간의 이데올로기 거리, 정당 이데올로기로의 감정 이입도[이데올로기 지향 정당·프래그머티즘(pragmatism, 실용주의) 지향 정당], 운동의 방향(구심적 경쟁·원심적 경쟁), 연합정권 형성 축의 수 등 여러 가지 변수를 기초로 넓은 비교분석의 시야에서 일당체제(전체주의 일당체제·권위주의 일당체제), 헤게모니(hegemony, 지배권이나 주도권) 정당체제(이데올로기 지향 헤게모니 정당체제·프래그머티즘 지향 헤게모니 정당), 일당 우위 정당체제, 양당체제, 온건한 다당체제(한정적 다당체제), 극단적 다당체제(분극적 다당체제), 원자화 정당체제 등으로 분류하고 있다.

정당정치 세계에서 '소선거구제는 양당체제를 낳고, 양당체제는 단독 정권을 낳고, 양당체제만이 바람직한 정당체제이다'라는 견해가 뿌리 깊지만, 이것은 어디까지나 '소선거구·양당체제의 신화'에 불과하다. 현재는 200개 이상이나 되는 대부분의 국가에서 정당정치가 전개되고 있지만, 엄밀한 의미에서 양당체제 국가는 미국, 영국뿐으로 이른바 예외적 존재에 불과하며, 세계 대부분의 국가는 다당체제를 실천하고 있다. 다당체제·연합정치는 반드시 정국 불안정을 가져오는 것은 아니다. 정당체제의 결정적 경계선이 일당체제와 다당체제 간에 있는 것이 아니라 현실의 세계에서는 온건한 다당체제와 극단적인 다당체제 간에 결정적 경계선이 있다고 할 수 있다.[54)]

7. 선거

1) 선거의 개요 이해

선거(選擧, elections)는 많은 사람 가운데서 적당한 사람을 대표로 뽑아냄, 선거권을 가진 사람이 공직에 임할 사람을 투표에 의하여 선정하는 행위, 민주 국가에서 국민이 주권을 행사하는 가장 기본적이고 대표적인 방법이며, 국민이 정책 결정에 참여하는 과정 중 하나이다. 국민을 대신하여 국가 정책을 수립하고 집행할 대표자를 올바르게 선출하느냐 선출하지 못하느냐 하는 것은 그 나라 민주 정치의 성패를 좌우하므로, 대의 정치가 보편화되어 있는 현대 민주 국가에서 선거의 중요성은 더욱 커지고 있다. 선거가 지니는 기능은 국정을 담당할 대표자를 선출하는 것뿐 아니라 국가 공권력 행사의 정당성을 부여하고, 선거를 통하여 대표자에 대한 평가와 통제의 기능도 한다. 또한 이러한 과정을 통하여 국민이 주권자임을 확인하면서 주권 의식을 높이는 계기가 된다.

오늘날 민주 국가에서는 선거를 공정하게 치르고 민의를 올바르

---

54) 21세기 정치학대사전.

게 반영하기 위하여 일정한 나이에 달하면 누구에게나 선거권을 주는 보통선거(↔제한선거[55]), 누구에게나 똑같이 표를 주어 투표 가치에 차등을 두지 않는 평등선거(↔차등선거[56]), 투표자가 누구에게 투표하였는지 알 수 없게 하는 비밀선거(↔공개선거[57]), 투표자가 후보자에게 직접 자신의 의사를 표하는 직접선거(↔간접선거[58]) 등 선거의 네 가지 원칙을 채택하고 있다.

민주 국가에서는 이러한 선거의 기본 원칙에 따라 여러 가지 선거 제도를 채택하고 있는데, 먼저 국민이 직접 대표자를 뽑는 직접 선거제도와 국민이 뽑은 선거인단이 다시 대표자를 뽑는 간접선거 제도가 있다. 그리고 선거구마다 한 사람의 대표를 뽑는 소선거구제와 두세 명 또는 그 이상의 대표자를 뽑는 중선거구제나 대선거 구제가 있는데, 이때 선거구를 마음대로 정함으로써 생길 수 있는 폐단을 막기 위하여 대부분의 국가에서는 선거구를 법률로 정하는 선거구 법정주의를 채택하고 있다. 또한 당선자를 결정하는 방법에는 다수 대표제와 소수 대표제가 있는가 하면 비례 대표제, 직능 대표제 등도 있다.[59]

민주주의 국가에서는 선거에서 당선하는 것이 권력의 불가결한 조건으로 선거는 권력을 잡는 길의 큰 부분을 차지한다. 특히, 의원내각제에서는 최고 권력자인 국무총리가 되기 위해서는 국회의원으로서의 오랜 경험이 필요하므로 여러 번 선거에서 승리하는

---

55) 제한선거(制限選擧)는 선거권의 자격에 재산·납세액 또는 교양 따위의 제한을 두는 제도.
56) 차등선거(差等選擧)는 신분, 재산, 교육, 납세 따위의 정도에 따라 선거권에 차등을 두는 선거. 복수 투표 선거, 등급 선거 따위가 있다.
57) 공개선거(公開選擧)는 공개 투표에 의한 선거 제도. 또는 그 방식.
58) 간접선거(間接選擧)는 선거권자가 먼저 선거 위원을 선정하고, 그 선거 위원이 다시 당선자를 선거하는 일.
59) Basic 고교생을 위한 사회 용어사전.

것이 정치가의 목표라고도 할 수 있다.

선거에서 어떻게 하면 승리할 수 있는가? 민주주의론에서는 많은 유권자가 긍정하는 정책을 제언, 실행하면 당선하게 된다고 한다. 그러나 다양한 방법을 이용하여 선거를 치르므로 실제로는 이상론(理想論)에 따라 세부적인 정책 제언을 하는 정당이 패하는 경향이 있으며, 역으로 매력적인 인상(image)을 창조하는 것이 유리하다고 생각된다. 어느 국가에서나 이익유도를 무시하는 정당은 없으며 무시하면 선거에 패하게 된다.

선거에는 국제적인 공통점이 있다고 할 수 있으며 각국의 선거운동에는 각각의 특징이 있다. 그리고 그것을 크게 좌우하는 것은 선거제도이다. 선거제도에 의해 당선에 유리 또는 불리한 후보자·선거운동·전략이 달라지기 때문에 국회의원·정당·민주주의의 질도 좌우된다. 전통적으로 선거제도는 소선거구제와 비례대표제로 구분되지만, 양쪽 모두 다양하며 비교할 수 있는 차원이 많다. ▲ 비례도(比例度) ▲정당본위·개인본위 ▲선거협력의 촉진·억제 등이 가장 대표적이다. 그러나 이 중에서 주로 논의·연구되어 온 것은 선거제도의 비례도이다.

비례대표제의 목적은 각 정당의 득표율과 의석 점유율을 가능한 한 일치시키도록 비례도를 높이는 데 있다. 각 정당의 득표율과 의석 점유율의 차이가 가장 큰 것은 소선거구제이다. 그것은 선거구 내의 유권자의 다수파가 대표되지만, 의회 내에서의 정당의 비례도가 고려되어 있지 않기 때문이다. 민주주의를 '민의(民意)의 반영'이라고 정의하는 학자는 비례도를 중시하고, 비례대표제를 지지한다. 하지만 민주주의를 '정권교체'라고 정의하는 학자는 비례도에 무게를 두지 않고 양당체제와 소선거구제를 지지한다.

약속명부식(約束名簿式) 비례대표제는 정당본위의 선거운동만을 할 수 있다. 유권자는 투표용지에 정당명만을 쓸 수 있으며 후보자 개인을 선택할 방법이 없다. 개인본위의 선거운동을 가장 유리하게 하는 선거제도는 중선거구제와 비구속명부식(자유명부식) 비례대표 제이다. 양 제도는 동일 정당의 후보자가 그 정당의 지지자를 획득하기 위해 서로 다투기 때문에 정당 간의 경쟁보다 후보자 간의 경쟁이 당선을 결정하는 경우가 많다. 소선거구제는 각 정당에서의 후보자가 1명씩이기 때문에 정당을 중시하는 선거운동과 후보자 개인의 매력을 중시하는 선거운동을 모두 할 수 있어 중간에 해당한다. 영국에서는 정당본위가, 미국에서는 개인본위가 강하다.

정권교체가 없는 1당 지배의 근본적인 원인은 야당 협력의 실패에 있기 때문에 협력을 촉진하는 선거제도와 억제하는 선거제도가 주요 연구 주제(theme)가 된다. 프랑스 소선거구제의 2회 투표제는 의도적으로 협력을 촉진하기 위해 만들어졌다. 제1회 투표에서는 많은 정당이 경쟁하지만, 제2회 투표에서는 포기한 정당의 지지를 얻어 협력할 수 있는 정당이 유리하다. 당시 사회당과 공산당이 협력할 수 없었기 때문에 협력할 수 있는 보수정당을 유리하게 하는 목적이 있었다. 일반적으로 소선거구제는 야당 협력을 강제하는 기능을 가진다.

야당이 경쟁하면 여당·현직이 어부지리로 계속 승리할 수 있기 때문에 협력은 확실히 유리하다. 야당 협력을 억제하는 대표적인 선거제도는 일본의 중선거구제였다. 가장 확실하게 나타난 예는 1990년 선거의 이른바 도이 다카코(土井高子)[60] 붐이었다. 반자민

---

60) 도이 다카코(일본어: 土井たか子, 1928년 11월 30일~)는 일본의 정치인이다. 효고 현 고베 시에서 태어났다. 사회민주당 소속으로 중의원 의장을 역임하였으며, 12선 의원이 었다. 1990년 2월 18일 제39회 일본 중의원 의원 총선거에서 "이제 하나의 산을 움직

당의 유권자는 사회당에 표를 집중시켜 자민당 정권을 압도하는 것처럼 보였다. 그러나 사회당의 득표 증가는 자민당에서보다 다른 야당에서 획득한 것을 의미하였다. 그 결과 다른 야당은 반자민당 세력에 협력하면 자당이 아닌 사회당만 더 많은 표를 획득할 수 있기 때문에 오히려 사회당을 경쟁자(rival)로 인식하였다.[61]

2) 선거제도

선거제도(選擧制度, electoral system)는 선거방법에 관한 여러 가지 제도를 말한다. 민주제 하에서는 국가 최고의사결정기관(주로 국회)의 의원은 선거로 선출된다. 그 국회의 의원을 선출하는 구체적인 절차를 선거제도라고 한다. 선거는 다양한 방법이 가능하며 실제로 세계에 다양한 제도가 채용되어 있다. 그리고 선거 방법에 따라 선거결과, 선거운동의 효과, 민주주의의 질이 달라진다. 선거제도 간의 가장 기본적인 차이는 유권자가 개인의 후보자를 선출하는가, 정당을 선출하는가 하는 것이다. 개인의 후보자를 선출하는 제도로는 소선거구제, 정당을 선출하는 제도로는 비례 대표제가 대표적이라고 할 수 있다. 양 제도와 함께 다양한 형태가 있으며 같은 선거제도를 취하고 있는 국가는 적다.

소선거구제는 일정지역(선거구)에서 1명의 의원을 선출한다. 유

이지 않으면 안 됩니다"라고 호소하며 선거운동을 이끌어 도이 열풍을 지속시켰다. 그 결과 일본사회당이 51석 늘어난 136석을 차지했다. 그러나 사회당이 단독으로 승리하자 공명당과 민사당이 거리를 두면서 연합정권 협의를 중단했다. 그 후 2003년 11월 9일 중의원 총선거에서 소선거구에서 납치문제를 전면에 부각시킨 오마에 시게오와 대결해 낙선했지만, 중복으로 입후보한 비례구에서 당선. 사회민주당은 소선거구에서 1석, 비례구에서 5석으로 단 6석을 획득해 책임을 지고 11월 13일 당대표직을 사임했다.

61) 21세기 정치학대사전.

권자는 1명의 후보자에게 투표하여 득표수가 많은 후보자가 당선된다. 소선거구의 특징은 큰 정당에 유리하고, 작은 정당에 불리하게 작용하여 양당체제를 촉진한다(이른바 뒤베르제의 법칙[62]). 그러나 소선거구의 문제점은 사표(死票)가 많고, 정당의 득표율과 의석률 간에 차이가 발생하는 경우가 많다는 것이다. 소선거구의 변형으로는 프랑스의 소선거구 2회 투표제, 오스트레일리아의 소선거구에서의 단기 이양(移讓)투표제가 있다. 이것들도 소선거구제와 마찬가지로 후보자에게 투표하는 제도이다. 그러나 소선거구제와 달리 후보자가 1명 이상 당선되는 선거제도는 미국의 지방선거에 채용되어 있는 'at large 제(制)', 아일랜드의 중선거구에서 단기 이양투표제와 일본의 종래부터의 중선거구제가 있다.

비례대표제는 일정지역(네덜란드·이스라엘 등은 전국 단일구)에서 다수의 의원을 선출한다. 유권자는 정당에 투표하고 투표율에 비례한 의석수가 각 정당에 배분된다. 예를 들면 의회의 의석수가 10개인 경우 정당은 득표율 10%당 1의석을 획득한다. 그러나 득표율이 25% 등일 때 의석의 계산이 어려워지기 때문에 다양한 의석배분 방식이 이용되고 있지만, 기본적으로 각 정당의 득표율과 의석률이

---

62) 뒤베르제의 법칙은 "단순다수대표제가 양당제를 가져오고", "비례대표제가 다당제를 가져온다"는 정치학의 법칙이다. 이런 경향을 발견한 사람은 프랑스의 정치학자이자, 법학자, 사회학자인 모리스 뒤베르제이다. 그는 선거제도가 정당체제에 영향을 미친다는 것을 발견하고 1950~1960년대 몇몇 논문과 저서에 이를 발표했다. 후에 다른 정치학자들이 관련 주제에 더 깊은 연구를 통해 이런 경향을 '법칙'으로 부르기 시작했다. 프랑스의 정치학자 모리스 뒤베르제(Moris Duverger)가 그의 저서 정당론(1951)에서 각국의 선거제도와 정당 수 간의 관계에 관한 가설과 법칙을 제안하였다. 이 법칙은 첫째, 단순 다수제는 양당제와 친화성이 있고 둘째, 결선투표제와 비례대표제는 다당제와 친화성이 있다는 것이었다. 뒤베르제는 다수대표 소선거구제가 양당제와 친화적인 이유를 2가지 제시했다. 하나는 '통합(연합도 통합과 유사하다)'으로 약한 정당들이 상호 통합하거나 큰 정당에 흡수되기 때문이고, 다른 하나는 유권자들이 점차 약한 정당은 당선 가능성이 없다고 여겨 포기하면서 유권자에 의한 '제거'되기 때문에 소선거구제가 양당제와 친화적이라고 보았다.

일치하는 것이 비례대표제이다. 정당에 배분된 의석은 정당에 의해 후보자에게 배분된다. 통상 선거 전에 각 정당이 후보자 목록(list)을 작성하여 발표한다. 그리고 선거 결과에 따라 각 정당 목록의 상위부터 그 정당이 획득한 의석수까지의 후보자가 당선된다. 비례대표제의 특징은 정당의 득표율과 의석률이 일치한다는 공평성이다.

소선거구제와 비례대표제의 문제점을 알게 된 최근에는 양 제도를 혼합한 선거제도를 채용한 국가가 많다. 소선거구 비례대표제에는 기본적으로 2가지의 형태가 있다. 독일의 병용제(併用制)와 일본이나 이탈리아가 채용한 병립제(竝立制)이다. 병립제는 소선거구표와 비례표가 서로 독립되어 있어 동시에 2가지 선거를 치르는 것이다. 병용제에서 의석배분은 정당의 비례표 획득률로 결정되고 소선거구제의 결과는 당선자를 좌우하지만, 정당의 의석수에는 영향을 미치지 않는다. 선거제도는 정당·후보자 간의 경쟁을 규정하는 가장 기본적인 요인이기 때문에 정당에 미치는 영향이 크다. 왜냐하면 각 후보자나 정당이 의석 획득을 위해 취하는 전략이 선거제도에 따라 다르기 때문이다. 그리고 정당·후보자의 전략은 유권자의 선택 폭을 규정한다.

선거제도에 의해 민주주의의 의미가 달라진다. 예를 들면 보통의 비례대표제는 후보자 개인을 호소하는 선거운동이 효과가 없으므로 정당 본위의 선거운동밖에 할 수 없다. 즉 선거제도가 후보자의 매력에 의한 선거운동이나 개인표의 유효성을 좌우하게 되어 정당 본위의 민주주의와 후보자 본위의 민주주의는 그 질이 달라진다. 정당이 단독으로 과반수를 획득할 가능성이 높은 소선거구제에서 정치가는 정당을 결성할 동기를 강하게 가진다. 비례제는 큰 정당을 결성하지 않아도 연립정권에 참여할 수 있으므로 작은 정당이 남는다. 따라서 단독 정권에서의 민주주의와 복수의 정당에 의한 연립정권에서의 민주주의는 내용이 다른 것이다.[63]

국회의원 선거는 선거구(선거를 시행하는 지역적 단위) 설정 방식에 따라 소선거구, 중선거구, 대선거구제로 나뉜다. 이중 중·대선거구제는 한 선거구에서 2명 이상의 대표를 선출하는 선거제도이다. 중·대선거구제는 '소수대표제'와 함께 시행되는데, 소수대표제는 가장 많은 득표를 한 1인이 아니라 일정한 득표수를 차지한 여러 사람을 당선자로 하는 제도이다. 2명 이상을 선출하더라도 전국을 단위로 하지 않고 지역을 단위로 하여 2명 이상 5명 이하를 선거하는 제도를 보통 중선거구제라고 한다. 중·대선거구제는 소선거구제보다 사표(死票)를 방지할 수 있고 인물선택의 범위가 넓어지는 등의 장점이 있으나, 군소 정당의 난립으로 정국이 불안정해질 수 있으며 선거 비용이 많이 든다는 단점이 있다. 보궐선거와 재선거의 시행이 곤란하다는 점도 들 수 있다.[64]

대선거구제(大選擧區制, multimembered constituency)는 한 선거구에서 2명 이상을 선출하는 선거제도이다. 2명 이상 5명 이하를 선출하는 제도를 중선거구제라고도 하는데, 이것도 광의에서 대선거구제이다. 대선거구제의 특징은 ▲소수대표를 가능하게 하고 ▲사표(死票)를 줄일 수 있고 ▲선거구가 넓어 전국적으로 지명도가 있는 사람을 선출할 수 있고 ▲학연·지연·혈연에 의한 당선을 줄일 수 있는 장점이 있다. 하지만 ▲소수당이 난립하기 쉽고 ▲대표와 선거인과 유대관계가 원활하지 못하며 ▲선거 비용이 많이 든다[65]는 단점이 있다.

---

63) 21세기 정치학대사전.

64) 네이버 지식사전.

65) 21세기 정치학대사전.

8. 국민투표

　국민투표(國民投票, referendum)는 국가의 중대한 사항을 결정하는 데에, 주권자인 국민의 의사를 물어 다수 의견에 따라서 결정하는 제도이다. 국민투표의 유형으로는 국민거부·조정적 국민투표·국민표결·국민발안·상의적(相議的) 국민투표·의회해산국민투표·국민소환·신임투표(또는 인민투표) 등이 있다. 국민거부는 국민항의라고도 하며, 하나의 법률이 국회에서 가결, 공포된 뒤 일정수의 국민이 반대의사를 표시하면 그것을 다시 국민투표에 부쳐 그 결과에 따라 존폐를 결정하는 제도이다.

　조정적 국민투표는 의회에서 통과된 법안이 정부의 견해와 서로 다를 때, 그 불일치된 부분을 다시 국민투표에 부치는 경우 또는 국회의원의 3분의 2 이상이 대통령의 해임을 요구할 때 그것을 다시 국민투표에 부치는 경우를 말한다. 국민표결은 국민인준이라고도 하는데, 헌법의 제정과 개정, 법률제정 등을 국민투표에 부쳐 다시 결정짓는 경우이다. 국민발안은 일정수의 국민에게 발의권을 인정하고 거기에서 발의된 사항을 국민투표에 부치는 것을 가리킨다. 여기에는 헌법개정 발의·입법사항발의와 같은 것이 있다. 상의적 국민투표는 중요한 안건이나 특수한 안건에 대하여 그것을 결정하기 전에 국민 의사를 물어보는 경우의 국민투표이다.

　의회해산국민투표는 국가원수의 요청 또는 국민발안으로 행하는 경우이다. 그러나 이것은 국회의원의 임기에 위협을 주게 되므로 입법 활동에 지장을 주고, 의원의 창의성과 책임성을 약화시키는 결과를 초래하기 쉬운 염려가 있다. 국민소환은 공직에 있는 자를 임기 전에 국민투표에 부쳐 해임하는 제도이다. 그러나 이 경우에도 공직자의 권력남용을 방지하기 위한 목적을 넘어 자칫 잘못하면 그 공무원의 활동을 마비시켜 대의제도 자체에 위험을 초래하기 쉽다. 신임투표(또는 인민투표)는 영토의 병합, 국민이나 주민의 귀속문제를 국민투표로 결정하는 경우와 통치자가 자기 권력의 정당성을 획득하기 위하여 실시하는 국민투표제도를 말한다. 이상의 여러 가지 목적에 따른 국민투표가 있으며[66] 나라에 따라 채택하는 내용에 차이가 난다.[67]

1) 국민투표의 기능

국민투표의 기능을 살펴보면 다음과 같다. 첫째, 국민투표는 정치권력에 최고의 권위를 부여하고 그 정당성을 인정하는 기능을 한다. 둘째, 의회에 대한 국민의 불신 또는 실망을 국민투표로 보완할 수 있다. 셋째, 정당이 제 기능을 발휘하지 못하고 부패하거나 대통령이나 국회의원 등 정치가가 타락하여 민의를 배반하거나 잘못을 저질렀을 때에 국민투표는 이러한 점을 보완하는 기능을 한다. 넷째, 국회의원의 희망 사항과 국민의 희망 사항이 다를 경우에 이를 해결하는 기능을 한다. 다섯째, 국가기관 상호 간의 충돌해결기능을 한다. 여섯째, 국민적 불만을 최종적으로 수렴할 수 있는 안전판 기능을 한다.[68] 일곱째, 연임이나 임기 규정을 둠으로써 새로운 유능한 신인 정치가의 진입 등 모든 국민이 정치에 참여할 수 있는 공

---

66) 한국민족문화대백과.
67) 한국민족문화대백과.
68) 한국민족문화대백과.

정한 기회를 부여한다. 이러한 여러 가지 기능을 통하여 국민투표는 민주주의에서 나타나는 문제점을 보완하는 기능을 한다.

2) 국민투표의 역기능

반대로 선거의 역기능을 살펴보면 다음과 같다. 첫째, 집권자의 권력을 강화하는 데 활용될 수 있다. 둘째, 대의민주제의 여러 가지 기능을 자유롭게 발휘하지 못하게 할 뿐만 아니라 의회의 존재를 약화시키고, 그 책임감을 감소시킬 수 있다. 셋째, 국민투표가 단순히 선전과 선동으로 결정될 우려가 있다. 넷째, 실질적으로 대중과 거리가 먼 소수입법자에 의하여 조작되기 쉽다. 다섯째, '예(○)'·'아니오(×)' 식의 흑백논리를 강요하는 결과를 갖게 되기 때문에 진정한 여론이 반영되기 어렵다. 여섯째, 대중의 법률에 대한 이해력이 전제되기 때문에 그렇지 않으면 대중이 부화뇌동하기 쉽다. 일곱째, 대규모 국가에서는 실시상의 기술적인 문제가 있고 많은 경비와 시일이 소비된다.[69]

3) 소선거구 2회 투표제·절대다수제·결선 투표제

선거에서 후보자의 누구도 법정 득표수를 획득하지 못하였을 때나 후보자의 누구도 과반수의 표를 획득하지 못하였을 때 절대 다수제의 원칙에 따라 득표수가 많은 상위 후보에 의해 최초의 선거

---

69) 한국민족문화대백과.

후에 다시 실행하는 투표를 결선투표라고 한다. 소선거구 2회 투표제는 그중에서도 소선거구제도 하에서 선거를 실행할 때 1회 투표 결과가 일정의 조건을 만족하지 않을 때는 2회의 투표가 이루어지는 제도를 말하며 현재 프랑스 등에서 사용되고 있다.

프랑스의 단순 소선거구 2회 투표제는 다음과 같은 순서로 당선자가 결정된다. 우선 제1회 투표에서 선거구의 유효득표 총수의 2분의 1 이상이고, 유권자 총수의 25% 이상의 득표를 얻은 후보자가 있을 때는 그 후보자의 당선이 결정되어 해당 소선거구에서 제2회 투표가 실시되지 않는다. 그러나 이러한 조건을 만족하는 후보자가 없는 경우에는 제2회 투표가 실시된다. 이 경우 제2회 투표에 도전할 수 있는 것은 제1회 투표에서 유권자 총수의 12.5% 이상의 득표를 얻은 후보자 또는 상위 2명의 후보자이다.

제1회 투표에서 득표율이 유권자 총수의 12.5%를 넘은 후보가 1명밖에 없거나 아무도 없는 경우에는 득표율과 관계없이 제1회 투표에서 상위 2명의 후보자가 제2회 투표에 도전하게 된다. 그리고 이 제2회 투표의 결과 득표수가 가장 많은 후보자가 당선된다. 득표수에서 동률 1위가 되었을 때 연장자가 당선된다. 통상은 더욱 많은 의석을 획득하기 위해 각 정당이 제1회 투표에서 제2회 투표 사이에 후보자를 조정한다. 이 때문에 제2회 투표는 보수 대 혁신의 1대1의 경쟁이 되는 것이다.[70]

---

70) 21세기 정치학대사전.

제2장

정치와 정치가 행태에 대해 갖는 의문과 이해 제고

1. 정치가 역할 중 일자리 창출 왜 중요한가

상당수 정치지도자는 자신이 현실정치에 참여하여 정치활동을 하고 있음에도 정작 중요한 정치가의 역할, 그중에서도 특히 정치활동의 핵심이 무엇인지 뚜렷하게 인식하지 못한 상태에서 정치를 한다. 기존 정치인들이 해오던 일을 답습하면서 발전을 지향하는 정도이다. 물론 기존 정치가의 행동 속에는 정치활동의 핵심적인 내용이 상당 부분 포함되어 있다. 이미 그러한 일을 하도록 정부의 조직 체계가 구축되고 직무를 줘서 그런 일을 해 왔기 때문이다. 하지만 자신이 해야 할 일이 무엇인지 알고 합당한 목표를 설정하여 계획적으로 일을 하는 것과 종래에 해오던 것을 답습하고 대중의 인기에 영합하여 국민이 원하기 때문에 한다는 방식으로 일을 하는 것은 결과에서 많은 차이가 나기 마련이다.

그럼 정치가가 해야 할 정치활동의 핵심은 무엇인가? 경세제민이다. 이것은 시대를 초월한다. 경세제민은 무엇인가? 경세제민(經世濟民)은 세상을 다스리고 백성을 구제함, 준말은 경제(經濟)다. 경제(經濟)는 인간 생활의 유지·발전에 필요한 재화를 획득·이용하는 과정의 일체 활동을 말한다. 재화의 생산·교환·분배·소비는 모두 경제의 한 부분이다. 또한 경제에는 돈·재물을 적게 들이는 일, '경세제민'의 준말이라는 뜻도 있다. 이렇게 경제가 경세제민의 준말이기는 하지만, 경세제민과 일반적인 의미로 사용되는 경제를 혼동(混同)해 사용해서는 안 된다.

경세제민을 위해서는 경제를 활성화하고 발전시키는 일이 중요하므로 경세제민에는 경제 활성화도 포함되지만, 경세제민은 단순한 경제 활성화를 의미하는 것은 아니다. 왜 경세제민이 정치활동의 핵심이 될 수밖에 없는가 하는 점은 경세제민의 뜻을 풀어보면 쉽게 이해할 수 있다. 경세제민(經世濟民)은 나라·사회의 일을 보살피거나 주재하고, 목적에 따라 잘 정리하거나 다루어 처리함으로써 문란해지지 않도록 바로잡고, 어지럽던 것을 평정하고, 병(문제)을 해결하고, 죄에 대해 벌을 주고, 곤경에 처한 국민은 구하여 건지거나 도움을 주는 것이다. 하지만 경세제민 한다고 매번 국가나 정치가가 국민의 요구에 부응하여 개인인 국민에게 일일이 필요한 것을 제공할 수는 없다.

여기에 일자리 창출의 중요성이 있다. 좋은 일자리가 있으면 국민 각자가 자기 사업체를 운영하거나 취업하여 능동적인 삶을 살아가므로 국가가 국민에게 필요한 것을 제공하거나 돕지 않아도 되는 것은 물론 원활한 세금 확보로 국가 운영에도 도움이 된다. 그러므로 좋은 일자리가 창출되어 국민 대다수가 좋은 일자리를 갖고 있으면 모든 것은 순리적으로 돌아간다. 결국 경세제민의 핵심이 좋은 일자리 창출이고, 좋은 일자리 창출은 정치와 정치가에게 요구되는 역할 중 가장 중요한 일이 될 수밖에 없다. 좋은 일자리는 만들기도 쉽지 않지만, 시대에 따라 좋은 일자리에 대한 사람들의 생각이 변화하므로 어느 시대와 국가를 막론하고 좋은 일자리 창출은 정치가에게 주어진 최대의 해결 과제 중 하나다.

2. 국민 만족, 왜 정치가 정치활동의 기본 목표인가

행복(幸福)은 욕구가 충족되어 충분한 만족과 기쁨을 느끼는 상태, 만족(滿足)은 마음에 흡족(洽足)함 또는 흡족하게 생각함, 욕구(欲求)는 무엇을 얻거나 무슨 일을 바라고 원함이다. 모든 인간은 행복한 삶을 추구한다. 행복하기 위해서는 일차적으로 만족을 느껴야 하는데 만족은 대개 욕구 충족에서 온다. 모든 사람은 각자 자신의 욕구 충족을 통한 만족과 기쁨을 느끼기 위해 힘들고 어려운 일상을 감내하며 열심히 산다. 하지만 행복하고 행복하지 않은 것은 자신의 마음, 정신, 의지, 노력 등에 의해 결정된다.

자연 속에 혼자서 살아갈 때는 타인의 영향을 받지 않지만, 많은 사람이 집단이나 사회를 이루고 사는 사회 속에서 개인의 행복은 나와 타인의 관계, 내가 소속된 집단이나 사회의 체계, 그 체계를 운용하는 권력자들의 행위 등에 의해 영향을 받을 수밖에 없다. 그 이유는 각자의 이익이 충돌할 때, 그것을 관리하고 통제하여 질서를 부여하고 이해관계를 조정하며 의무와 역할을 분담하고 안정과 안전이 확보된 상태에서 만족을 실현하고 행복한 삶을 추구하게 할 필요가 있다. 집단이나 사회에는 이러한 역할을 할 무엇인가가 필요한데 그것이 정치이다. 인간이 집단이나 사회 더 나아가 국가를 만든 이유도 개인이 갖는 한계를 극복하고 만족도를 높여 자신이 더 행복해지기 위한 목적이었다. 그 목적을 달성하기 위해 의무를 부담하고 주권을 위임하는 것이다.

정치의 필요성과 정치가의 역할도 그러한 일을 하기 위해 존재하는 것이다. 그러므로 국민 만족이 정치활동의 기본 목표가 되는 것은 당연하다. 국민 측면에서 볼 때 정치와 정치가의 존재가 나의 행복한 삶에 도움이 되지 않는다면, 정치가가 가진 권력에 의한 강압을 수용하여 자신이 주권을 위임하고 의무를 부담하고, 그들의 대표성을 인정해야 할 이유가 없다. 또 그렇게 하고 싶은 마음도 생기지 않는다. 정치가가 국가와 국민을 위하는 것이 아니라 자신을 위해 일하는 것을 보거나 그렇게 한다고 느끼면 오히려 반발하고 저항하는 것이 당연하다. 의무 부담을 위해 내가 흘린 땀과 피가 나를 행복하게 하는 것이 아니라 정치가들의 행복을 위한 것이 되기 때문이다. 그러므로 정치가는 국민 만족을 위해 열심히 봉사하고 헌신해야 한다.

3. 국민, 모두 같은 국민인가

국민은 국가의 기본 요소로 한 국가에서 모든 국민은 주권자이다. 주권(主權)은 가장 중요한 권리, 국가 구성의 요소로서 최고·독립·절대의 권력이다. 그럼 주권을 가진 사람은 모두 같은 국민인가? 아니다. 국민 중에는 좋은 국민과 좋지 않은 국민이 있다. 좋은 국민은 공존공영을 위해 자기에게 주어진 책임과 의무를 다하고, 민주주의 원리를 존중하며 지도자가 선도하는 국가 발전 정책에 협력하고, 전체 국민의 삶의 질 향상과 인간 존엄성 실현을 추구하며, 더불어 사는 사회를 건설하기 위해 이타심을 바탕으로 봉사와 헌신하며 자신의 삶을 열심히 사는 사람이다.

이에 반해 좋지 않은 국민은 책임과 의무는 회피하려고 노력하고,

법규를 잘 지키지 않으면서도 자유와 권리를 내세우며 불합리한 점과 잘못된 점을 많이 지적하고 불만을 자주 토로하는 등 기존 질서와 체계에 도전하는 행동으로, 이기주의에 의한 탐욕과 권력 욕구를 채우기 위해 폭력과 투쟁, 선동을 일삼으며 분열주의를 획책하고, 대립과 갈등을 조장하는 사람이다. 좋지 않은 국민도 명목상 국민이다. 그러나 그들 중에는 국가와 국민의 이익에 반하는 적대적인 행위를 하는 사람, 외형상으로는 국민의 모습을 갖추고 활동하지만 실제로는 적에게 동조하는 아군의 탈을 쓴 적과 같은 사람, 자기의 이기적인 권력 욕심을 채우기 위해 선동과 투쟁으로 사회를 혼란과 갈등 속으로 몰아가는 적군보다 더 나쁜 사회를 좀먹는 사람도 있다.

어느 나라 할 것 없이 항상 양자의 사람들이 있으며, 국민 속에는 정치가도 포함되어 있다. 좋은 국민이 많은 나라는 발전하지만, 좋지 않은 국민이 많은 나라는 대립과 갈등, 혼란 속으로 빠져들 가능성이 높다. 그렇다고 좋지 않은 국민이라고 마음대로 처벌하거나 그들의 행동을 제약하기도 어렵다.

국민의 행위를 법규로 제약하는 데는 한계도 있지만, 좋지 않은 국민이 자신들의 목표를 달성하고 야심을 실현하기 위해 교묘하게 행동하는데다 민주화나 자유를 명분으로 내세우는 일이 많기 때문이다. 좋지 않은 국민은 국가 발전을 저해하고 국민 단합을 어렵게 하므로 정치지도자들에게 가장 골치 아픈 존재이다. 이들은 자신의 이기심을 채우고 권력 욕구를 실현하기 위해, 정치지도자의 실수나 잘못, 정책에 필연적으로 수반하는 폐해 등의 문제를 끈질기게 물고 늘어지며 공격함으로써 사회분열과 대립 구도를 조장한다. 그러면서도 그들의 행동을 규제하면 독재자로 몰아가는 경향이 있다. 특히, 좋지 않은 정치가들이 이런 일을 주도한다. 또한 좋지 않은 국민의 행동을 규제하면 좋은 국민의 자유까지 억압되므로 규제도 쉽지 않다.

여기에서 교화(敎化)의 필요성이 나온다. 규제보다는 예방교육이 바람직하고 교육을 위해서는 지식과 경험, 기술이 있어야 한다. 정치지도자는 지식과 경험, 기술을 갖추고 좋지 않은 국민이 좋은 국민이 되게 하고, 좋은 국민이 좋지 않은 국민에게 현혹되지 않게 열심히 교화해야 한다. 교화(敎化)는 가르쳐 이끌어 착한 사람이 되게 함이다. 많은 정치가가 자신이 가진 권력으로 국민을 통치하려 들지만, 좋은 정치가는 권력에 의존한 통치보다는 교화에 힘쓴다. 권력에 의존한 통치는 피해자를 유발하기 쉽지만, 교화는 아무도 손해를 입지 않고 모든 일이 순리적으로 돌아가게 하기 때문이다.

발전 저해 요소의 제거, 발전 저해 요소를 발전 요소로 전환하는 것은 그 자체가 엄청난 발전 원동력으로 작용한다. 그러므로 뛰어난 정치가는 좋지 않은 국민, 자신의 의사에 반대하거나 반발하는 국민까지도 좋은 국민, 자신을 지지하는 사람들과 함께하며 국가와 국민을 위한 일에 동참할 수 있도록 잘 아우를 줄 알아야 한다. 좋지 않은 국민은 교화의 대상이 될 수는 있어도 국가 버려야 할 국민은 없다. 국민이 국가의 근본이기 때문이다.

4. 선거 흥행 대상인가

선거에 대한 이해가 부족하여 잘못 인식하는 정치평론가와 언론에서는 선거를 흥행 대상으로 생각하거나 연관 지어 표현하기도 하고, 일부 몰지각한 정치가도 그렇게 생각하는 경향이 있다. 그러나 정치평론가와 언론이 생각하는 흥행과 정치가가 생각하는 흥행은 그 내용이 다르다. 정치평론가와 언론은 유권자 동향과 당선자수를 연관 지어 선거 결과에 미친 영향을 분석하여 특정 후보나 정당에 많은 지지가 이루어지고 기대하는 수준의 당선자가 나오거나 당선자가 늘어나 다수의석을 차지하면 흥행에 성공했다고 표현하고, 그렇지 않으면 흥행에 실패했다고 표현한다. 하지만 정치가에게 있어 흥행은 또 다른 의미가 있다.

정치가가 말하는 흥행은 많은 당선자가 나오고 다수의석을 차지했을 때뿐만 아니라 공천 후보 신청자가 많고, 공천 후보 신청자에 의해 공식적 비공식적으로 당 발전기금이나 당 지도부를 구성하고 있는 사람들에게 돈이 들어오는 것까지 포함한다. 즉 정치가들이 선거를 흥행으로 생각하는 것은 선거를 실제 상행위와 같은 일로 보고 뒷돈을 챙기는 행동을 하는 저급함까지 포함된 것이다. 이러한 행동이 노골화하거나 공공연하게 이루어질 때 '공천장사'라는 말이 나돌게 된다. 그러나 선거는 흥행 대상이 될 수 없고, 되어서도 안 된다.

흥행의 뜻을 알면, 그 이유가 뚜렷해진다. 흥행(興行)은 관람료를 받고 연극·영화 등을 보여 줌이다. 이렇게 흥행은 정치 용어가 아니라 상업용 용어이다. 사람이 사용하는 개별 낱말은 구체적인 유래가 있고 고유한 의미가 있는 것도 있지만, 시대와 상황에 따라 그 사용 범위가 확대되고 의미가 추가되는 것도 있다. 이는 낱말의 뜻이 고정된 것이 아니므로 상업용 용어라도 경우에 따라 정치 용어로 사용될 수도 있다는 말이다. 그러므로 흥행도 새로운 의미가 부여되면 정치 용어로 사용될 수 있다. 하지만 현재는 새로운 의미가 부여되지 않는 데다 정치와 선거의 정의, 역할을 제대로 이해하면 선거를 흥행 대상으로 생각하거나 선거와 연관 지어 표현하는 것이 합당하지 않다는 것을 알 수 있다.

선거는 흥정이나 거래, 수익을 올리는 대상이 아니라 주권을 위임하는 과정이기 때문이다. 주권 위임이 흥정이나 거래, 수익과 연관되면 금권선거가 일반화될 수밖에 없다. 금권선거는 공정성을 위반한다. 그러므로 그 자체가 문제를 일으키는 원인으로 작용하기도 하지만, 그것을 허용하면 능력 있는 사람이 정치가가 되는 것이 아니라 돈이 많거나 많은 돈을 동원할 수 있는 사람, 돈을 많이 가진 사람과 결탁할 수 있는 사람이 당선되고 권력을 갖게 된다. 이렇게 하여 당선된 사람은 국가와 국민을 위해 일하는 것이 아니라 자신을 위해 일하기 마련이다.

가장 먼저 선거 과정에 쓴 돈을 회수하고, 자신에게 선거 자금을 지원해준 사람들에게 보답해야 하므로 정치와 경제가 유착하여 부정부패와 비리가 만연하고 부의 분배를 왜곡하게 된다. 그러므로 가진 자는 더욱 잘 살고 못 가진 자는 더욱 살기 어려운 사회가 될 수밖에 없다. 이것은 우리가 원하는 사회가 아니다. 국민을 위하는 것이 아니라 자신의 이기심을 채우는 정치가를 위해 국민이 의무를 부담하고 협력해야 할 이유가 없다. 국민이 금권선거를 통해 당선한 정치가의 대표성을 인정하지 않고 의무 부담을 꺼리며 지도자에게 반발하기 시작하면 사회는 혼란에 빠져 모두가 피해를 볼 가능성이 높아진다. 따라서 결코 선거는 흥행의 대상이 될 수 없고, 되어서도 안 된다. 선거와 관련하여 흥행이라는 말을 사용하는 것도 바람직하지 않다.

5. 정치가의 쇼 바람직한 것인가

쇼(show)는 일부러 꾸미는 일의 비유, 구경거리나 구경거리가 된 사건, 춤과 노래를 엮어 무대에 올리는 연예(演藝) 오락을 뜻하는데, 보여주기 위한 목적으로 행하여진다. 연예기획사가 돈을 벌기 위해 쇼를 하거나 광대나 희극배우가 사람들을 웃길 목적으로 쇼를 하는 것은 당연한 일이다. 오락시간에 참석자 모두가 즐겁게 놀기 위해 쇼를 하거나 일상 중에서 무료함을 달래려고 동료 간에 쇼를 할 수도 있다. 또한 이기주의자들이 자기의 욕심을 채우고, 범죄자가 범죄를 저지르고, 사기꾼이 사기를 치기 위해 사람들을 현혹할 목적으로 쇼를 하기도 한다. 그런데 정치가들도 쇼를 한다. 정치가가 쇼를 한다는 것은 무엇인가 어색하고 어울리지 않은 것 같다. 그런데 어느 시대나 국가를 막론하고 정치가들이 쇼를 하는 일이 적지 않다.

세상 모든 일이 그렇듯이 국가와 국민을 위한 선의의 목적으로 이루어지는 쇼는, 그 주역이 정치가라 할지라도 어느 정도는 용납할 수 있다. 그러나 정치가가 쇼를 해야 할 일은 거의 없다. 국가와 국민을 위한 일을 하는데 무엇을 꾸미고 일부러 보여주기 위한 행위를 해야 할 필요가 없기 때문이다. 정상적인 방법으로 절차에 따라 일을 처리하는 것이 마땅하다. 그러므로 정치가 쇼의 대상이 되는 것이 바람직하지 않다. 그 이유는 쇼를 통해 사회문제를 해결하고 목표를 달성하여 국가를 발전시키고 국민의 권익 신장과 복리 증진을 통해 삶의 질을 향상하고 인간 존엄성을 실현하기 어렵기 때문이다. 정치와 정치가는 국가 발전과 국민을 위해 필요한 일을 하는 사람이다.

일하는 것과 쇼를 하는 것은 다르다. 그런데도 정치가들이 쇼를 하는 것은 무엇인가를 보여줌으로써 자신이나 자신이 소속된 정당의 이익을 꾀하기 위한 목적을 달성하려는 데 있다. 정치가들이 하는 쇼의 사례는 다양하다. '대통령과 여당이 야당이 반대하는데도 일방적으로 법안을 통과시키는 일을 강행한다. 대통령과 여당의 리더십에 흠집을 낼 목적으로 야당이 정해진 기간에 정부 예산안을 통과시키지 않는다. 문제가 있는 법안 통과를 몸싸움으로 막는다. 자기 당이 반대하는 법안이 통과되는 것을 막기 위해 국회에서 농성하고 장외 집회를 열고 거리시위를 한다. 혐오시설 설치에 반대하는 시민이나 주민 시위에 동참하고 지지 발언을 한다. 노사분규에 개입하여 정부를 비난한다.…' 등이다.

정상적인 정당과 정치가라면 민주주의 원리를 존중하고 절차에 따라 의사결정에 참여하고 대화와 타협, 양보를 통해 문제를 풀어나가야 한다. 그런데 그렇게 하지 않고 대통령과 여당이 하는 일을 야당은 흠집 내려 들고, 여당은 야당이 억지를 부리고 있다는 것을 국민에게 보여줌으로써 유리한 여론을 형성하고 지지 세력을 확대하기 위해 쇼를 하는 것이다. 쇼가 도움이 된다고 생각하면 그때부터는 경쟁적으로 쇼를 하려 든다. 쇼가 심해지면 국민에게 보여주려고 일부러 여야가 막후에서 비밀협상을 통해 한 약속, 사전에 정해진 내용이나 각본대로 쇼를 하기도 한다. 이렇게 쇼를 하는 정치가는 국민을 위해 일하는 사람들이 아니라 자신들의 권력 욕구와 이기적인 탐욕 실현을 위해 일을 하는 저급한 사람들이다.

6. 민주주의에서 자유와 평등의 조화 왜 중요한가

민주주의의 대표적인 이념으로 민주주의를 지탱하고 있는 지주인 자유와 평등은 상대적인 이념이다. 자유를 강조하면 평등이 위협받고 평등을 강조하면 자유가 제한될 수밖에 없다. 하지만 두 이념은 민주주의를 유지하기 위해서는 반드시 필요하다. 이것이 민주주의에서 자유와 평의 조화가 중요한 이유이다. 민주주의와 자유, 민주주의와 평등, 자유와 평등의 상관관계를 이해하면 그 중요성은 더욱 뚜렷해진다.

1) 민주주의와 자유

민주주의 운동은 먼저 보통 선거권의 확립, 즉 참정권의 확대를 기본적인 목표의 하나로 하고 있다. 그러나 이것은 정치적 자유 확대의 요구로 이해할 수 있을 것이다. 자유는 그 내용상 소극적 자유와 적극적 자유로 나눌 수 있고 지향하는 자유의 내용에 따라 민수 성지의 형태노 날나실 수 있다.

① 소극적 의미의 자유(=국가 권력으로부터의 자유, freedom from the state=근대적 의미의 자유): 외부로부터의 각종 구속이나 타율적인 강제를 받지 않는 상태이다.
② 적극적 의미의 자유(=국가 권력에로의 자유=현대적 의미의 자유=liberty): 자율적인 의지 또는 결정을 바탕으로 한 선택권

의 행사 및 자기 의사의 발표 기회가 허용되는 상태를 말한다.

③ 자유와 책임: 적극적 의미의 자유는 자율적인 자유의지와 결정을 바탕으로 한 목적의 선택 및 이의 실현을 위한 행동 경향을 의미하기 때문에 반드시 책임을 수반한다고 하는 점에서 자유는 결코 방종이 아니라는 점을 유의해야 한다.

④ 자유의 한계: 자유에 대한 개념은 사회 구성원 전체가 최선으로 내세우는 공동선의 실현을 위해서는 개인의 자유는 당연히 제약되고 유보될 수도 있다는 점을 잊어서는 안 된다.[71]

2) 민주주의와 평등

인간은 이성적 존재인 점에서 인간과 인간 사이에 아무런 차이가 없고 모두 같다는 것이 평등의 기본 개념이다. 이는 "사람 위에 사람 없고 사람 밑에 사람 없다"라는 말로 표현할 수도 있다. 다시 말하면 민주주의에서 평등은 인간성의 평등, 인격의 평등, 법 앞에서의 평등, 기회의 균등, 능력에 따른 대우 등을 그 기본 내용으로 삼고 있다.[72]

3) 자유와 평등의 상관관계

① 자유와 평등은 민주주의를 지탱하고 있는 두 개의 큰 지주이다. 이러한 자유와 평등은 상호 보완적인 면을 지니고 있으면

---

71) Basic 고교생을 위한 윤리 용어사전.
72) Basic 고교생을 위한 윤리 용어사전.

서 다른 한편으로는 상호 배반적인 면도 지니고 있다.

② 자유를 절대화해서 무조건 무제한으로 주장한다면 평등의 개념은 허용될 여지가 없어질 것이고, 반대로 평등의 개념을 절대화해서 그것을 무조건 무제한으로 밀고 나간다면, 그 사이에 자유의 개념이 존립할 기반은 찾아낼 수가 없게 된다. 이처럼 절대적인 개념으로서의 자유와 평등은 서로 조화될 수 없는 성질의 것이라고도 할 수 있다.

③ 평등과 자유가 민주주의를 지탱하고 있는 두 개의 지주라고 하는 것은 절대화한 자유나 평등이 아니라 상대적 이념으로서의 자유와 평등을 말한다. 따라서 원만하고 조화 있는 민주주의 실현을 위해서는 종래의 시민적 자유, 즉 국가로부터의 자유(freedom from the state)는 마땅히 제한되어야만 한다. 그러한 자유가 제한된 만큼 경제적·사회적 평등이 실현될 때, 비로소 현대적 민주주의는 더욱더 참되게 실현되는 것이라고 할 수가 있다.

④ 평등이라 함은 산술적 평등이 아니고, 다르게 태어나고 다르게 성취할 수밖에 없는 사람들에게 각자가 갖춘 능력을 발휘할 기회를 균등하게 보장하는 것이다.[73]

7. 정치가 왜 국민 편익보다 당리당략 더 앞세우는가

'당리당략(黨利黨略)'은 당리와 당략을 아울러 이르는 말, 당의

---

73) Basic 고교생을 위한 윤리 용어사전.

이익과 계략이다. 계략(計略)은 계책과 책략, 계책(計策)은 꾀나 방법을 생각해 냄 또는 그 꾀나 방법을 뜻한다. 책략(策略)은 어떤 일을 꾸미고 이루어 나가는 꾀와 방법이다. 정상적인 정당이라면, 하위에 있는 정당의 이익이나 당원의 이익보다 상위에 있는 국가 이익과 국민의 편익을 더 앞세워야 한다. 그래야 국가 정치체계의 혼란을 막고 질서를 유지할 수 있다. 그럼에도 오늘날 상당수 국가에서 정당들이 당리당략을 국가 이익과 국민의 편익보다 앞세우는 경향이 있다.

정당들이 그렇게 행동하는 이유는 지도부를 형성하는 몇몇 정치가들의 정치와 권력에 대한 개념의 이해 부족으로 가치판단 기준을 정당에 두고 정당의 이익을 먼저 추구하기 때문이다. 그 이면에는 자신의 이익을 정당의 이익으로 교묘하게 포장하거나 동일시는 경향이 있다. 그런데 한심하게도 심지어는 이렇게 꼼수를 사용하는 것을 능력으로 생각하는 정치가까지 있다는 점이다. 이것은 크게 잘못된 것이다. 당과 당원의 이익도 중요하기는 하지만, 그것이 국가 이익과 국민의 편익보다 앞서서는 곤란하다. 만일 그런 일이 계속해서 이루어지면 사회 질서에 혼란이 생기기 때문이다. 이를 방지하기 위해 모든 집단이나 사회에서는 상위에 있는 집단이나 사회가 하위에 있는 집단이나 사회보다 더 큰 권력과 권한을 갖도록 체계를 구축한다. 그럼에도 하위 집단이나 사회가 상위 집단이나 사회의 권력을 침해하는 도전적인 행위를 하면 제재를 가할 수밖에 없다.

이를 내버려두면 사회 질서에 혼란이 발생하기 마련이다. 상위 집단이나 사회의 권위가 실추되면 국가와 국민을 위험에 빠뜨릴 수 있다. 한 국가에서 가장 큰 대표성을 갖는 것은 국민이 인정한 국가와 정부이지 정당이 아니다. 정당은 국가 체계 내에 포함된 하나의 정치단체일 뿐이다. 그러므로 국가에서 가장 중요한 가치는 국가 이익과 전체 국민의 편익이다. 특정 정당의 대표가 대통령에 선출되고 권력을 획득하더라도 마찬가지이다. 권력은 당원이 만들어 주는 것이 아니라 전체 국민이 위임하는 것이 때문에 정당의 이익과 당원의 이익은 국익과 국민의 편익을 침해하지 않는 범위 내에서 이루어져야 한다. 세상은 꼼수를 쓰고 순리대로 돌아가지 않으면 반드시 어디선가 문제가 발생한다.

8. 정치, 직위와 권력 있어야 하는 것인가

많은 사람이 정치에 대해 갖는 잘못된 생각 중 하나가 정치를 하려면 권력이 있어야 하는 것으로 알고 있다는 점이다. 이러한 잘못된 생각은 자신이 일상 속에서 다양한 정치활동을 하면서 그것이 정치활동이라고 제대로 인식하지 못하게 하는 원인으로 작용한다. 하지만 모든 자연인은 사회활동을 통해 나름대로 정치활동을 한다. 좀 더 이해하기 쉽게 설명하면, 자신과 자신이 소속된 집단이나 사회 발전을 위해 인간 존엄성 실현과 삶의 질 향상을 추구하는 모든 행위는 정치활동에 포함된다. 당면한 문제를 해결하고 각자 행복을 추구하는 것도 마찬가지이다.

이것은 정치가 추구하는 가치가 문제 해결, 발전 지향, 인간 존엄성 실현, 삶의 질 향상, 행복한 삶과 연관되어 있기 때문이다. 정치의 정의를 알면 더욱 뚜렷해진다. 그럼에도 일반인들이 자신이 하는 행위가 정치활동이 아니라고 생각하는 것은 선거를 통해 국민의 대표가 되는 정치가를 선출하고 당선자에게 직위와 그 직위에 따른 권한이나 권력을 부여하여 정치활동을 하게 하는 것, 정당을 만들거나 정당 활동을 통하여 정견을 발표하고 국정에 협력하거나 견제하는 활동을 하는 것 등 제도화된 정치활동을 보편적인 정치라고 생각하는 데 원인이 있다.

물론 오늘날 일반적으로 말하는 정치는 이러한 제도화된 정치를 지칭한다. 그러나 개인의 활동이 현실 정치에서 구체적인 정치적 목적을 달성하기 위해 행해지는 것이 아니라 하더라도 정치활동임은 틀림없다. 제도화된 정치와 개인이 행하는 정치의 차이가 있다면 목적, 목표, 가용 자원, 영향력의 크기, 내용 등에서 차이가 있을 뿐이다. 개인이 하는 행위도 정치활동이다. 예를 들어 정당의 정견 발표, 대통령과 국회의원, 지방자치단체 수장과 의원 등의 정치활동에 대해 잘못을 지적하거나 잘하는 정책에 대해 지지 의사를 표시하는 것, 주권 행사를 통해 선거에서 후보자로 나선 특정인에게 지지표를 행사하는 하는 것, 행정기관의 감시와 견제, 자신들이 일을 해나가는 데 연관된 정책에 대해 여론을 형성하여 표출하거나 잘못을 바로잡고 발전적인 정책을 건의하는 것 등도 정치활동의 일환이다.

사회 속에서 개인은 모두 최소 단위 집단 중 하나에 속하는 가정의 구성원이다. 그런데 국가는 수많은 가정이 모여 이루어지므로, 국가단위의 사회를 미분하면 가정이 된다. 가족으로 가정에서 의사결정에 참여하고 행복을 추구하며 발전적인 삶을 위해 제반 역할과 활동을 하는 것은, 그 영향력의 범위가 가족으로 국한된다. 하지만 이러한 역할과 활동도 분명 정치활동임은 틀림없다. 활동 영역을 집단, 사회, 국가로 확대하면 더 쉽게 이해할 수 있다. 단지 일반인은 직업 정치가가 아닐 뿐이다. 이처럼 정치는 위임된 주권을 바탕으로 직위에 따른 권력을 줘야 할 수 있는 것은 아니다.

인간의 삶 자체가 정치와 직결되어 있으므로, 평상시에 모든 사람이 자기 나름대로 정치활동을 하며 산다. 정치가는 국가와 국민을 위해 봉사하고 헌신하는 사람이다. 국가와 국민을 위해 봉사하고 헌신하는데 반드시 직위와 권력이 있어야 하는가? 아니다. 있으면 좋고 없어도 할 수 있다. 그러므로 직위와 권력이 있어야 정치를 할 수 있다는 생각은 잘못된 것이다. 만약 개인이 직업적으로 정치하는 정치가가 되고 싶다면 국민대표를 선출하는 선거에서 당선되어 정치활동을 하면 된다.

좋은 정치가가 되는 길은 어느 날 선거 후보로 등록하고 국민에게 지지해달라고 목이 쉬도록 표를 구걸하거나 강요하다시피 하고 당선 후에는 어깨에 힘주고 다니는 것이 아니다. 국민은 그런 정치가를 좋아하지 않는다. 올바른 정치를 하는 정치가가 되고 싶다면 직위와 권력이 없는 평상시에 국가와 국민을 위해 봉사하고 헌신하는 생활을 습관화하는 것이 모두를 위해 바람직하다.

9. 권력투쟁 왜 발생하는가

동물 세계에서 투쟁이 일어나는 이유는 먹이가 되는 자원의 부족과 편중에 따른 먹이 다툼, 먹이 확보를 위한 영역 다툼, 번식 본능에 의한 욕구 충족을 위한 다툼이 주류를 이룬다. 여기에는 지배동기와 공격동기가 작용한다. 인간의 공격성은 동물과 유사한 점이 많지만, 훨씬 복잡한 양상을 보인다. 인간은 식량과 자원 등 자신이 가진 것이 풍부해도 욕심 때문에 쉽게 만족하지 못하는 특성이 있다. 그리고 타고난 지배동기와 공격동기로 말미암아 자신이 권력을 갖고 지배자가 되고 싶은 마음에 권력자가 나약한 모습을 보이거나 행동에 틈이 보이면 공격을 일삼기 때문에 권력투쟁이 끊이지 않는다. 정치지도자들이 부하와 다른 정치가를 경계하거나 감시하고 행동을 억압하는 이유도, 그들이 가진 지배동기와 공격동기가 언제 자신에 대한 공격으로 이어질 모르기 때문이다.

1) 지배동기

인간은 다른 사람에게 자신의 영향력을 행사하고 자신의 뜻대로 움직이고 싶어 한다. 다른 사람이 자신의 뜻에 따라 주고 복종해주기를 원한다. 즉 인간에게는 다른 사람을 지배하고자 하는 동기가 내재해 있다. 이러한 지배동기(dominant motivation)는 사회적 행동을 유발하는 주요한 대인동기의 하나로 여겨지고 있다. 지배동기는 권력을 추구하는 욕구이다. 타인의 행동과 운명을 조정할 수 있는 능력을 뜻한다. 인간은 인간관계 속에서 이러한 권력의 욕구를 충족시키고자 한다. 군집생활을 하는 동물들은 대부분 위계구조로 되어 있다.[74]

---

74) 권석만(2003), "젊은이를 위한 인간관계 심리학", 학지사, pp.84~91.

2) 공격동기

 인간은 때때로 다른 사람을 해치는 공격 행동을 한다. 인간관계에서 신체적으로든 언어적으로든 상대방에게 상처를 주는 공격 행동이 흔히 일어난다. 집단 내의 따돌림과 같이 때로는 공격 행동이 특별한 이유 없이 행해지는 때도 있다. 이러한 적대적 행동은 공격성에 의해 유발된다. 공격동기(aggressive motivation)는 기본적으로 타인을 해치고 손상하려는 욕구를 의미한다. 공격동기는 개체보존과 종족보존을 위해 적응 기능을 하는 주요한 동기이다.

 육식동물은 먹이를 얻기 위해 약한 동물을 공격하고 교미상대를 빼앗기 위해 경쟁자를 공격한다. 때로는 집단 내에서 지배적인 위치를 차지하기 위해 지배자를 공격하고 공격자에 대한 방어로서 공격 행동을 하기도 한다. 인간의 공격성은 기본적으로 동물의 공격성과 유사한 점이 많지만, 훨씬 복잡한 양상을 나타낸다. 인간은 공격 행동을 자제하게 하는 여러 가지 심리적 요인이 있지만, 때로는 더 파괴적인 공격 행동을 하기도 한다. 동물은 일반적으로 배고 픔이 해소되면 더는 약한 동물을 공격하지 않으며 같은 종끼리는 상대를 공격하더라도 살상하지 않는다. 그러나 인간은 인간에게 무자비한 공격을 통해 살상하기도 하며 현실적인 필요 이상으로 상대를 공격하기도 한다.[75]

---

75) 권석만(2003), "젊은이를 위한 인간관계 심리학", 학지사, pp.84~91.

10. 왜 통제력을 남용해서는 안 되는가

이해관계가 형성되는 집단이나 사회에서 다수의 이익을 동시에 보호하는 방법은 법규를 통한 통제가 가장 효과적이다. 법규가 이해관계의 조정을 비롯한 질서유지의 바탕이 되기 때문이다. 일을 하고, 성과를 창출하고, 효율을 향상하는 데도 통제는 많은 도움이 된다. 의사결정권의 지도부 집중, 우선순위 설정을 통한 역할 분담, 가용 자원의 배치와 투입 등을 통제하거나 조정하면 일을 원활하게 진행할 수 있다. 그러므로 많은 지도자가 짧은 시간 내에 성과를 내고 국민에게 자신들의 능력을 과시(誇示)하는 데 필요 이상으로 통제력을 남용하는 경향이 있다. 그러나 통제를 통한 성과 창출, 효율 향상, 질서유지에는 한계가 있다.

국민이 발휘하는 가장 큰 힘은 통제력에서 나오는 것이 아니라 순리적으로 발휘되는 통합력과 스스로 필요를 느껴 움직이는 자발에서 나온다. 지나친 통제는 국민의 자유로운 활동을 억압하므로 한계에 도달하면 부작용이 나타난다. 억압이 한계에 도달했는데도 통제를 지속하거나 강화하면, 국민의 저항과 반발이 일어나 효율은 상승하는 것이 아니라 오히려 떨어진다. 그러므로 통제를 통한 억압의 정도가 지나쳐 피해자가 나타나고 국민이 저항하게 하는 것은 바람직하지 않다. 피해자가 나타난다는 것은 이미 권력이 국민을 위한 것으로 보기 어려운 수준에 도달했다는 것을 의미한다. 이것은 지도자와 국민 모두를 위해 바람직하지 않다.

통제에 의한 억압을 싫어하는 사람들이 있더라도 전쟁 등 국가 위기 상황에서는 긴급조치권을 발동해야 마땅하다. 통제의 정당성과 합리성에 공감하고 필요성을 인정할 때는 국민은 통제가 현저한 억압 수준에 이르더라도 그것을 수용하고 감내한다. 그러나 지도자는 국민이 통제를 잘 수용하더라도 결코 자신을 위한 권력의 획득과 유지, 연장을 위한 수단으로 통제를 이용해서는 안 된다. 특히, 어떤 경우라도 통제를 남용해서는 안 된다. 그 이유는 통제력 남용은 국민을 위하는 올바른 방법이 아니기 때문이다.

인류 역사상 독재자로 비판 대상이 된 정치가들은 하나같이 자신의 이기적인 탐욕을 실현하기 위해 통제력을 남용했다. 정치가가 자신의 이기적인 탐욕을 실현하기 위한 수단으로 지나친 통제를 하면, 국민은 그 정치가를 독재자로 인식한다. 독재자로 몰리면 대개 국민에게 배척당해 비참한 최후를 맞는다. 이렇게 정치가와 국민 모두에게 비극이 되는 일을 만들지 않기 위해서도 정치가는 통제력을 남용해서는 안 된다. 통제력은 리더십(leadership)의 핵심 요소 중 하나로 모든 집단이나 사회 질서유지의 기초가 된다. 잘 운용하면 많은 도움이 되지만, 잘못 운용하거나 남용하면 폐해도 만만찮은 이중적 특성을 갖고 있으므로 신중하게 사용해야 한다.

11. 독재자를 만드는 요소는 무엇인가

정치가가 혼자 독재를 하고 싶다고 해서 되는 것이 아니다. 독재자가 만들어지는 데는 반드시 조력자가 있다. 권력을 독점하려는 정치지도자 자신의 의지와 노력이 중요하지만, 집단이나 사회 조직은 몇 사람이 움직일 수 있는 것이 아닌데다 각종 견제 장치가 있기 때문에, 그것을 무력화하지 않고서는 독재자가 출현할 수 없다. 일반적인 정치지도자가 독재자가 되는 데는 주변 국가들의 관용 등 외부적 요인도 있지만, 집단 내부적 요인이 더 큰 영향을 미친다. 내부적 관점에서 볼 때 독재자 출현에는 3가지 주요한 원인이 있다. 첫째는 독재자에게 아부하고 권력자에 편승하여 자신의 영달을 추구하는 공무원이 있다. 이들이 독재자 출현의 결정적인 역할을 한다. 특히, 공권력 기관인 국가정보기관, 군대, 검찰, 경찰 수뇌부가 권력의 시녀 노릇을 하는 일이 많다. 둘째는 국회와 사법부의 역할 포기와 현저한 기능 저하이다. 행정부를 가장 강력하게 견제할 수 있는 기관이 국회와 사법부이다. 민주주의에서 삼권분립을 하는 이유도 행정부의 독주를 견제하기 위한 것이다. 그런데 독재자가 출현하는 국가는 야당의 세력이 약하고, 여당이 국정 최고 책임자인 대통령의 거수기나 하수인 역할을 한다. 사법부인 법원도 편파적인 재판을 한다. 셋째는 양심 있는 이타적인 국민보다는 이기적인 국민이 주류를 이룬다. 독재국가들도 처음부터 권력을 독점하는 체제로 출발하는 경우는 드물다. 독재 권력이 탄생하기 위해서는 반드시 선거방법 변경을 포함한 헌법 개정이 선거를 통해 이루어지는데 이기적인 국민이 이에 동의해 준다.

역사상 어떤 정권도 국민 다수가 독재를 결사적으로 반대하고 투쟁을 지속하는데 독재 권력을 계속 유지한 사례는 없었다. 무자비한 탄압과 강경 진압이 가해지는데도 민주화와 자유를 향한 국민의 열망이 꺾이지 않으면 독재 권력은 언젠가는 모두 무너졌다. 오늘날 중동의 이집트, 리비아, 튀니지 등 여러 국가가 독재자를 축출하고 민주화에 나서고 있지만, 독재자가 축출되었다고 민주화가 쉽게 이루어지는 것은 아니다. 좋은 민주주의를 만들기 위해서는 치열한 노력과 더 많은 대가를 치러야 한다. 이런 가운데 민주주의는 유지되고 발전한다.

국민 다수가 권력에 편승하여 아부하고 자기이익 실현을 위해 독재자를 옹호하는 행동을 하면서 상황이나 처지가 바뀌었다고 독재자를 비난한다고 달라지는 것은 아무것도 없다. 독재자에게 편승하거나 비판하는 것은 자유지만, 독재자를 만든 것이 국민 자신이었으므로 대가도 국민이 치를 수밖에 없다. 그러므로 국민이 독재자로 말미암아 대가를 치르지 않으려면 평상시에 정치가가 올바른 정치를 하도록 잘못하는 것은 끊임없이 견제하고 잘하는 것은 적극 협력하는 노력을 기울여야 한다.

12. 정치권력 심판 대상인가

국민은 누구나 정치권력을 가진 정치가나 정당인 여당에 대해 책임을 물을 수는 있다. 하지만 정권은 심판 대상이 아니다. 심판(審判)은 사건을 심리해 판단 또는 판결함, 경기의 승패 등을 판정함 또는 그 일을 하는 사람을 말한다. 국민은 정권의 대표성을 인정하여 국가 발전과 국민 삶의 질 향상, 인간 존엄성 실현을 위해 정권에 협조하고 열심히 노력해야 하며, 올바른 방향으로 나아가도록 견제도 해야 한다. 그러므로 정권에 잘못이 있을 때 야당이나 국민도 당사자로 상당한 책임이 있다. 여당과 대통령의 국정 운영 실패와 위법한 행동에 대해 주로 야당 관계자, 야당, 야당 정치인을 추종하거나 지지하는 국민은 여당과 대통령을 심판 대상으로 잘못 생각하는 경향이 있지만, 이것은 잘못된 것이다.

정권을 가진 정치지도자나 정당이 심판 대상이 되기 위해서는 위헌이나 위법행위를 한 일이 있어야 심판 대상이 될 수 있다. 탄핵 소추권76)은 국회에서 가지고 위법 내용에 대한 수사는 사안에 따라 주로 검찰, 심판은 국민이 하는 것이 아니라 위법은 사법부, 위헌 심판은 헌법재판소77)에서 담당한다. 그 외에 정책이나 제도 도입 및 시행, 일반적인 통치행위에 대해 문제해결능력을 제대로 발휘하지 못해 혼란과 갈등이 유발되고 국가 발전이 퇴보하는 등 국민이 손해를 입었을 때는 국민이 책임을 물을 수 있다. 그 책임은 잘못된 정책에 대한 비판이나 반대 집회 등을 통한 반대 여론 형성, 국민 소환, 투표를 통한 정책 중지 요구, 정권이나 인물 교체 등의 방법이 있다.

자신들의 역할에 대해 잘못된 생각을 하는 야당이나 야당 관계자들은 여당과 대통령의 국정 운영 실패와 위법한 행동에 대해 비판과 비난을 앞세우는 경향이 있지만, 그러한 잘못이 야당의 견제로 드러난 것이 아닐 때에는 부실한 견제에 대한 책임을 면하기 어렵다. 그럼에도 상당수 국가에서 여당과 대통령의 국정 운영 실패와 위법한 행동에 대해 야당은 자신들의 책임에 대해서는 침묵하고 회피하면서 오히려 국민의 반발을 확대하기 위해 대중을 선동하고 권력을 획득할 기회로 생각하여 여당과 대통령을 공격하며 비판과 비난에 열을 올린다. 하지만 이것은 바람직한 행태가 아니다.

정치권력은 국가와 국민을 위해 존재하는 것으로 공동 운영의

---

76) 탄핵 소추권(彈劾訴追權)은 고급 공무원의 위법을 탄핵 소추할 수 있는 국회의 권리.

77) 헌법재판소(憲法裁判所)는 법률의 위헌 여부·탄핵·정당의 해산 등에 대하여 심판하는 기관으로 9명의 재판관으로 구성됨.

대상이지 심판 대상이 아니다. 정치 권력자가 심판의 대상이 된다는 것은 모두를 위해 불행한 일이다. 그러므로 이런 일이 생기지 않도록 국민과 야당이 여당과 대통령에게 협력과 견제 의무를 충실히 해야 한다.

13. 정치가 왜 도리를 중요하게 여겨야 하는가

교화(敎化)는 가르쳐 이끌어 착한 사람이 되게 함이다. 정치가에게 있어 국민은 주권자, 통치의 대상, 서로 도우면서 일해야 할 협력자, 교화의 대상 등 여러 가지 위치를 동시에 가진다. 고조선의 건국이념78)에도 나타나 있듯이 정치가가 인간 세상을 이롭게 하려면 때로는 국민을 교화하며 도(道)로써 세상을 다스려야 한다. 정치가가 국민을 교화하고 도(道)로서 세상을 다스리기 위해서는 도리를 알고 실천하는 등 도리를 중요하게 여겨야 하는 것은 당연한 일이다. 혹자는 법치도 실현하기가 쉽지 않은데 도리까지 말하느냐고 생각할 수도 있을 것이다. 하지만 세상이 이치에 따라 순리대로 돌아가고 공존공영하기 위해서는 모두가 도리를 중요하게 여기는 마음을 가져야 한다. 그 이유는 법을 앞세운 강제보다는 도리에 따라 자발적이고, 자율적인 삶을 하는 것이 바람직하기 때문이다.

도리(道理)는 사람이 마땅히 행하여야 할 바른길을 말하는데 도리 속에는 정당한 이치, 사리, 바른길, 타당, 정당성, 진리, 정의, 원

---

78) 고조선의 건국이념은 ▲弘益人間(홍익인간): 널리 인간 세상을 이롭게 한다. ▲在世理化(재세이화): 세상에 있으면서 다스려 교화시킨다. ▲以道與治(이도여치): 도로써 세상을 다스린다. ▲光明理世(광명이세): 밝은 빛으로 세상을 다스린다.

리라는 의미가 내포되어 있다. 그럼 사람이 지켜야 할 도리는 무엇인가? 오상이다. 오상(五常)은 유학에서, 사람이 지켜야 할 다섯 가지 도리인 인(仁), 의(義), 예(禮), 지(智), 신(信)의 다섯 가지 덕을 말한다. 인(仁)은 윤리적인 모든 덕(德)의 기초로, 유교(儒教)에서 추구하는 정치상·윤리상의 이상(理想), 극기복례(克己復禮)를 그 내용으로 하는 윤리적 모든 덕(德)의 기초가 되는 심적 상태를 말한다. 의(義)는 사람으로서 지키고 행하여야 할 바른 도리, 예(禮)는 사람이 마땅히 지켜야 할 도리, 지(智)는 사물의 도리·시비·선악을 잘 판단하고 처리하는 능력, 신(信)은 믿음성이 있고 성실함이다.

우리는 왜 도리에 맞는 생활을 해야 하는가? 그것은 도리를 실행할 때 갈등은 줄어들고 인간 존엄성이 실현되어 정신적 가치 부분의 삶의 질이 향상되고, 평화를 유지하면서 공존공영할 수 있는 가장 좋은 방법이기 때문이다. 평화(平和)는 평온하고 화목함, 화합하고 안온함, 전쟁이 없이 세상이 평온함이다. 공존공영(共存共榮)은 함께 존재하고 함께 번영함, 함께 잘 살아감을 뜻한다. 행복(幸福)은 욕구가 충족되어 충분한 만족과 기쁨을 느끼는 상태를 말하는데, 진정한 행복은 평화와 공존공영 위에서 달성될 수 있다. 갈등과 대립 속에서 삶이 위협받는 상황에서는 욕구를 충족하기도 어렵지만, 충분한 만족과 기쁨을 느낄 수 없다. 도리를 추구하고 실행하는 것은 바로 나 자신의 진정한 행복을 얻기 위한 노력이다. 그러므로 올바른 정치를 하는 정치지도자는 일할 때 세력과 술책에 의존하기보다는 도리를 더 소중하게 여긴다.

세력(勢力)은 남을 복종시키는 기세와 힘, 간계(奸計)는 간사한 꾀, 술책(術策)은 어떤 일을 꾸미는 꾀나 방법, 꾀는 일을 잘 꾸며내는 묘한 생각이나 수단이다. 도의(道義)는 사람이 마땅히 행해야 할 도덕상의 의리, 의리(義理)는 사람으로서 지켜야 할 바른 도리, 신의를 지켜야 할 교제상의 도리를 뜻한다. 현실적으로 경쟁이나 전쟁에서 승리하기 위해서는 도리보다는 세력과 술책이 더 유용하다. 하지만 지도자는 세력과 술책보다 도리를 더 소중하게 여겨야 한다. 그 이유는 힘을 앞세우고 간계로 경쟁이나 전쟁에서 승리할 수는 있어도 도의를 버리고 세력과 술책만으로 진정한 승리를 이룰 수 없기 때문이다.

경쟁과 전쟁의 승패는 일시에 끝난다. 하지만 사람의 삶은 자신뿐만 아니라 대를 이어 또 다른 삶이 이어진다. 그러므로 사람이 살아가는 데는 세력과 술책보다는 도리가 훨씬 더 소중하다. 도리가 없는 세상은 힘이 지배하는 약육강식의 사회가 된다. 이런 사회에서는 진정한 행복을 만끽할 수 없다. 우선은 힘이 센 사람이 지배자가 되지만, 언제 더 힘이 센 사람이 나타나 자신을 위협할지 모르기 때문에 끊임없이 경계하고 주위 사람들을 의심해야 하므로 한시도 긴장의 끈을 놓을 수 없다. 이렇게 불안한 상황에서는 마음이 편안해질 수 없다. 자신이 힘이 약해지거나 퇴임 후 보복을 당하지 않을까 걱정해야 한다. 그 이유는 세력에 의존하고 술책을 사용하며 반드시 피해자가 생기기 때문이다. 하지만 도리를 추구한 사람들은 훗날을 걱정할 필요가 없다. 마땅히 행하여야 할 바른길을 추구하므로 행위를 하고 난 다음에 문제가 될 것이 없기 때문이다.

14. 좋은 지도자와 좋지 않은 지도자 구분 왜 중요한가

좋은 리더십과 좋지 않은 리더십, 좋은 지도자와 좋지 않은 지도자 또는 좋은 지도자와 나쁜 지도자를 구분하는 일은 대단히 중요하다. 좋은 것과 좋지 않은 것 또는 나쁜 것을 구분하지 못하면, 그것을 제대로 실행할 수 없고 발전도 추구하기 어렵다. 좋은 일과 나쁜 일을 구분할 수 있어야 나쁜 일은 경계하여 하지 않도록 하고 좋은 일을 많이 하며 살 수 있게 되기 때문이다. 이를 위해서는 좋다는 말과 나쁘다는 말의 뜻을 살펴볼 필요가 있다.

'좋다'는 첫 번째는 즐겁다. 유쾌하다. 두 번째는 아름답다. 세 번째는 훌륭하다. 뛰어나다. 네 번째는 슬기롭다. 다섯 번째는 효험이 있다. 여섯 번째는 낫다. 유익하다. 일곱 번째는 바르다 또는 착하다. 여덟 번째는 괜찮다. 아홉 번째는 상관없다. 열 번째는 적당하다. 알맞다. 열한 번째는 경사스럽다. 기쁘다. 열두 번째는 화목하다. 친하다. 열세 번째는 싫지 않다. 열네 번째는 마음에 들다. 마땅하다. 열다섯 번째는 순조롭고 상서롭다. 열일곱 번째는 값이나 평가가 높다. 열여덟 번째는 쉽다. 어렵지 않다 등의 뜻이 있다. 그리고 '좋다'는 뜻 속에서는 '좋아하다. 바라다. 귀하다. 괜찮다. 무방하다. 길하다'는 의미가 내포되어 있다. 이 뜻을 종합하면 '좋다'는 말은 긍정, 발전, 행복의 바탕이 되거나 연관 요소라는 것을 알 수 있다.

'나쁘다'는 첫 번째는 좋지 않다. 두 번째는 해롭다. 세 번째는 옳지 않다. 네 번째는 양이 차지 않다. 부족하다 등의 뜻이 있다. 그리고 '나쁘다'의 뜻 속에는 '좋지 않다. 잘못하다. 해롭다. 불쾌·

불편·불운하다. 비정상이다. 고장 나다. 모자라다'라는 의미가 내포되어 있다. 이 뜻을 종합하면 '나쁘다'는 불법과 부정, 비리와 불공정, 퇴보나 발전 저해, 불행의 바탕이 되거나 연관 요소라는 것을 알 수 있다.

인간 삶은 기본적으로 유지와 발전 지향을 통해 삶의 질 향상과 인간 존엄성을 실현하고 궁극적으로 행복을 추구한다. 이러한 기대에 부응하기 위해서는 당연히 좋은 지도자와 좋은 리더십을 발휘하는 사람을 지도자로 선출해야 한다. 그래야 좋은 일이 더 많이 생긴다. 권모술수에 의존하는 리더십이 부족한 사람이 쉽게 지도자가 되고 아무렇게나 일을 하도록 내버려 두어서는 안 된다. 그리고 다른 한편에서는 좋은 지도자와 좋지 않은 지도자 또는 나쁜 지도자를 구분하기 위한 평가가 필요하다. 그 기준은 대개 리더십이다. 우리는 좋은 지도자와 좋지 않은 지도자의 평가와 구분을 통해 좋은 점은 발전시키고 나쁜 점은 비판하고 억제하며 끊임없이 좋은 지도자 양성을 위해 노력해야 한다. 민주주의 국가에서 주인은 국민이다.

15. 정치가에게 창의력 왜 중요한가

육체적인 힘의 한계를 극복하는 방법이 있다고 하면, 그 내용이 어떤 것일까 하고 궁금증을 가질 사람들이 있을 것이다. 하지만 그 내용을 알고 보면 별것이 아니다. 개인의 신체조건에 따라 상대적 차이는 있지만, 모든 인간이 가진 육체적인 힘의 크기는 대개 일정하게 정해져 있고 한계가 비교적 뚜렷하다. 하지만 정신적인 힘의 크기는 무한대이다. 그러므로 육체적인 힘의 한계를 극복하는 방법은 정신력을 키우는 것이다. 정신적인 힘을 극대화할 수 있는 핵심은 생각에 있다. 인간이 세상을 변화시키는 것은 새로운 생각에서 비롯된다. 창의성과 창의력이 중요한 이유가 여기에 있다.

인류 역사상 인간이 당면한 한계를 극복하고 발전을 이룰 수 있었던 것은 모두 새로운 생각이 있었기 때문에 가능했다. 이 새로운 생각이 도전의식, 반드시 이루어 내고야 말겠다는 강력한 의지, 할 수 있다는 마음가짐에서 표출되는 자신감과 긍정적인 사고, 연구개발, 계획과 기획, 노력, 인내, 투자, 다른 사람과 협력 등 여러 가지 요소와 결합할 때 육체적인 힘의 한계는 극복되고 모두가 불가능한 것으로 생각한 일들이 이루어졌다.

창의(創意)는 새로 의견을 생각하여 냄 또는 그 의견, 창의성(創意性)은 새로운 것을 생각해 내는 특성, 창의력(創意力)은 새로운 생각을 해내는 능력이다. 발전을 위한 목표 달성과 연관되는 문제 해결의 기본적인 방법, 한계 극복, 효율적인 일 처리는 단합에서 표출하는 힘, 새로운 기술, 시설이나 인력 확충(擴充), 창의력이 결합할 때 극대화된다. 각각의 요소는 고유의 가치를 발휘하지만, 이 중에서도 가장 변수가 크고 중요한 것이 창의력이다. 내용에 따라 차이가 나지만, 좋은 창의력은 엄청난 효율 향상이나 발전을 가져오는 등 인간 삶을 크게 변화시키기도 한다. 특히, 정치가는 수많은 사람의 갈등과 이해관계를 조정하는 등 사회문제를 해결하면서 발전을 선도해야 하므로 창의력이 뛰어나야 한다.

창의력이 부족한 정치가가 범하는 일반적인 오류 중 한 가지는 통제력에 의존하여 문제를 해결하려고 한다는 점이다. 자신의 창의력이 부족하더라도 참모나 부하, 국민의 창의력까지 활용하면 되는데도 통제력에 의존하여 해결을 종용하는 명령을 내림으로써 구성원의 불만을 사고 때로는 반발심을 불러일으키기도 한다. 그러나 지도자에게 창의력이 있고 자신이 가진 창의력으로 문제를 해결하면 자신도 편하고 구성원이나 국민도 편하고 모든 것이 원활하게 돌아간다. 그러므로 정치가는 창의력이 뛰어나야 한다. 창조력이 있으면 더욱 좋다. 큰일을 감당하는 사람은 창조력이 있어야 한다. 정치가는 더욱 그렇다.

창의력이나 창조력은 그 자체가 가장 바람직한 문제 해결 능력으로 작용한다. 특히, 정형화되지 않은 복잡한 사회문제를 해결하고 한계를 극복하며 목표 달성을 선도하는 정치가에게 창의력이나 창조력이 부족하거나 없으면 중요한 문제 해결 수단의 핵심이 없는 것과 같다. 집단과 사회 지도자로서의 정치가는 자신이 일을 잘하는 것도 중요하지만, 다른 구성원이 일을 잘하게 도와주는 것이 중요하다. 그런데 그 일을 하는 핵심이 창의력과 창조력이다. 육체적인 힘으로 구성원을 돕는 것은 한계가 있지만, 정신적인 힘에서 표출하는 창의력과 창조력으로 무한대의 도움을 제공할 수 있다. 창의력은 하루아침에 만들어지는 것이 아니므로 정치가는 창의력을 발휘하도록 노력하고, 정치가가 되려고 하는 사람에게는 창의력과 상상력을 키워 주는 교육이 필요하다.

16. 지도자의 마음가짐 왜 자질보다 더 중요한가

　정치지도자에게 요구되는 요건은 좋은 리더십을 발휘하기 위한 뛰어난 자질과 마음가짐이다. 언뜻 생각하면 마음가짐보다는 자질이 더 중요하다고 판단할 수 있다. 실제 많은 사람이 자질이 마음가짐보다 더 중요하다고 생각하는 경향이 있다. 그러나 그것은 착각이다. 자질(資質)은 타고난 성품이나 소질, 어떤 분야의 일에 대한 능력이나 실력의 정도를 말한다. 마음가짐은 마음을 쓰는 태도, 마음의 자세이다. 분명히 일을 하고, 성과를 올리는 데는 자질이 중요한 역할을 한다. 그러나 자질이 올바른 일을 하는데 사용되기 위해서는 마음가짐이 제대로 되어 있어야 한다.

　인간의 모든 행동은 마음가짐에서 시작된다. 마음가짐이 잘 정제(整齊)된 정치가가 자질을 겸비하면 그것은 이타주의를 실현하는 올바른 일을 하는 데 사용하지만, 마음가짐이 정제되지 않은 정치가가 뛰어난 자질을 갖추면 자기 이기주의를 실현하는 올바르지 않은 일에 사용한다. 정치가가 자신이 갖춘 자질을 자신을 위해 사용하고 일하면 국민의 삶은 힘겨워질 수밖에 없다. 정치가가 갖춘 자질이 국민을 해치거나 위협하고 부담을 가중시키는 이기(利器)로 작용하는 것을 방지하기 위해서는 올바른 마음가짐을 갖는 것이 아주 중요하다. 대부분의 집단에서 새로운 구성원을 받아들일 때 자질 못지않게 심성(心性) 등 마음가짐을 살펴보는 중요한 이유도, 그들이 가진 자질이 이기로 작용하는 것을 우려하기 때문이다.

17. 왜 마르크스와 엥겔스는 아주 저급한 사람들인가

　독일의 경제학자, 철학자로 과학적 사회주의-공산주의의 창시자, 변증법적 및 사적 유물론 그리고 과학적 경제학 정립자인 마르크스(Karl Heinrich Marx)[79]와 과학적 공산주의 이론, 변증법적 및 사적 유물론의 창시자이며, 국제 노동자 계급운동의 지도자였던 엥겔스(Friedrich Engels)[80]는 아주 저급한 사람들이다. 그들은 도리에 대해 제대로 알지 못했기 때문에 도리를 지향하지 않았다. 그 결과 투쟁은 인간관계 문제의 근본적인 해결책이 될 수 없는데도 투쟁으로 접근함으로써 계급투쟁을 통한 혁명을 권력 획득 수단으로 생각하고, 투쟁가들도 그렇게 생각하게 하는 잘못을 범했다.

　그들이 만든 공산주의[81] 이론은 인류를 계급투쟁의 장으로 이끌었다. 결국 레닌[82](Vladimir Il'ich Lenin)에 의해 공산주의 국가가 건설되는 과정은 물론, 그 이후 엄청나게 많은 사람이 계급투쟁으로 희생되게 하는 원인이 되었다. 자신의 정권 획득을 목적으로 한 계급투쟁을 하다가 능력이 부족해서 살해되거나 처형되는 등 투쟁 과정에서 희생된 사람들은, 자신들의 탐욕을 채우기 위해 스스로 계급투쟁에 나섰으므로 자신이 희생되는 대가를 치렀다고 하더라도 문제가 될 것이 없다. 그러나 권력에 대한 야심가들의 계급투쟁

---

79) 철학사전.

80) 철학사전.

81) 공산주의(共産主義)는 생산 수단의 사회적 공유를 토대로 하고, 자본주의 사회를 유물변증법으로 비판하며, 계급투쟁으로 프롤레타리아 혁명을 주장하는 주의.

82) 블라디미르 레닌(Vladimir Il'ich Lenin, 1870. 4. 22.~1924. 1. 21.)은 러시아의 혁명가·정치가. 소련 최초의 국가 원수. 러시아 11월 혁명(볼셰비키혁명, 구력 10월)의 중심인물로서 러시아파 마르크스주의를 발전시킨 혁명이론가이자 사상가이다.

으로 그동안 각국에서 애꿎은 국민이 말려들어 너무나 많은 사람이 희생되었다. 어차피 정권은 투쟁가나 정치가에 돌아가게 되어 있다. 그런데 그들은 자신들의 권력 획득과 유지를 위해 국민을 선동하고 이용해 희생하게 하는 일을 서슴지 않았다.

어느 나라 할 것 없이 공산주의자들은 소위 말하는 공산주의 국가를 건설하는 혁명에 성공한 후에는 자신들이 권력을 독점하고 계급을 더욱 공고히 했으며, 국민을 억압하고 탄압했다. 애초 그들이 계급투쟁을 시작하게 된 동기가 되었던 기존 지배층인 정치 기득권 세력의 타도가, 오히려 혁명을 통해 권력을 획득한 자신들의 권력독점을 더욱 강화하는 방향으로 나아가는 잘못을 저질렀다. 이것이 공산주의가 실패할 수밖에 없는 중요한 이유 중 하나였다. 즉 국민을 위해 혁명을 한 것이 아니라 자신들의 권력 욕구를 채우기 위한 투쟁이었기 때문이다. 정권은 투쟁의 대상이 아니므로 계급투쟁을 지향하는 공산주의가 몰락하는 것은 당연한 결과이다.

18. 정치와 선거 왜 투쟁 지양해야 하는가

세상(世上)은 모든 사람이 살고 있는 사회의 통칭, 지양(止揚)은 더 높은 단계로 오르기 위하여 어떤 것을 하지 않음, 선의(善意)는 착한 마음, 남을 위해 생각하는 마음을 뜻한다. 경쟁(競爭)은 같은 목적에 관하여 서로 겨루어 다툼, 쟁취(爭取)는 다투어 빼앗아 가짐, 투쟁(鬪爭)은 상대편을 이기려고 싸움, 사회 운동이나 노동 운동 따위에서 목적을 이루기 위하여 다툼이다. 선동(煽動)은 남을 부추기어 일을 일으키게 함, 선동가(煽動家)는 남을 어떤 일이나 행동에 나서도록 부추기는 사람, 선동 정치가(煽動政治家)는 민중을 선동하여 일으키는 재주가 많은 정치가를 말한다.

정치와 선거가 왜 투쟁을 지양해야 하는가? 그 이유는 정치가 세상을 이롭게 하는 것이고, 정치가는 그 일을 하기 위해 봉사하고 헌신해야 하며, 선거는 봉사하고 헌신할 사람을 선출하는 일이기 때문이다. 국민의 대표로 선출된 정치가에게 주어지는 직위와 그에 따른 권력이나 권한은 정치가가 스스로 창출한 것이 아니라, 국가 발전과 국민을 위한 일을 하게 하려고 국민이 주권을 위임하고, 의무 부담을 자임하면서 인정해준 결과로 생긴 것이다. 그러므로 정치지도자에게는 국가와 국민을 위한 봉사와 헌신이 요구되고, 그렇게 하는 것이 마땅하다.

국민의 대표를 선출하는 선거는 정치가에게 요구되는 요건인 자질과 마음가짐을 검정하고 국민을 위해 열심히 일할 사람을 선택하는 절차에 속한다. 그러므로 국민의 선택에 의한 당선은 공정한 규칙에 따른 선의의 경쟁을 통하여 좋은 정치가가 선출되는 것이지, 정치가 스스로 쟁취하여 획득하는 것이 아니다. 그런데도 오늘날 상당수 정치가가 선거와 정치를 투쟁과 쟁취의 대상으로 잘못 인식하는 경향이 있다. 이로 말미암아 선거에서 유권자를 금품으로 매수하는 금권선거와 위법행위를 하고, 권모술수를 앞세워 경쟁상대에 대한 비판과 비난을 일삼으며 온갖 의혹을 제기하는 등 저급한 방법을 동원하여 당선되려고 한다. 그렇게 하여 획득한 권력을 유지하는 데 급급한 모습을 보이기도 한다. 그러나 정치와 선거는 투쟁 대상도 아니지만, 투쟁을 지양해야 한다.

만약 정치와 선거에서 투쟁을 지향하거나 허용하게 되면 정치

자체는 물론 권력 유지와 획득을 위한 모든 과정이 힘의 지배를 받게 된다. 힘이 우선하게 되면 규칙에 따른 선의의 공정한 경쟁은 쟁취와 투쟁 대상으로 변질하므로 약육강식의 체계가 정착하고, 선동가가 활개를 치고 권모술수가 난무할 수밖에 없다. 사람들은 힘이 부족할 때는 잠시 굴복할지 몰라도 자발적인 승복은 기대하기 어렵다. 이러한 상태가 더욱 심화하면 세상은 무법천지가 되어 혼란의 도가니 속으로 빠져들어, 힘없는 사람들은 착취와 강압에 시달리는 등 많은 희생을 감수해야 한다.

힘이 있는 사람도 언제 부하들이 반란을 일으키고, 자신보다 더 힘 있는 사람이 자신을 위협할지 모르기 때문에 항상 주위를 경계하고, 다른 사람들을 의심할 수밖에 없다. 그러므로 평화롭고 안정된 삶, 행복한 삶을 하기 어렵다. 즉 모두가 서로 피해자로 만드는 것이다. 우리가 법규를 만들고 공정한 경쟁을 통하여 국민의 대표를 선출하는 것도 이러한 폐해를 예방하기 위함이다. 그럼 정치나 정치가가 투쟁을 지향해서는 안 되는가? 반드시 그런 것은 아니다. 정치와 정치가가 투쟁을 지향해야 할 때가 있다.

새로운 나라를 건설하려 할 때, 기존에 있던 나라가 타국의 지배를 받는 등 잃어버린 나라를 되찾으려 할 때는 정치가 투쟁의 대상이 되고, 정치가도 투쟁을 지향할 수 있다. 또한 기존 정치가 문란해져 세력 대결이 표면화되었을 때 그 혼란을 잠재우고 체계를 바로잡아 안정화하기 위한 과정에 정치적인 투쟁이 요구되는 경우도 있다. 그러나 어떠한 경우든 투쟁을 통한 쟁취는 반드시 피해자나 손해를 입는 사람이 발생하기 마련이므로, 최후 수단으로 지극히 제한적으로 사용에 접근해야 한다. 그 이유는 투쟁이 근본적인 해결책이 아니기 때문이다.

19. 계급투쟁 왜 하게 되었는가

인류 역사에서 보는 바와 같이 계급투쟁은 어느 시대에나 항상 존재해 왔다. 권력을 독점하고 일반 국민을 지배하는 지배자와 지배를 받는 피지배자, 지배층과 피지배층이 존재하는 한 계급투쟁은 없어질 수 없다. 하지만 국민과 정치가는 별도의 존재가 아니다. 국민 속에서 정치가가 양성되고 배출되며 국민과 함께 협력하며 정치한다. 그리고 개인이 직업 정치가가 되던 되지 않던 모든 정치가는 여전히 국민이다. 이렇게 국민과 정치가를 하나로 보지 않고 지배자와 피지배자, 지배층과 피지배층으로 나누어 계급으로 구분하는 것은 잘못된 지식을 갖춘 학자, 투쟁을 통해 권력 획득을 지향하는 투쟁가나 정치가들이 투쟁의 명분과 여지를 만들기 위해 규정한 것이다.

정치가는 국민이 사회문제 해결과 정책 목표 달성을 통한 국가 발전으로 권익 신장과 복리 증진 등 삶의 질을 향상하고 인간 존엄성을 실현하는 일을 하게 하려고 선출한 사람이다. 정치가가 애초 목적에 맞게 행동하면 계급투쟁은 일어날 이유도 없고, 일어나지 않는다. 정치가가 국가와 국민을 위해 봉사와 헌신을 하고 국민이 적극 협력하며 정치가를 존중하고 존경하면 모든 일이 순조롭게 돌아간다. 이때 국민과 정치가는 분리된 것이 아니라 일체화된 하나의 존재가 되므로 계급은 의미가 없다. 각자 자신에게 주어진 직분과 의무를 다하려고 노력하고 대개 태평성대[83]가 이루어진다. 그러나 정치가가 국가와 국민을 위해 일하는 것이 아니라 자신의 이

---

83) 태평성대(太平聖代)는 어진 임금이 다스리는 태평한 세상.

기적인 탐욕을 채우기 위해 원칙과 기준을 무시하고 불법적인 행동을 일삼으면서 권력을 누리려고 하면 국민은 그것을 아는 순간부터 저항하기 시작한다.

국민의 저항이 시작되면 이미 정치가는 그 권위를 존중받기 어렵다. 이런 상황이 되면 대개 권력을 쥐고 있는 정치가들은 공권력을 정권 유지에 이용하며 통제를 강화하고 억압정치를 하려 하지만, 그렇게 행동할수록 국민 저항은 더욱 거세지기 마련이다. 이것이 심화하면 지배층과 피지배층으로 정치가와 국민을 분리하여 생각하는 등 대립과 갈등은 고조되고 사회는 혼란에 빠진다. 계급투쟁이 발생하면 지배자와 피지배자는 물론 그 나라에 사는 모든 사람이 피해자가 되고 엄청난 대가를 치러야 한다. 이렇게 계급과 계급투쟁이 발생하는 원인은 정치가가 애초 목적에 맞게 국가와 국민을 위한 일을 제대로 하지 않고 자신의 이기적인 탐욕을 채우고 권력을 누리려는 데 있다.

이런 문제를 근원적으로 차단하기 위해서는 민주주의 원리를 존중하고, 국민이 정치지도자의 행동에 대해 협력과 견제를 유지하여 정당하고 합리적인 지배와 통치가 이루어지는 체계를 구축해야 한다. 또한 지배계층이 굳어지는 것을 막고 법규에 따른 공정경쟁을 통해 모든 국민이 지배자가 되고 지배계층에 진입할 기회를 제공하여 자연스러운 권력 순환이 일어나게 하여야 한다. 어느 시대나 사회를 막론하고 지배자나 지배계층이 된 사람들은 자신들이 얻은 권력과 편익을 유지하기 위해 결사적으로 노력하는 경향이 있다. 그러므로 정치가가 이기심에 의한 탐욕을 채우고 권력을 누리는 것을 방지하기 위해서는 국민의 지속적인 관심과 견제 노력이 필요하다. 국민의 견제가 느슨해지면 정치가들은 이기적인 사람으로 돌아간다. 이것은 정치가가 문제가 아니라 인간의 본성이 이기적으로 타고났기 때문이다. 정치가에게 수기치인이 요구되는 이유도 여기에 있다.

20. 정치가 왜 국민을 위해 봉사와 헌신해야 하는가

선거를 통해 국민이 주권을 위임하고 국방과 납세 등 의무 부담을 자임하는 이유는 사회문제를 해결하고 정책 목표를 달성하여 발전을 이룩하고 권익 신장과 복리 증진 등을 통해 삶의 질을 향상하고 인간 존엄성을 실현하기 위한 것이다. 국민이 소수일 때는 직접 참여하는 투표 등을 통하여 국가의 주요 의사를 결정할 수 있다. 그러나 인구가 수천만 명 이상 될 때는 국민이 매번 직접 국가 정책 결정에 참여할 수 없다. 이런 문제를 해결하기 위해 국민의 대표를 선출해 그 일을 하도록 하는 것이 대의민주주의[84]이다. 대의민주주의에서 국민의 대표가 되는 사람들은 지방자치단체의 의회의원과 수장, 국회의원과 대통령이다. 입헌군주제에서 국왕이나 내각책임제에서 총리도 마찬가지이다. 이들은 모두 국민이 대표성을 인정할 때 존재가 가능하고 권력을 가지며 권위를 유지할 수 있다.

정치가가 국민을 위해 봉사와 헌신해야 하는 이유는 처음부터 봉사

---

84) 대의민주주의(代議民主主義, representative democracy)는 국민이 개별 정책에 대해 직접 투표권을 행사하지 않고 대표자를 선출해 정부나 의회를 구성하여 정책문제를 처리하도록 하는 민주주의를 말한다. 이와 대비되는 직접민주주의는 개개 법률에 대한 승인과 거부, 즉 정부 정책을 국민의 직접적인 투표로써 결정하는 정치 체제를 말한다. 즉 중간 매개자나 대표자 없이 개별 국민이 의사결정을 하는 권력을 직접 행사하기 때문에 직접민주주의로 불린다. 대부분의 대의민주주의는 국민투표와 같은 직접민주주의의 요소를 포함하고 있다.

와 헌신하게 하려고 그들을 국민의 대표로 선출하여 주권을 위임하고 국민이 의무 부담을 자임하며 지도자의 강제와 명령을 수용하고 협력하는 것이다. 국민이 대표로 정치가를 선출한 목적에 맞게 정치가가 국민을 위해 봉사와 헌신하고, 국민이 생각하기에도 정치가가 그렇게 행동한다는 판단이 설 때는 국민과 정치가는 공존공영을 위해 협력하고 자발적으로 행동하므로, 대체로 모든 일이 원만하게 진행되고 순리적으로 돌아간다. 그러나 지도자가 자신의 이기적인 탐욕을 채우기 위해 원칙과 기준을 무시하거나 위법행위를 하는 등 정도를 벗어난 행동을 하면 국민은 그것을 아는 순간부터 저항하게 된다.

이렇게 정치가의 정당성과 합리성을 벗어난 행동은 반드시 저항을 부른다. 초기에는 그것이 불평과 불만 증가, 혐오로 나타나지만, 정치가의 잘못된 행동이 심화하면 점차 반발과 조직적인 저항, 투쟁으로 발전한다. 정치가가 국민의 투쟁 대상이 되었을 때 정치가를 포함한 지도층은 국민에게 지배계급으로 인식되어 적에 준하는 타도(打倒) 대상이 될 수 있다. 그러므로 정치가는 선출목적에 맞게 국가와 국민을 위해 봉사하고 헌신해야 한다. 자신의 이기심을 채우고 싶은 사람은 정치가가 되지 않는 것이 좋다.

21. 지도자에게 이타심 왜 필요한가

이타(利他)는 자기를 희생하면서 남에게 이익을 주는 일, 다른 사람의 복리를 원하는 일이다. 불교에서는 다른 사람들에게 공덕과 이익을 베풀어 주며 중생을 구제하는 일을 뜻한다. 이타심(利他心)은 자신의 이익보다 다른 사람의 처지와 입장을 고려하여 더불어 살아가는 살기 좋은 세상을 만들기 위해 편익을 베풀어 주며 남을 돌보려는 마음이다. 이타주의(利他主義)는 다른 사람의 복지의 증가를 행위의 목적으로 하는 생각이나 행위, 철학에서는 사랑을 주의로 하고 질서를 기초로 하여 자기를 희생함으로써 타인의 행복과 복리 증가를 행위의 목적으로 하는 생각 또는 그 행위를 뜻한다.

이기(利己)는 자기 이익만을 꾀함이고, 반대말은 이타이다. 이기심(利己心)은 자기의 이익만을 꾀하고 남을 돌보지 아니하는 마음, 이기주의(利己主義)는 윤리학에서 자기의 이익만을 행위의 규준으로 삼고, 사회 일반의 이익은 염두에도 두지 않는 주의이다. 지도자는 국가와 국민을 위해 봉사하고 헌신하는 사람이다. 봉사(奉仕)는 국가 사회 또는 남을 위해 헌신적으로 일함, 헌신(獻身)은 몸을 바쳐 있는 힘을 다함이다. 그러므로 국가 사회 또는 남을 위해 몸을 바쳐 있는 힘을 다해야 하는 정치가는 자신이 봉사와 헌신하려고 하는 대상인 국민의 행복과 복리 증가를 행위의 목적으로 하는 것이 당연하다. 무엇보다 이타심을 갖고 있지 않으면 봉사와 헌신이 제대로 되지 않는다.

좋은 정치, 올바른 정치를 하기 위해 정치가는 이기주의는 배척하고, 이타주의를 실천해야 한다. 이를 위해서는 수신, 극기, 절제는 필수이다. 수신(修身)은 마음과 행실을 바르게 하도록 심신을 닦는 일, 극기(克己)는 자기의 감정이나 욕심을 의지로 눌러 이김, 절제(節制)는 정도를 넘지 않도록 알맞게 조절하여 제한함을 뜻한다. 정치가가 수신, 극기, 절제를 제대로 하지 못하면 자신의 이기심을 채우고 싶은 마음을 억제하기 어렵다. 정치가가 이기적으로 행동하면 사회는 갈등과 대립이 증가하여 혼란해지고 사람들은 세상을 살기가 어려워진다.

22. 지도자에게 도덕성 왜 중요한가

도덕성(道德性, morality)은 첫째는 도덕현상을 인식하고 도덕규범을 준수하려는, 즉 자신과 타인의 행위에 대하여 선·악·정·사를 구별하고, 선행(善行)과 정의(正義)를 실천하려는 심성(心性)이다. 여기에는 지적 측면(판단 능력)과 정의적 측면(좋아하고 싫어하는 감정 및 실천 의지)이 있다. 인간의 다른 심적 특성(心的特性)과 마찬가지로 도덕성도 성장·발달하는데, 대개 타율적(他律的)인 데서 자율적(自律的)인 방향으로 발달한다. 도덕성의 형성·발달에 관한 심리학적 설명에는 행동주의 이론, 정신분석학 이론, 인지발달 이론 등이 있다. 도덕의식(道德意識) 또는 양심(良心)이라고도 부른다. 둘째는 도덕적 특질(moral quality)을 뜻하는 철학적 용어이다. 칸트(I. Kant)는 인간행위를 구분하는 범주를 도덕성과 적법성(適法性)으로 구분하여 사용하였는데, 적법성이란 행위의 결과가 도덕규범에 합치되는 경우이고, 도덕성이란 행위의 동기 자체가 도덕규범을 준수하려는 자율적 의지에 따라서 이루어진 경우라고 한다.[85]

지도자에게 도덕성이 왜 중요한가 하는 이유는 도덕성을 이루는 요소들을 살펴보면 더욱 뚜렷해진다. 도덕성을 이루는 요소는 여러 가지가 있다. 그중에서 대표적인 것 몇 가지만 살펴보면 다음과 같다.

---

85) 교육학 용어사전.

1) 도덕과 윤리

도덕(道德)은 인륜의 대도(大道), 인간으로서 마땅히 지켜야 할 도리 및 그에 준한 행위이다. 윤리(倫理)는 사람이 마땅히 행하거나 지켜야 할 도리, 곧 실제의 도덕규범이 되는 원리, 인륜을 말한다. 인륜(人倫)은 사람으로서 마땅히 지켜야 할 도리로, 군신·부자·형제·부부 등 상·하의 인간관계나 질서, 도리(道理)는 사람이 마땅히 행하여야 할 바른길이다. 법과 질서를 지키는 일은 처벌을 강화하는 법규를 만들고 공권력을 투입하여 잘못된 행위에 대해 처벌하면 어느 정도 실현할 수 있다. 그러나 인간의 모든 행위를 법규로 제약하는 데는 한계가 있다. 공권력을 늘리는 것도 마찬가지이다.

자신이나 다른 사람 또는 아랫사람을 내세워 자신의 탐욕을 실현하기 위해 위법한 일을 하고도 교묘하게 은폐하려 들거나 아랫사람이 책임을 지게 하면 세상은 혼란해지고 갈등은 증가하기 마련이다. 이렇게 교묘한 행동을 하고 잘못을 숨기려고 하는 사람들은 위법 사실을 적발하고 처벌해야 한다. 그리고 그렇게 하는 것이 어느 정도는 가능하다. 하지만 이 방법은 비용이 많이 들고 잘못하면 새로운 피해자를 만들 수 있는 등 모두를 위해 바람직하지 않다. 개인이 자발적으로 법과 질서를 지키면 처벌 자체가 필요 없어지고 모든 것은 순리적으로 돌아간다. 사람들이 도덕적인 삶을 살고 윤리를 준수하면 해결된다. 우리가 도덕과 윤리를 중요하게 여기는 이유가 여기에 있다.

2) 정직과 진실성

  정직(正直)은 거짓·허식이 없이 마음이 바르고 곧음, 진실(眞實)은 거짓이 없고 참됨이다. 진실성(眞實性)은 진실로서의 성질, 참된 성질, 참된 품성(品性)을 뜻한다. 진정(眞情)은 진실하여 애틋한 마음, 진정성(眞情性)은 참되고 애틋한 정이나 마음이다. 약속을 지키지 않는 사람은 대개 진실성이나 진정성 없고 정직하지 않다. 정직하지 않으면 믿을 수 없고 믿을 수 없으면 의지할 수 없다. 사람은 열심히 노력하여도 환경이 변화하면 약속을 지킬 수 없는 때가 있다. 그러나 처음부터 거짓이 있고 올바르지 않은 마음으로 지킬 수 없는 내용을 인기, 지지, 득표, 유리한 여론 조성을 목적으로 공약한 것을 어떻게 믿을 수 있겠는가? 믿을 수 없다.

  진정성이 없는 사람은 진실하지 않고 올바르지 않으며 말이나 행동을 거짓으로 꾸미는 것을 일삼는다. 그러므로 진정성이 없는 사람은 자신의 이기주의에 의한 탐욕을 채우기 위해 대중의 인기에 영합하는 행동(populism)을 일삼는다. 즉 정직과 진실성이 없는 사람은 상황이나 입장에 따라 수시로 말을 바꾸며, 언제 거짓말로 자신의 이익을 위해 국가를 위험에 빠뜨리는 나쁜 행동을 하며, 국민에게 더 많은 부담을 떠안게 할지 알 수 없다.

3) 신뢰

  민주정치에서 행정은 주권자인 국민에게 봉사하고, 국민의 이익을 위하여 수행되어야 한다. 이를 위해 민주정치에서 가장 기본이 되는 것은 정부와 국민 간의 신뢰관계이다. 정부가 국민을 멸시하고, 국민이 정부를 불신할 때 불안과 혼란이 조성되고, 더 나아가서는 국가·민족의 자멸을 가져온다. 이처럼 국민과 정부 간의 불신과 멸시를 불식하고, 양자 간의 신뢰관계를 형성하는데 행정의 자세 여하가 그 결정적인 역할을 하게 된다. 행정에서 정부와 국민 간 두터운 신뢰가 형성되고 정책이 국민의 의사를 반영하여 결정되며, 그 집행이 공정·합리적이고 공무원 언동이 친절하고 성실하며 행정에 대한 국민의 통제가 확보되어 국민에 대한 행정 책임이 보장될 때, 민주정치는 확고해진다.

이러한 의미에서 행정과 국민의 건전한 관계는 민주정치의 출발점이요, 초석이라고 평가되고 있다. 그런데도 발전도상국에서 행정이 권위주의적·관료주의적으로 수행되고, 국민의 지각마저 미약하여 행정과 국민 간의 건전한 관계가 확립되지 못한 것이 특징이다. 즉 행정이 시행과정에서 불친절, 부정, 부패, 업무 지체의 현상을 두드러지게 보이지만, 국민은 행정부에 대하여 무관심, 방관, 소극적인 태도를 보이기 때문에 나타나는 현상이라 할 수 있다.[86] 신뢰(信賴)는 믿고 의지함이다. 신뢰하지 못하는 관계에서는 상대가 언제 나에게 위협적인 존재로 돌변하고 손해를 끼칠지 모르므로 마음이 항상 불안하다. 이런 상태에서는 일에 집중하기 어렵다. 당연히 자발적인 협력도 기대할 수 없다.

인간사회에서 모든 어려움을 극복하고 발전을 실현하는 힘은 단합에서 나온다. 단합하기 위해서는 정치가와 국민이 협력해야 한다. 그런데 서로 믿고 의지할 수 없으면 진정한 협력은 기대할 수 없다. 나는 개인적인 편익을 희생하며 도움을 주었는데, 그 결과가

---

86) 최창호·하미승(2006), "새 행정학", 삼영사, p.780.

나에게 손해로 돌아오는 것을 경험한 사람들은 아무리 직위와 권력을 앞세워 협력을 요구해도 하는 척할 뿐이다. 이들은 내심에서 우러나온 마음으로 협력하지 않는다. 그러므로 모든 정치가는 가장 먼저 국민이 자신을 신뢰하게 해야 한다. 특히, 어려운 일을 극복하고 위험이 따르는 임무를 수행하게 할 때는 더욱 그렇다. 신뢰는 높은 도덕성에서 나온다.

4) 정당성과 합리성

정당성(正當性)은 사리에 맞아 옳고 정의로운 성질, 이치에 합당하고 옳은 (것), 합리성(合理性)은 논리나 이치에 맞는 성질이다. 세상은 혼자 사는 것이 아니라 더불어 사는 곳이므로 사람의 행위나 일은 다른 사람으로부터 정당성과 합리성을 인정받을 수 있어야 한다. 특히, 국민이 정치가의 직위와 그에 따른 권력을 인정하는 지배 정당성은 대단히 중요하다.

23. 정치가 왜 '시위소찬' 해서는 안 되는가

'시위(尸位)'는 옛날 제사 지낼 때에 신위(神位) 대신으로 앉히던 어린애[尸童(시동)]의 자리, '소찬(素餐)'은 하는 일 없이 녹(祿)을 먹음을 뜻한다. '시위소찬(尸位素餐)'은 '시동의 공짜밥'이란 뜻으로 하는 일 없이 국가의 녹을 축내는 정치인을 비유한 말로[87] 재덕이나 공로가 없어 직책을 다하지 못하면서 자리만 차지하고 녹(祿)을 받아먹음을 비유적으로 이르는 말이다. <한서> 주운전(朱雲傳)에서 유래한다.[88]

옛날 중국에서는 제사지낼 때 조상의 혈통을 이은 어린아이를 조상의 신위에 앉혀 놓는 풍습이 있었다. 영혼이 어린아이의 입을 통해 마음껏 먹고 마시게 하려는 신앙에서 나온 풍습이었다. 이때 신위에 앉아 있는 아이를 시동이라 한다. 시위(尸位)는 그 시동이 앉아 있는 자리이고, 소찬(素餐)은 맛없는 반찬이란 뜻으로 공짜로 먹는다는 것을 말한다. 즉 아무것도 모르면서 남이 만들어 놓은 자리에 앉아 공짜 밥이나 먹고 있다는 뜻으로 하는 일 없이 국가의 녹을 축내는 관리들을 가리켜 말한 것이다. 주운전에는 이렇게 나와 있다.

> 금조정대신(今朝廷大臣 : 오늘날 조정 대신들이), 상불능광주(上不能匡主 : 위로는 임금을 바로잡지 못하고), 하무이익민(下無以益民 : 아래로 백성을 유익하게 못 하니), 개시위소찬자야(皆尸位素餐者也 : 다 공적 없이 녹만 받는 시위소찬자들이다.)

정치가도 선출직 공무원이다.[89] 정치가가 왜 시위소찬해서는 안 되는가? 그것은 국가 예산이 공권력의 강제에 의한 국민의 세금으로 조성되는데, 국민은 자신이 부담해야 할 의무를 다하기 위기 피와 땀을 흘려 일한다. 정치가가 시위소찬하는 것은 국민의 땀과 피를 빨아 먹는 것과 같은 행동이 되기 때문이다.

---

87) doopedia 두산백과.
88) 네이버 국어사전.
89) doopedia 두산백과.

24. 정당 민주화 왜 중요한가

정당(政黨)은 일정한 정치 이상 실현을 위해 정치권력 참여를 목적으로 하는 정치 단체이다. 오늘날 한 나라의 민주화 정도는 사실상 정당의 민주화가 결정한다고 해도 과언이 아니다. 정당의 민주화가 이렇게 중요한 이유는 정치활동을 하는 대통령, 국회의원, 지방자치단체의 수장과 의원이 정당에 소속되어 있고, 그들이 정치활동의 중심이 되기 때문이다. 정당이 민주화되어 의사 결정이 정당하고 합리적으로 이루어지고 소속 의원이나 수장의 자유로운 활동이 보장되면, 여당 의원들이 대통령과 정부의 거수기 노릇을 할 필요가 없다. 또한 야당 의원들도 당의 전위대 역할을 하며 대통령과 여당이 통과하려는 법안에 대해 몸싸움을 벌이며 저지하는 일을 하지 않아도 된다.

의원 각자는 자유로운 의사표현을 통해 법안을 발의하고, 국회에 제출된 법안은 절차에 따라 검토가 이루어진다. 필요성이 인정되는 법안은 자연스럽게 통과되고, 문제가 있는 법안은 폐기될 것이다. 또한 정치가 후보자들이나 기존 정치가가 공천을 의식할 필요도 없고, 계파를 만들거나 계파 수장에게 충성하지 않아도 괜찮다. 국민은 정당이 앞장서서 국회와 국회 밖에서 농성하고 시위하는 모습을 보지 않아도 된다. 자연히 원내총무나 원내대표 같은 이상한 직책을 만들고 내세워 약속된 내용에 따라 법안을 통과시키는 쇼를 할 필요도 없다. 웬만한 저급한 정치가의 모습은 정당의 민주화로 거의 모두 해결할 수 있으므로 국민을 위한 진정한 민주화가 이루어지고 민주주의 발전은 가속이 붙기 마련이다.

이에 반해 정당이 민주화되어 있지 않으면 공천은 충성을 강요하는 수단으로 활용된다. 당과 당 지도부, 계파 수장에게 충성하지 않으면 공천을 받지 못한다. 공천을 받지 못하면 정치활동을 지속하기 어렵다는 것을 알기 때문에 국회의원이나 지방자치단체 수장과 의원들은 당의 거수기와 전위대(前衛隊) 역할을 할 수밖에 없다. 이러한 인식이 구성원 사이에 확산하면 충성 경쟁에 열중하고 계파의 세력 확대를 위해 치열한 암투를 벌인다. 정당과 당원, 소속 국회의원, 지자체 수장과 의원들은 국익이나 전체 국민의 이익보다 자신들의 이익을 우선하는 행동을 한다. 그 결과 국민은 온갖 저급한 정치와 정치가의 모습을 볼 수밖에 없다. 그렇게 되면 민주화와 민주주의 발전을 선도해야 할 정당과 정치가 민주화와 민주주의 발전을 저해하는 장애요소로 작용한다. 그러므로 정당의 민주화 없이는 국가의 올바른 민주주의 발전을 기대하기 어렵다. 정당이 민주화되지 않았는데 민주화를 이룩했다고 생각하는 것은 착각이다.

25. 정치가 왜 품위를 지키기 위해 노력해야 하는가

인간의 가장 대표적인 의사소통 수단 중 하나가 말이다. 말은 적절한 용어를 골라 사용하고 정중하게 하는 것이 바람직하다. 품위(品位)는 사람이 갖추고 있는 기품이나 위엄 또는 인격적 가치, 언행(言行)은 말과 행동을 뜻한다. 인간의 품위는 말과 행동에서 드러난다. 다른 사람을 존중하고 예의를 알고 절차를 존중하는 가운데 말과 행동을 진중하게 하는 사람은 품위가 있다. 하지만 다른 사람의 인격과 절차를 무시하고 예의 없이 무례한 행동을 일삼으며 자기 마음 내키는 대로 말과 행동을 하는 사람은 품위가 없는 저급한 사람이다. 그러므로 정상적인 사람이라면 누구나 품위를 지키기 위해 노력해야 한다. 정치가는 더욱 그렇다.

정치가가 품위를 지키기 위해 노력해야 하는 이유는 무엇인가? 그것은 정치의 본질, 정치가의 활동 목적과 연관이 있다. 정치가가 품위를 지키기 위해 노력해야 하는 이유는 여러 가지가 있다. 그중에서 대표적인 것 세 가지만 들어 보면 다음과 같다. 첫째는 정치가는 발전을 선도하는 사람이다. 앞선 사람들은 뒤따르는 사람의 모범이 되어야 한다. 둘째는 국민은 주권자로 정치가의 봉사와 헌신 대상이기 때문이다. 정치가는 일상 속에서 통제력을 발휘하여 국민을 강제하지만, 통제를 통한 통치가 주목적이 아닌데다 통제로는 통치에 한계가 있다. 때로는 동기를 부여하고 설득하고 교화해야 한다. 민주주의 국가에서 주권자는 국민이고 정치가 역시 국민이므로 주권자인 국민을 품위 있는 말과 행동으로 대해야 하는 것은 당연하다. 그리고 봉사와 헌신하면서 말과 행동을 저급하게 하면 봉사와 헌신 자체의 의미가 퇴색되고 위선적인 사람으로 오해받을 수도 있다. 셋째는 정치의 주요한 목적 중 하나는 인간 존엄성 실현이다. 정치가가 인간 존엄성 실현을 선도하기 위해서는 인권을 존중하고 품위 있는 행동을 해야 하는 것은 당연하다.

사람은 누구나 품위를 지키지 않으면 저급한 말과 행동을 하게 된다. 예의를 벗어난 저급한 행동과 말은 결국 불화를 불러 대립과 갈등의 원인으로 작용하고 정도가 심화하면 다툼으로 발전한다. 이성을 잃고 흥분하여 다툼에 몰입하면 멱살을 잡거나 몸싸움, 주먹질이나 발차기를 하고 막말이 난무하게 된다. 감정이 더욱 격해지면 연장이나 흉기를 사용하기도 한다. 인간이 도리를 추구하고 도리에서 예를 강조하는 이유 중 하나가 인간 사이에 조성되는 불편함과 불화, 다툼을 예방하기 위함이다. 그러므로 모든 사람은 품위를 지키기 위해 노력해야 한다. 정치가는 더욱 그렇다. 이제까지 음해와 근거 없는 의혹 제기, 상황과 입장에 따른 말 바꾸기와 거짓말, 비난과 비판, 막말과 쌍소리, 고성을 지르며 다른 사람을 헐뜯는 일을 잘한 정치가 중에 존경받는 정치가는 아무도 없다.

26. 모든 사람 법 앞에 평등한가

자유(liberté), 평등(égalité), 박애(fraternité)는 프랑스 혁명의 정신 이념이다.[90] 평등(平等)은 권리·의무·자격 등이 모든 사람에게 차별 없이 똑같음을 뜻한다. 민주주의에서 평등은 인간성의 평등, 인격의 평등, 법 앞에서의 평등, 기회의 균등, 능력에 따른 대우 등을 그 기본 내용으로 삼고 있다.[91] 평등의 내용은 모두 나름대로 의미가 있다. 하지만 이 가운데 특히 가장 중요한 것이 법 앞에서의 평등이다. 모든 행위의 허용과 제한 또는 처벌 등 사회에서 일반적인 가치판단의 기준으로 작용하는 것이 법이기 때문이다. 그러나 현실에서 법 앞에 평등은 이상일 뿐이다. 법 앞에서 평등이 실현되면 좋겠지만, 인간의 불완전성으로 말미암아 평등은 이루어질 수 없다.

공권력과 행정은 개인 간의 사생활이나 사적 거래에 모두 관여

---

90) 위키백과.
91) Basic 고교생을 위한 윤리 용어사전.

할 수 없다. 현실 속에서는 능력과 역할 등에 따른 차등평등이 이루어진다. 차등평등은 공정한 것으로 보기 어렵다. 실제로 권력과 힘, 돈을 가진 사람들은 보통 사람들과 다른 대우를 받는다. 만약 법 앞에서 평등이 실현된다면 죄가 없는 사람이 죄인으로 구속되는 일이 없어야 한다. 또한 동일한 사건은 같은 판결 결과가 나오고 같은 형량을 받아야 한다. 그렇게 되면 판사와 변호사의 역할은 많이 축소되고 심급제도[92]도 의미가 없어진다. 즉 심급제도는 현실적으로 불평등이 존재하고, 그것을 공식적으로 인정하여 문제점을 보완한 제도이다.

그럼에도 민주주의 이념으로 평등을 강조하고 법 앞에서 평등을 강조하는 이유는 평등에 가까워지는 지속적인 노력을 통해 현저하게 균형을 잃고 불평등한 일이 발생하여, 그것으로 말미암아 피해자가 생기거나 손해를 입는 사람이 발생하는 것을 예방하고자 함이다. 이러한 노력은 평등의 가치가 실현되는 데 중요한 의미가 있다. 그러므로 평등 실현은 그 자체를 강조하는 것으로 끝나서는 안되고 반드시 지속적인 노력이 뒷받침되어야 한다. 우리가 실현했다고 생각하는 평등도 그것을 계속 유지하고 발전시키려는 노력이 뒷받침되지 않으면 언제 슬그머니 그 가치가 사라질지 모른다.

---

92) 심급제도(審級制度)는 국민의 자유와 권리보호에 신중을 기하고, 공정하고 정확한 재판을 받게 하기 위하여 소송당사자나 소송관계인이 같은 사건에 대해서 서로 다른 종류의 법원, 즉 심급(審級)을 달리하는 법원에서 두 번 또는 세 번까지 재판을 받을 수 있게 하는 제도이다. 제1심과 제2심은 사실심을 원칙으로 하고, 제3심은 법률심이다.

27. 다수결은 항상 정당하고 합리적인가

다수결(多數決)은 회의에서 많은 사람의 찬반에 따라 가부를 정함을 뜻한다. 다수결의 원칙은 민주 사회의 의사결정 방식이다. 의사결정의 가장 이상적 방법은 전원 일치이지만, 이것이 현실적으로 불가능하여 다수결의 원칙을 적용한다. 다수결의 원칙은 소수의 판단보다는 다수의 판단이 더 합리적일 것이라는 가정에서 출발하므로, 다수결이 항상 옳은 것은 아니다. 다수결을 수량적 측면으로만 생각하면 올바른 소수 의견이 배척당하는 경우가 생겨 중우정치[93] (衆愚政治)나 다수의 횡포로 전락할 우려가 있다. 그러므로 많은 사람이 승복할 수 있는 합리적 절차가 필요하다. 즉 소수 의견을 존중하고 소수와 동등한 입장에서 대화와 타협의 과정을 거치는 것이 바람직하다.

효과적인 다수결의 원칙이 이루어지기 위해서는 몇 가지 전제 조건이 필요하다. 첫째는 과학적인 인식이나 이데올로기(이념, 신념 체계)의 대립에 적용될 수 없다. 왜냐하면 과학적인 지식이나 신념은 다수결에 의하여 통일될 수 없기 때문이다. 둘째는 성원의 평등성을

---

93) 중우정치(衆愚政治, mobocracy)는 다수의 어리석은 민중이 이끄는 정치를 이르는 말로, 민주주의의 단점을 부각시킨 것이다. 플라톤은 다수의 난폭한 폭민들이 이끄는 정치라는 뜻의 폭민정치라고 하였고, 그의 제자 아리스토텔레스는 다수의 빈민이 이끄는 빈민정치라고도 하였다. 이런 중우정치는 올바른 민주제가 시행되지 못하고, 하나 또는 몇몇 집단이 수를 앞세워 정치를 이끌어가는 형태로, 민주주의의 단점이 심해지면 만들어지는 정치이다. 플라톤은 아테네의 몰락을 보면서, 그 원인으로 '중우정치'를 꼽았다. 그에 따르면 중우정치의 병폐는 첫째, 대중적 인기에 집중하고 요구에 무조건 부응하는 사회적 병리현상, 둘째, 개인의 능력과 자질 그리고 기여도 등을 고려하지 않는 그릇된 평등관, 셋째, 개인이 절제와 시민적 덕목을 경시하고 무절제와 방종으로 치닫는 현상, 넷째, 엘리트주의를 부정하고 다중의 정치로 흘러가 중우정치의 양태로 변질될 가능성 등이 있다.

전제로 한다. 모든 개인은 동등한 인격과 가치를 지니고 있다. 따라서 모든 개인의 의견도 동등한 권리를 가진다. 셋째는 성원의 자율성이 요구된다. 구성원들이 자유의사에 따라 토론을 하고, 그 결정에 참여하여야 한다. 강요나 협박, 공포 분위기 속에서의 다수결이란 의미가 없다. 넷째는 각 의견의 상대성을 전제로 한다. 어떤 가치에 대한 어느 한 개인의 판단이 절대적으로 옳을 수는 없다. 즉 가치 판단은 사람에 따라 다를 수 있다. 따라서 다수결은 모든 사람의 의견을 존중하여야 한다는 상대주의에 입각하고 있다.[94] 이처럼 다수결은 상당한 문제점을 내포하고 있다.

그럼에도 다수결은 민주주의 대표적인 원리 중 하나다. 애초 민주주의에서 의사를 결정할 때 다수결의 원리를 채택한 것은 다수의 뜻을 존중하여 다수가 원하는 사람을 대표로 선출하고 그들을 위한 일을 하게 하며 그들이 원하는 사회를 건설하기 위함이다. 다수의 생각이 합리적인 것으로 간주하지만, 그렇다고 다수가 항상 옳다는 것을 전제로 하는 것이 아니다. 이렇게 문제점이 있는 것을 알면서도 민주주의 원리로 채택한 것은 현실적으로 그러한 방식의 의사결정이 바람직하기 때문이다. 국가 구성원인 국민이 다수에 의한 결정이 정당하고 합리적인 것으로 받아들이는 이유도 여기에 있다.

정당성(正當性)은 이치에 합당하고 옳은 (것), 사리에 맞아 옳고 정의로운 성질이다. 합리성(合理性)은 논리나 이치에 맞는 성질을 뜻한다. 오늘날 민주주의 국가에서 채택하고 있는 다수결은 그 자체가 정당성이나 합리성을 갖는 것이 아니라 다수결에 의해 의사결정이 이루어지면 정당하고 합리적인 것으로 정당성과 합리성을

---

94) Basic 고교생을 위한 사회 용어사전.

인정하는 것이다. 그러므로 전체 국민이나 유권자의 반수 이상 지지를 받지 않은 사람도 최다 득표를 하면 대표로 인정하고 수용한다. 국회의 법안이나 예산 통과 등 동의가 있어야 하는 일들도 마찬가지이다. 다수결의 원칙은 적용되지만, 투표 참여자의 반수 이상 동의를 처리 내용으로 규정한 경우 국회 정원의 과반수가 되지 않더라도 통과된다.

지도자를 선출하고 그들에게 권력을 위임하며 발전을 선도하게 하는 이유도 다수인 국민보다 그들이 더 뛰어나다는 것을 믿기 때문이다. 즉 우월한 소수의 판단이 다수의 선택보다 옳다는 것을 인정하기 때문에 그러한 체제가 유지되는 것이다. 하지만 우월한 소수가 잘못된 판단을 내리고 일방적으로 행동하거나 다수인 국민의 이익에 반하는 행동을 하는 것을 견제하기 위해 권력을 분립하여 재판은 사법부, 국가 운영의 기초가 되는 법규는 입법부인 국회에서 제정하고 예산도 심의하게 하는 것이다. 이렇게 다수결은 상당한 문제를 안고 있지만, 가장 합리적인 의사결정 방법이나 수단이라는 데는 모두가 공감한다.

소수가 다수결을 무시하고 자신들의 의사가 반영되게 하려고 억지를 부리면 다수결은 제 기능을 발휘하기 어렵다. 그러므로 정치가들은 민주주의 원리인 다수결의 원칙을 존중하면서 소수의 의견이 반영되도록 대화와 타협, 양보를 통해 다수결이 안고 있는 문제점을 극복해야 한다. 그렇게 할 때 다수결에 대한 정당성과 합리성은 더욱 강화된다. 이것이 모두를 위한 일이다.

28. 당선이 면죄부가 될 수 있는가

자신의 잘못된 행위나 지은 죄에 대해 책임을 묻는 것과 국민의 대표로 선출하는 일은 상관이 없다. 투표는 주권을 행사하고 위임하는 과정이다. 사면이나 수사, 기소 중지 권한은 대통령과 경찰, 검찰 등에 위임되어 있다. 그러므로 선거를 통해 당선된다고 하여 죄가 없어지거나 면죄되는 것이 아니다. 당선이 면죄부가 될 수 없는데도 어느 나라 할 것 없이 면죄부로 착각하는 정치가가 있다. 면죄(免罪)는 죄를 면함, 면죄부(免罪符)는 책임이나 죄를 없애 주는 조치나 증명서이다. 죄(罪)는 도의에 벗어난 악행·악사(惡事), 벌을 받을 만한 일, 법률에 위반되어 형벌을 면치 못하는 불법 행위, 범죄를 뜻한다.

'면하다'는 '어떤 상태나 처지, 책임이나 의무에서 벗어나다. 어떤 일을 당하지 않게 되다'라는 뜻이다. 특정한 사람이 연루된 사건에 대해 경찰과 검찰의 수사 중단이나 부실 수사, 검찰의 불기소 처분은 용의자에게 면죄부를 준 꼴이 된다. 대통령의 사면이나 복권도 비슷한 역할을 한다. 국민이 정치가의 비리와 부정을 알고도 내버려 두거나 문제 삼지 않는 것 또한 면죄부를 준 꼴이 될 수 있다. 이러한 일을 방치하거나 방기하면 사회에는 범죄와 비리, 부정부패가 만연한다. 그러므로 국민은 잘못이나 위법행위에 연루된 정치가에 대해서는 반드시 그 책임을 물어야 한다. 특히, 이제 막 선거를 통하여 국민의 대표로 선출되어 당선된 정치가에 대해서는 그들의 잘못이나 죄에 대해 더욱 엄격하게 책임을 묻고 처벌해야 한다.

그래야 국가의 기강이 바로 서고 국민에게 돌아오는 폐해를 막을 수 있으며 밝은 사회, 살기 좋은 사회를 만들 수 있다. 이를 위해 국민은 무엇보다도 먼저 죄를 짓고도 대가를 치르지 않은 사람이 공천되는 것을 반대하고 정당에서 공천하더라도 당선시키지 말아야 한다. 대통령과 정부도 이런 사람은 정무직공무원 같은 고위공무원으로 임용하지 않는다는 원칙을 세우고, 그러한 사실이 드러나면 파면해야 한다. 일정 정도 이상의 벌금이나 형량을 받은 죄를 지은 경력이 있는 사람도 국민대표가 되는 것을 제한할 필요가 있다. 만약 제한이 어려우면 정당에서 공천하지 않는 원칙을 세워 실천하는 것이 바람직하다. 그런 사람을 공천하는 정당에 대해 국민은 지지하지 않아야 문제를 바로잡을 수 있다.

몇 번만 그렇게 하면 법을 어긴 사람이나 법을 어기고도 대가를 치르지 않은 비도덕적인 사람이 고위공무원과 정치가 같은 국민의 대표가 되어 도덕적인 국민을 통치하고 통제하는 잘못을 원천적으로 막을 수 있다. 그렇지 않고 국민이 죄를 짓고도 대가를 치르지 않은 사람, 여러 번의 전과 기록이 있는 사람을 고위공무원에 임용되는 것을 내버려두고 국민대표로 선출되어 정치가 되게 지지표를 행사하면 유사한 사람들의 도전이 지속할 가능성이 높다. 이런 일을 내버려두면 국민을 위한 정치는 이루어지지 못하고 정치와 정치가가 오히려 갈등을 해결하기보다는 갈등과 혼란을 조장하는 결과를 가져와 국민의 부담은 가중될 수밖에 없다.

29. 정치가에게 왜 양심이 중요한가

양심(良心, conscience)은 도덕적인 가치를 판단하여 옳고 그름, 선과 악을 깨달아 바르게 행하려는 의식, 자신의 행위나 태도가 '도덕적으로 선한가 혹은 악한가'를 판단하는 준거를 제시하고, 도덕적으로 용납될 수 없는 행동의 유혹에 저항하며, 자신의 도덕적 비행에 대하여 죄의식을 느끼게 하는 성향을 말한다. 양심의 기능은 일반적으로 선·악의 판단에 관련되는 인지적(cognitive) 기능과 행위의 실천이나 금지에 따르는 동기적(motivational) 기능으로 분석된다.[95] 사람은 누구나 양심적이어야 한다. 그래야 나쁜 일, 악한 일을 하는 사람은 줄어들고 좋은 일, 착한 일을 하는 사람이 늘어나 모두가 더불어 사는 좋은 사회를 건설할 수 있다.

정치지도자에게 특히 양심이 중요한 이유는 그들에게 권력을 줬기 때문이다. 정치가에게 주어진 권력은 국민이 위임한 것으로 국가 발전과 국민을 위한 용도로 목적에 맞게 사용되어 한다. 그러나 현실 속에서 권력을 국가 발전과 국민을 위해 사용하느냐 정치가 자신을 위해 사용하느냐 하는 것은 권력을 가진 정치가 자신의 마음에 달렸다. 정치권력에는 정치가가 자신을 위해 권력을 사용하는 것을 방지하거나 견제하는 법규와 제도 같은 장치들이 마련되어 있다. 하지만 그것으로 정치가가 자신을 위해 권력을 사용하는 것을 막기는 어렵다.

정치가가 자신을 위해 권력을 사용하고, 그 사실이 드러났을 때는 이미 늦다. 정치가가 처벌을 받더라도 국민은 부담 증가 등 그

---

95) 교육학 용어사전.

내용에 상응한 손해를 입기 때문이다. 이러한 제반 문제를 해결하는 방법이 있다. 지도자 스스로 양심적으로 행동하는 것이다. 실제 견제 중에서 가장 바람직한 방법이 자기 견제이다. 정치가에게 양심이 중요한 이유가 여기에 있다. 정치가의 잘못된 행위로 말미암아 피해를 보지 않으려면 국민은 양심적인 사람을 정치가로 선출해야 한다. 자신이 양심적이라고 생각하는 사람이 정치가로 나서면 더욱 바람직하다.

30. 원칙 무시하고 자기 사람 심는 이유 무엇인가

민주주의 국가에서 법과 제도는 중요한 원칙과 기준에 속하는 것들이다. 대통령과 국회의원, 지방자치단체 수장과 의원도 모두 그들을 선출하는 법률에 근거해 직위와 그에 수반한 권력을 위임받는다. 그러므로 정치가는 누구보다도 더 법률을 존중하고 잘 준수해야 한다. 그런데 어느 나라 할 것 없이 정도의 차이는 있어도 정치가들이 인사행정의 원칙과 기준을 무시하거나 의례적 절차에 따른 형식상의 모양을 갖추는 요식행위로 이용하면서 자기 사람을 주요 직책에 임명한다. 인위적인 배치에 해당하는 행동을 하는 정치가도 있다. 이러한 현상은 독재자나 독재국가, 권력이 대통령에게 집중된 후진국 등에서 뚜렷하게 나타나는 경향이 있다.

법률로 인정하거나 국민이 공감할 수 있는 관행에 따른 인사는 문제가 안 되지만, 정도를 넘어선 인사는 반드시 부정부패의 원인으로 작용하고 부작위[96)가 공무원 사회에 일반화하는 문제를 유발할 수 있다. 그렇게 되면 능력이 있는 사람은 제대로 승진하지 못하고 뇌물을 주고 청탁하는 무능한 사람이 오히려 승진하는 등 원칙과 기준은 무너지고 법치주의는 도전되며 분배가 불공정하게 이루어져 사회적 약자들이 보호받기 어려워진다. 그런데도 정치가 중에는 자기 사람 심기에 골몰하는 사람이 적지 않다. 그럼 정치가들은 법규를 넘고 인사기준을 무시하며 의도적으로 자기 사람을 심는 것이 법 앞에 평등을 해치고 공정한 사회가 되는 것을 저해한다는 점을 알면서 왜 그런 행동을 하는가? 그 이유는 정치와 권력에 대한 잘못된 인식, 민주주의 원리에 대한 개념과 실력 부족 때문이다.

실력이 부족하니까 권력을 유지하는 것이 불안하다. 불안한 마음을 없애려고 하니까 자신에게 충성할 사람이 필요하다. 몇 사람만으로는 국정을 운영하기 어렵다. 그래서 예산과 기획, 감사와 정보, 지휘를 담당하는 부서 핵심 간부와 수장까지 자기 사람을 심는다. 그래야 권력을 가진 나의 명령에 따라 조직이 움직이고 사회 저변에서 일어나는 일들을 파악하여 보고하게 할 수 있으므로 마음이 놓인다. 그런데 정상적인 국가 체계에는 이런 일들이 일부러 자기 사람을 심지 않아도 지도자의 리더십 발휘로 충분히 가능하고 자연스럽게 이루어진다. 그럼에도 심지어는 나에게 충성할 것으로 확신할 수 없는 사람은 언제 나의 직위를 위협할지 모른다고 멋대로 판단하여 충성스러운 사람으로 하여금 위협 대상으로 인식되는 사람들을 감시하고 견제하게 하기도 한다. 그렇게 해야 안심이 되고 권력을 유지하는 데 문제가 발생하지 않고 제대로 운용할 수 있다고 착각하기 때문이다.

자신의 리더십이 뛰어나거나 직위에 수반된 권력이 국가와 국민

---

96) 부작위(不作爲)는 규범적으로 기대된 일정한 행위를 하지 않는 일.

을 위한 일을 하기 위해 위임된 것이며, 민주주의의 대표적인 원리 중 하나가 법치주의라는 것을 올바르게 이해하는 정치가라면 자기 사람 심기에 몰두할 수 없고, 그렇게 할 필요도 없다. 나에게 능력이 있으면 무서울 것도 두려울 것도 없다. 사전에 관리를 잘하여 문제가 생기지 않게 예방하고 문제가 생기면 해결하면 된다. 그러므로 올바른 정치가라면 자기 사람 심기를 하는 것이 아니라 법규를 준수하며 원칙과 기준에 따라 인사하며, 자신이 갖춘 리더십을 발휘하여 국가와 국민을 위해 봉사하고 헌신하는 것이 정당이다.

31. 정치가 왜 국민 바라는 일만 할 수 없는가

정치가에게 있어 국민을 위한 서비스 제고와 국민 만족은 직무의 기본이다. 정치가가 국민을 만족하게 하는 일반적인 방법은 국민이 원하는 일을 하면서 서비스를 높이고 좋은 성과를 내는 것이다. 그럼 정치가는 항상 국민이 원하는 일만 해야 하는가 하는 의문이 생긴다. 그렇게 해서는 안 된다. 정치가는 기본적으로 국민이 원하는 일을 하고 국민이 만족하도록 노력을 해야 한다. 그러나 국민이 원하더라도 국가 발전에 도움이 되지 않는 일이라고 판단될 때는 하지 말아야 한다. 반대로 국민이 원하지 않는 일도 국가 발전에 도움이 될 때는 해야 한다.

왜 그렇게 해야 하는가? 그 이유는 정치가에게 주어진 역할이 국가 발전을 선도하고 국가와 국민을 위한 일을 하는 것이기 때문이다. 그러므로 정치가는 어떤 경우든 진정 국민을 위하는 올바른 일을 해야 한다. 중요한 것은 당장 국민이 원하느냐 원하지 않느냐 하는 것이 아니라 올바른 길이냐 아니냐 또는 올바른 일이냐 아니냐 하는 것이다. 국민도 사람이다. 부담은 적고 편익이 많이 돌아오는 것을 바라는 마음이 있다. 그러므로 정치가는 국민의 이기적인 요구나 판단에 대해서는 설득하고 이해를 구하며 올바른 길을 가도록 일을 해야 한다. 그래야 모든 것이 순리적으로 돌아간다. 그런데 여기에는 문제가 있다.

미래는 아무도 가보지 않았다. 지금 국민이 원하는 일을 하는 것이 더 국민을 위한 일인지 아니면 국민이 원하더라도 국가 발전에 도움이 되는 일을 하는 것이 미래에 더 국민을 위한 일이 될 것인지 판단이 쉽지 않다. 그리고 미래에 더 국민을 위한 일이 될지라도 미래는 다음 일이고 지금 당장 국민을 위한 일을 해야 한다고 국민이 요구하면 정치가는 곤혹스러울 수밖에 없다. 즉 국민을 위한 올바른 일을 하면서도 정치가는 때로는 국민에게 더 많은 부담을 안게 하면서 상당기간 동안 자신은 비난과 비판 대상이 될 수도 있다는 점이다.

우선은 국민이 원하는 일을 하면 정치가도 편하고 인기를 얻을 수 있으므로 당선이나 권력을 유지하는 데도 도움이 된다. 하지만 세상은 지금 편하고, 좋고, 즐겁고, 부담이 덜 되는 일이 장기적인 측면에서는 위험이나 더 큰 해가 되어 돌아오는 것도 있다. 어느 시대 어느 나라 할 것 없이 국민은 항상 의무 부담은 적게 하고 복지와 혜택은 많이 받고 싶어 한다. 하지만 정치가는 국가를 발전시키고 국가와 국민의 미래를 선도해야 할 책무가 있다. 그러므로 정치가는 현재 국민이 원하는 것이라도 국가 발전에 저해되거나 미래에 더 국민을 위한 일에 도움이 된다는 판단을 할 때는 불확실성

속에서도 그 길을 가야 한다. 설령 현재 국민의 불만이 증가하고 욕을 먹더라도 마찬가지이다. 정치가가 대중의 인기에 영합하는 행동만 하면 국가의 미래는 기약하기 어렵다.

32. 불합리하고 무리한 의사결정 왜 경계해야 하는가

불합리(不合理)는 도리에 맞지 않음, 합리적이지 못함이다. 무리(無理)는 도리가 아님, 이치에 맞지 않음, 힘에 부치는 일을 억지로 우겨서 함을 뜻한다. 한번 불합리하고 무리한 의사결정이 이루어지면, 그 내용이 또 다른 불합리한 관행을 만드는 원인으로 작용한다. 불합리한 관행이 통용되기 시작하면 억지를 부려서라도 더 불합리하고 무리한 요구를 하여 자기이익을 실현하려는 사람들이 생기기 마련이다. 그러므로 불합리하고 무리한 의사결정을 경계하지 않으면 안 된다.

국가의 예산은 모두 국민 세금으로 조성된 것이다. 그런데 불합리하고 무리한 요구를 통한 이익 실현이 일반화되면 분배는 왜곡되고, 법규는 도전받고, 지도자의 리더십 발휘는 어려워진다. 또한 권위는 실추되고, 의사결정은 더욱 힘들어진다. 법과 규칙을 지키는 사람은 부담만 안아야 하므로 항상 손해를 보게 된다. 대다수 사람들이 법을 지키지 않거나 법규를 이용하여 자기이익을 실현하려고 하면 법규는 무력화되고 부정과 부패, 비리는 늘어나 혼란이 가중하고 피해자는 늘어난다. 질서가 파괴되어 혼란으로 빠지면 궁극에는 국가 멸망(滅亡)의 지름길로 이어진다.

현실 속에서는 문제를 보완하려는 노력이 이루어지므로 이런 극단적인 일은 잘 일어나지 않는다. 하지만 불합리하고 무리한 의사결정을 통해 형성된 잘못된 관행이 존재하고 고성불패와 억지가 통용되는 잘못된 일을 내버려두면 악순환을 거듭한다. 법을 어기고도 과태료를 내지 않고 버티면 대통령이 사면을 해주고, 사업하는 사람들이 절세한다며 세금을 줄여 신고해도 세무조사 기간을 넘기면 자기이익이 되게 내버려 두고, 죄를 짓고도 숨겨 공소시효만 넘기면 된다는 생각이 확산하면 피해를 보는 국민이 늘어나고 사회는 점차 혼란에 빠질 수밖에 없다.

이러한 이들이 시작되고 방치되는 것은 실행할 수 없는 과잉공약, 특정인이나 사업자에게 특혜가 돌아가는 사업의 인가와 허가, 불합리한 인사, 잘못된 정책에 대한 집회와 시위의 강경 진압, 야당인사 탄압 등 대개 정치가의 자기이익 실현을 위한 불합리하고 무리한 의사결정이 원인을 제공하는 일이 많다. 정상적인 정치가라면 진정 국민을 위한 일이 어떤 것인지 신중하게 생각하고 합리적인 의사결정을 통해 사회문제에 적극 대처해야 한다.

33. 국가에 대한 국민의 자세는 어떠해야 하는가

국가 운용에 드는 예산은 모두 국민이 피와 땀을 흘려 부담한 세금으로 조성된다. 내가 국가로부터 누리는 모든 것 역시 나 자신을 포함한 다른 국민이 부담하는 피와 땀으로 이루어진 것이다. 정치가들은 복지 혜택을 늘렸다고 생색만 낼 뿐이다. 그러므로 기본적으로 국민은 국가에 기대려는 마음을 가져서는 안 된다. 자활능력이 부족하거나 없는 노약자 등 사회적 약자는 국가가 보호하고 구제해야 하지만, 그렇지 않은 사람은 자력으로 자기 삶을 영위하는 것이 정상이다. 국가 재정에 여유가 있으면 복지를 늘리는 것도 괜찮지만, 정치가들은 복지를 앞세워 국민이 국가에 의지하려는 나태한 마음을 갖지 않도록 지극히 경계해야 한다.

언제나 국민은 자신이 부담은 적게 하고 혜택은 많이 누리고 싶다는 마음을 갖고 있는데, 정치가가 권력을 획득하거나 유지하기 위해 인기에 영합하여 복지 혜택을 늘리는 일을 하면, 훗날 반드시 문제가 발생하기 마련이다. 우선은 좋은 게 좋다고 생각할 수 있다. 국가가 발전하고 예산이 증가하는 동안에는 복지를 강화하더라도 큰 문제가 생기지 않는다. 복지는 돈과 연관된 일이므로 문제가 생기더라도 대부분 증가한 예산으로 해결할 수 있다. 하지만 국가 발전이 정체하거나 쇠퇴하고 예산이 줄어들면 삶의 질이 떨어질 것을 우려하여 저항하는 국민으로 말미암아 국가를 위기로 몰아넣는 원인으로 작용할 수도 있으므로 복지 향상은 신중해야 한다.

국가는 기본적으로 국민이 부담하는 의무와 국민이 위임한 주권, 정치가와 국민의 협력으로 운용된다. 국가가 납세·국방·교육·근로를 기본적 의무로 규정하고 있는 이유가 여기에 있다. 그러므로 국가가 유지되고 발전하기 위해서는 국민이 적절하게 의무를 부담하고 선거에서 좋은 지도자를 선출해 주권을 위임하고, 그 대표성을 인정하고 존중하며 지도자와 협력하면서 각자 맡은 직무를 성실하게 수행하고 생업에 열중하며 국가를 발전시켜 나가야 한다. 이것이 국민을 위한 길이고, 그렇게 하면 모든 일이 순조롭게 돌아간다. 그러나 국민이 의무 부담은 적게 하고, 정치가에게 잘 협력하지 않으면서 복지와 혜택을 늘리기를 바라는 등 국가에 기대려는 마음을 가지면 비리와 갈등, 혼란이 증가하여 원만하게 돌아가지 않는다.

"국가가 무엇을 줄 것인가 묻기 전에 국가를 위해 무엇을 할지 물어보라."[97) 프런티어(frontier, 개척자)의 기수 존 F. 케네디 전 미국 대통령이 남긴 이 말은 국가의 의무를 요구하기 전에 국가를 위해 애국심을 발휘해 줄 것을 촉구하는 명언으로 회자되고 있으며,[98) 국가에 대한 국민의 자세가 어떠해야 하는가 하는 것을 잘 표현하고 있다.

---

97) "조국이 당신을 위해 무엇을 해줄지 묻지 말고, 당신이 조국을 위해 무엇을 할지 물어라." 존 F. 케네디 미국 대통령의 1961년 취임연설 '뉴 프런티어(New Frontier: 1960년에 미국의 케네디 대통령이 내세운 새로운 개혁 정책)' 중 한 구절인 이 문장은 에이브러햄 링컨 대통령의 게티즈버그 연설, 마틴 루서 킹 목사의 연설과 함께 미국의 3대 명언으로 통한다. 하지만 이 문장은 케네디 대통령이 발표하기 45년 전 다른 여러 사람이 연설에서 사용한 문장과 비슷하다고 워싱턴포스트가 2006년 6월 4일 보도했다. 신문은 '이 인용문의 출처를 묻지 마라'는 제목의 기사에서 제29대 대통령 워런 하딩이 이미 1916년 미국 공화당 전당대회에서 "우리는 시민이 정부가 무엇을 할지를 걱정하기보다는 시민이 나라를 위해 무엇을 할지 걱정하도록 해야 한다"고 연설했다고 밝혔다. 케네디의 이 명언이 고교 시절 교장 선생님의 말을 약간 변형한 것이라는 주장도 나오고 있다. 가진 자의 도덕적 의무 '노블레스 오블리주'를 설파한 케네디의 또다른 명언 "많이 받은 사람들은 많은 것을 요구받는다"도 성경의 누가복음 12장 48절 "무릇 많이 받는 자에게는 많이 찾을 것이요. 많이 맡는 자에게는 많이 달라 할 것이요"를 빼닮았다. 월스트리트저널 부편집장을 지낸 리처드 토펠 변호사는 취임연설 51개 문장 가운데 케네디가 직접 작성한 것은 9개에 불과하며 대부분 최근 세상을 떠난 존 갤브레이스 하버드대 경제학과 교수, 시어도슨 소렌슨 변호사 등이 만들어준 것이라고 주장한다. 워싱턴포스트는 또 많은 정치인처럼 케네디도 잘못된 인용문을 사용했으며, 특히 책이 아니라 머릿속에서 끄집어낸 인용문을 많이 써 참모들과 의회 도서관 직원들이 사실 여부를 확인하는 촌극도 자주 벌어졌다고 소개했다. 그러나 그가 연설문에 인용문을 넣어 국민을 감동시킨 사실 만큼은 분명하며 높게 평가할 만하다고 신문은 지적했다.

98) 세계영화대백과.

34. 통치와 정치의 차이는 무엇인가

1) 통치란 무엇인가

통치(統治)는 나라나 지역을 도맡아 다스림, 원수(元首)나 지배자가 주권을 행사하여 국토 및 국민을 지배함이다. 통치자(統治者)는 일정한 나라나 지역을 도맡아 다스리는 사람을 말한다. 정치를 잘못 인식한 사람 중에는 정치를 통치와 같이 생각하는 경향이 있다. 그러나 통치는 정치의 한 부분으로 정치의 영역은 통치보다 더 넓다. 통치를 좀 더 잘 이해하기 위해서는 '다스리다'와 '지배'의 뜻을 알 필요가 있다. '다스리다'는 '나라·사회·집안일을 보살피거나 주재하다. 사물이 문란해지지 않도록 바로잡다. 어지럽던 것을 평정하다. 병을 고치다(문제를 해결하다). 죄에 대해 벌을 주다. 어떤 목적에 따라서 잘 정리하거나 다루어 처리하다' 등의 뜻이 있다.

지배(支配)는 아랫사람을 감독하고 사무를 정리함, 통치함, 어떤 사람의 의사가 상대자의 행위를 규제·속박함이다. 국민이 위임한 권력은 정치가를 위한 지배수단이 아니라 국민을 위한 일을 하기 위한 수단이다. 통치에 지배 행위가 포함되는 것은 많은 사람이 동시에 일을 할 때 혼란이 생기는 것을 막고 각자의 이익을 보호하며 더욱 효율적으로 일하기 위한 것이다. '보살피다'는 '뒤를 돌봐주다. 마음을 써서 두루 돌보다'는 뜻이 있지만, 이것으로는 어려운 국민을 도와주고, 어려움에서 구해내고, 발전을 촉진하며 안목을 갖고 위험에서 벗어나게 하다는 의미가 포함한 것으로 보기에는 무리가 있다. 즉 통치로 어느 정도 일반적인 정치 행위는 가능하다.

그러나 정치가가 제 역할을 하기 위해서는 통치와 함께 구제가 병행되어야 한다.

2) 정치와 정치의 역할은 무엇인가

구제(救濟)는 구하여 건짐, 구하여 도움이다. '돕다'는 '힘을 보태다. 조력하다. 협력하다. 위험을 벗어나게 하다. 위난에서 구하다. 이끌어 잘못됨이 없도록 하다. 후견(後見)하다. 금전이나 물품을 주어 구제하다. 어떤 상태를 촉진·증진시키다'라는 뜻이다. '건지다'는 '곤경에서 구해 내다. 실패한 속에서 얼마큼 실패가 덜 되도록하다'라는 말이다. 통치와 구제의 내용을 모두 포함하고 있는 말이 있다. 경세제민이다. 더하여 편익을 제공할 수 있으면 더욱 바람직하다. 경세제민(經世濟民)은 세상을 다스리고 백성을 구제함, 준말이 경제(經濟)다.

그럼 경세제민하기 위해서는 무엇을 해야 하는가? 일자리 창출 등 경제 활성화를 통한 발전, 분배를 통한 균형 발전, 법규 제정, 질서 유지, 안전과 안정 확보, 대립과 갈등의 원인이 되는 각종 사회문제 해결, 미래상 제시와 선도, 구제와 긍휼, 목표 달성, 정책이나 제도 도입, 이해관계 조정을 통한 갈등 해소, 공평한 기회 제공 등이다. 이것들이 정치를 통해 처리해야 할 일이다. 그러므로 정치의 역할은 경세제민하기 위해 처리해야 할 일이나 그 일을 하는 제반 활동이 된다. 정치는 사회문제를 해결하고 목표를 달성하고 발전을 통하여 국민의 권익을 신장하고 복리를 증진하여 삶의 질을 향상하고 인간 존엄성을 실현하기 위해 국민에게 물질적으로나 정신적으로 편하고 쉬우면서 보탬이 되고 삶에 유익하고 도움이 되는 일을 말한다.

35. 형벌 받은 기록 있는 사람 공천 합리적인가

전과(前科) 기록이 있는 사람을 국민대표가 될 정치인 후보로 공천하고, 위법행위를 하고도 대가를 치르지 않은 사람을 정무직공무원 같은 고위공무원에 임명하는 것이 합당한가? 합당하지 않다. 그 이유를 한번 살펴보자. 합리적(合理的)은 이치에 맞는 (것), 목적에 맞고 무리가 없는 (것)이고, 이치(理致)는 사물의 정당한 조리, 도리에 맞는 취지를 말한다. 전과(前科)는 이전에 형벌을 받은 사실, 형벌(刑罰)은 범죄에 대한 법률상의 효과로서 국가가 범죄자에게 제재를 가함 또는 그 제재이다. 범죄(犯罪)는 죄를 지음 또는 지은 죄, 법률상 일정한 형벌을 가하게 되는 위법행위를 뜻한다. 죄(罪)는 도의에 벗어난 악행·악사(惡事), 벌을 받을 만한 일, 법률에 위반되어 형벌을 면치 못하는 불법 행위, 범죄를 말한다. 위법(違法)은 법을 어김이다.

전과 기록이 있다는 것은 법을 지키지 않고 위법한 행동을 한 사실이 있다는 것이다. 형벌을 받은 전과 기록이 있는 사람을 국민의 대표로 선출하면 세 가지 문제가 발생한다. 첫째는 도덕적이지 않는 사람이 도덕적인 국민을 통제하는 법률을 만들고 통치행위를 하게 되는데 이것은 바람직하지 않다. 둘째는 한번 전과 기록이 있는 사람이 국민대표로 선출되면 전과 기록이 있는 다른 사람들도 국민의 대표가 되기 위해 나선다. 이렇게 되면 대표가 된 사람의 잘못에 대해 저항하거나 반발하는 국민이 생기는 등 국가 기강을 세우기 어렵고 가치 혼란이 발생한다. 셋째는 전과 기록이 있다는 것은 내용에 따라 차이는 있지만, 궁극적으로 공익이나 다른 사람의 이익보다는 자기이익을 우선했기 때문에 나타난 결과이다. 언제 국가와 국민의 이익보다 자기이익을 우선하는 행동을 하여 국민에게 손해를 입힐지 모르므로 국민은 항상 긴장하며 경계할 수밖에 없다. 국민은 지도자를 믿을 수 있어야 한다. 그래야 때로는 그들에게 기댈 수 있다. 그런데 믿을 수 없으면 기댈 수도 없다.

형벌을 받은 기록이 있는 사람은 그래도 자기가 저지른 죄의 대가를 치른 사람이다. 그런데 이들보다 훨씬 더 나쁜 사람은 공무원, 특히 공권력에 종사하며 평상시에 국민을 대상으로 법규 집행을 통하여 강제력을 행사하면서 자신의 목적 달성을 위해 의도적으로 죄를 짓고도 처벌을 받지 않았으면서 정무직공무원이 되기 위해 나서는 사람이다. 정상적인 민주주의 국가에서는 "죄는 지은 데로 가고 덕은 닦은 데로 간다"[99]라는 말이 실현되어야 한다. 불법 행위를 한 사실이 드러났는데도 벌을 주지 않으면 누구도 법을 두려워할 필요가 없다.

국민이 법을 존중하지 않고 두려워하지 않으면 국가와 권력의 존속도 보장받기 어렵다. 그러므로 죄를 지은 사실이 있는데도 처벌받지 않은 비도덕적인 사람은 정무직공무원으로 임명해서는 안 된다. 한번 이런 비도덕적인 사람을 임명하면 죄를 짓고도 잘 숨기기만 하면 된다는 생각이 확산하여 법을 어기는 사람이 더 많아질

---

99) "죄는 지은 데로 가고 덕은 닦은 데로 간다"는 죄를 지은 이는 벌을 받고 덕을 닦은 이는 복을 받는다는 뜻이다.

것이고, 여러 가지 죄를 짓거나 잘못을 한 사람도 정무직공무원에 임명되기 위해 나설 것이다. 이러한 일들이 일반화되면 부정부패와 비리가 만연하는 등 법 앞에 평등과 공정은 무너지고 엄청난 대가를 치러야 한다.

36. 정치가 만들어 내는 폐단의 근원은 무엇인가

인간은 불완전한 존재이므로 아무리 일을 잘하려고 노력해도 항상 어느 정도 문제는 나타나기 마련이다. 이것이 논란의 대상이 되느냐 되지 않느냐 하는 것은 국민이 수용(受容)하고 감내(堪耐)할 수 있는 것인가 아닌가에 의해 결정된다. 무슨 일이든 정도를 넘으면 항상 문제가 되는데 정치도 마찬가지이다. 폐단(弊端)은 괴롭고 번거로운 일, 귀찮고 해로운 일, 옳지 못한 일인데, 정치 행위가 폐단이 되어 나타나는 단계에 이르게 하는 것은 정치가와 국민 모두를 위해 바람직하지 않다. 그런데 어느 시대나 어느 나라를 막론하고 정치가들이 올바른 정치를 하지 않는 나라에서는 항상 정치가 폐단을 만들어 낸다.

정치나 정치가가 폐단을 만들어내는 근원은 정치가의 자기중심적인 사고와 이기적인 탐욕이다. 이 두 가지는 각각 폐단을 만들어내기도 하지만 서로 결부되어 작용할 때 더 큰 폐단을 만들어내는 원인으로 작용한다. 정치가가 가치 판단을 할 때 국민의 편익 증진을 중심으로 하고 국민을 위한 정치를 하면 정치가 폐단의 원인으로 작용하는 것이 아니라 문제를 해결하고 발전의 원동력으로 작용하여 정치가는 칭찬받고 존경받는 사람이 되기 마련이다. 또한 이기적인 탐욕을 버리고 이타심을 실천해도 마찬가지이다. 간단한 이 일을 못해 비판과 비난의 대상이 되는 정치가가 너무 많다.

37. 정치가가 가장 많이 범하는 일반적인 오류 두 가지

오류(誤謬)는 그릇되어 이치에 어긋남이다. 정치가들이 가장 많이 범하는 일반적인 오류는 크게 보면 두 가지이다. 직위에 따른 권력을 명령하고 지시하는 지배수단으로 인식한다는 점과 자신을 위한 생각과 판단까지도 국가와 국민을 위한 것으로 착각한다는 점이다. 정치가들의 잘못된 행동은 거의 모두 이 두 가지와 연관되어 있다. 왜 이 두 가지가 정치가들로 하여금 잘못된 행동을 하는 원인으로 작용하게 하는지 한번 살펴보자.

첫째는 직위에 따른 권력을 명령하고 지시하는 지배수단으로 인식한다는 점이다. 이런 인식을 하는 정치가들은 국민 위에 군림하려 든다. 인간의 삶은 만들어 가는 것이다. 국가도 마찬가지이다. 사람들이 만들어 가는 정치의 주체는 정치가와 국민이다. 정치가와 국민은 국가를 유지하고 발전시켜 나가는 일을 하는데 분리되어 따로 일하고 존재하는 것이 아니라 상호 협력하여 일하고 결과를 공유하며 함께 살아가는 것이다. 그러므로 정치가가 일방적으로 국민에게 명령하고 지시하는 것이 아니라 국가 발전을 위해 서로 도와야 한다. 이를 위해서는 역할분담을 통해 자기 책무를 성실하게 수행해야 모든 것이 순조롭게 돌아간다. 그런데 지도자가 권력을 누리는 것으로 생각하고, 국민을 명령하고 지시하는 대상으로 생각하면 상생을 위한 자발적인 국민의 협력은 기대하기 어렵다. 국민이 정치가를 선출한 목적은 국민 자신에게 명령하고 지시하도록 하기 위한 것이 아니라 국민을 위한 일을 하도록 하기 위한 것이었다. 그런데 정치가가 국민을 위한 정치를 하는 것이 아니라 자신을 위한 정치를 하면서 국민에게 명령하고 지시하면 국민은 정치가에게 반발하기 마련이다. 둘째는 자신을 위한 생각과 판단까지도 국가와 국민을 위한 것으로 착각한다는 점이다. 인간은 감정이 있고 판단의 주체는 자신이므로 아무리 객관적으로 생각하고 판단하려고 노력해도 주관성을 벗어나기 어렵다. 그러므로 끊임없이 수신하며 절제를 통해 정도를 넘지 않도록 노력하고, 행동한 후에는 혹시 문제나 잘못은 없었는지, 국민을 위한 것이 아니라 자신을 위한 행동을 하지는 않았는지 반성해야 한다. 그런데 잘못된 정치가들은 자신의 권력을 강화하고 독재와 독선적인 행동, 자기중심적 사고, 심지어는 편견까지도 국민을 위한 것으로 착각하며 국민을 위한 것이었다고 항변하는 사람도 있다. 그리고 이러한 일이 더욱 심화하면 자신이 하는 행동을 모두 국가와 국민을 위한 일로 동일시하여 행동하는 경향까지 나타나기도 한다. 하지만 정치가 자신은 잘 모르더라도 국민은 정치가의 행동이 국가와 국민을 위한 것인지, 정치가 자신을 위한 것인지 안다.

문제가 무엇인지 모를 때는 답도 낼 수 없지만, 문제를 알면 답을 내는 것도 어렵지 않다. 이제 각자 오류를 바로잡을 것인가 바로잡지 않을 것인가 하는 점은 정치가 자신의 노력과 의지에 달렸다.

38. 정치가 왜 계파와 파벌 만드는가

1) 계파와 파벌 유혹 왜 쉽게 떨치지 못하는가

계파(系派)는 정당이나 기타 집단의 내부에서 출신·연고, 특수한 이권 등에 의해 결합한 배타적 모임, 파벌(派閥)은 출신지·학력 등 개인적인 이해관계에 따라 결합한 배타적 분파, 배타(排他)는 남을 배척함, 배척(排斥)은 거부하여 물리침이다. 그러므로 계파와 파벌에 소속된 사람들은 소속되지 않은 사람들을 거부하고 물리치려고 한다. 집단이나 사회 조직 내에 계파와 파벌이 존재하면 주도권을 차지하기 위한 투쟁이 벌어지므로 갈등과 논란이 끊이지 않는다. 공정은 물론 평화공존도 기대하기 어렵다. 그럼에도 리더십에 대해 잘못된 생각이나 지식을 갖춘 정치가들은 계파를 만들고 파벌을 조성하거나 스스로 계파와 파벌 내에 들어가기를 원한다.

그럼 정치가들은 왜 문제가 많은 계파와 파벌을 만드는가? 그것은 공천을 받고 당선을 통한 권력 획득 등 일을 추진하는 데 도움이 되고 효율적이라고 생각하기 때문이다. 개인이 갖는 힘은 한계가 있으므로 실제 일을 진행하고 추진하는 데 계파를 만들고 파벌을 조성하면 상당한 도움이 된다. 계파와 파벌을 만들면 동료의식도 생기고 상호 의지가 되며 직위 분배를 통해 권력에 대한 욕구도 충족할 수 있다. 문제는 계파와 파벌은 그 자체가 이기적인 투쟁을 지향하며 세력 확대를 통해 권력과 부를 획득하고 축적하는 용도로 사용되는 것으로 민주주의 원리에 반한다는 점이다.

계파와 파벌은 자연스럽게 비슷한 뜻을 가진 사람들이 교류하며 사회 환경변화에 따라 조직 내의 합리적인 의사결정 과정을 거쳐 선출되는 뛰어난 능력을 갖춘 특정인물에서 시간의 경과에 따라 또 다른 인물로 옮아가며 선택적으로 지지 세력이 형성되는 것과는 그 성격이 다르다. 계파와 파벌이 문제가 되는 것은 정치적인 목적인 권력 획득, 부의 축적을 위해 인위적으로 조성되어 배타적으로 행동한다는 점이다. 여기에는 반드시 수장과 추종자가 있고 추종자 중에는 집사, 핵심측근에 속하는 참모들이 있고 그 아래에 참모들의 지시에 따라 움직이는 수하들이 있다. 대개는 참모들도 각각 자기 세력을 형성하여 큰 계파 내에 많은 작은 계파가 존재한다. 계파는 기본적으로 자신들의 목적 달성을 위해 투쟁을 지향한다. 대외적인 투쟁을 통해 내부 결속을 다지고 진성당원을 가려내 육성한다. 투쟁은 필연적으로 희생자를 양산하고 공동체 의식을 강화시킨다.

그럼 계파는 필요 없고 만들면 안 되는가? 그것은 아니다. 빼앗긴 나를 찾을 때, 국가의 기능이 상실되고 군웅이 할거하는 혼란기 등에는 계파를 중심으로 조직화와 세력 확장을 꾀하고 힘을 기를 필요가 있다. 또한 한 나라 내에서 민주주의와 공산주의 간 이념 대결이 이루어질 때도 계파가 필요하다. 즉 혼란기와 이념 대결 등이 이루어질 때는 계파가 힘을 기르는데 도움이 되고 필요한 때도 있다. 그러나 국가 체제가 정립되었을 때는 민주주의 원리를 존중하고 법규에 따른 규칙 경쟁을 해야 한다. 파벌이나 계파를 통해 문제를 해결하고 권력을 획득하려고 해서는 안 된다.

2) 집단 내 계파와 파벌 형성 왜 경계해야 하는가

집단이나 사회 조직 내에 계파와 파벌 형성을 경계해야 하는 이유는 이해관계나 이권 실현을 목적으로 결합하고 배타적인 성격을 갖기 때문이다. 즉 모임에 소속된 사람들 외에 다른 사람들을 거부하고 물리치려고 하므로 계파를 형성하고 파벌을 조성하는 것은 이기심의 발로로 근본적으로 분열과 대결을 획책하는 투쟁 지향적일 수밖에 없다. 그러므로 계파나 파벌이 형성된 집단 내에서는 각 계파나 파벌 간 주도권 획득을 위해 끊임없는 세력 대결을 벌인다.

아무리 능력이 있는 사람들도 계파나 파벌에 들어오지 않으려고 하는 사람은 배척 대상이 되므로 온갖 꼬투리를 잡아 흠집 내기를 시도하는 등 무자비한 공격을 일삼는다. 대결과 배척은 희생자를 양산하고, 그 희생을 통해 진성당원을 가려내고 내부 결속을 강화하며 구성원에게 충성 경쟁을 강요한다. 계파와 파벌이 존재하는 집단이나 조직에서는 평등이나 공정, 자유는 기대하기 어렵다. 말로는 공정과 평등, 자유를 외치지만 계파와 파벌은 이러한 가치들과 충돌한다. 그러므로 계파와 파벌을 통해 권력을 획득한 사람들은 공적과 과오가 동시에 늘어날 수밖에 없는 구조적 한계로 말미암아 사회적 논란의 대상이 된다.

계파와 파벌을 경계해야 하는 이유는 그것이 이기주의를 기반으로 하는 점 때문이다. 이기주의는 계파 수장을 비롯한 소수의 사람이 권력을 획득하고 유지하는 데는 도움이 될 수 있을지 모르겠지만, 상호존중과 상호 만족, 공존공영, 자유, 평등, 박애 등 인류가 지향하는 보편적 가치와 충돌을 일으키고 국가 최고의 에너지인 국민 단합을 해치는 등 민주주의 원리에 반한다. 또한 계파와 파벌은 공정한 사회, 살기 좋은 세상을 만드는데 가장 큰 장애물이자 저해 요소이다.

39. 지도자가 가장 경계해야 할 것 왜 이념 대립인가

생각은 마음에 느끼는 의견, 이념(理念)은 한 사회나 개인이 이상으로 여기는 근본적인 사상, 철학에서는 이성으로부터 얻은 모든 경험을 통제하는 최고의 개념이다. 신념(信念)은 굳게 믿는 마음, 관념(觀念)은 어떤 일에 대해 가지는 생각이나 견해(見解), 논쟁(論爭)은 서로 다른 의견을 가진 사람들이 말이나 글로 서로 논하여 다툼 또는 그 논의를 말한다. 인간은 생각하고 사고하는 능력을 타고났으므로 모든 구성원뿐만 아니라 지도자도 관념과 신념을 지닐 수 있다. 집단이나 사회도 이념을 정립할 수 있다. 좋은 이념은 구성원을 단합하게 하는 등 집단이나 사회발전에 도움이 된다.

학문 발전을 위한 학자의 연구와 논쟁, 구성원이 개인적인 차원에서 자신의 이념을 정립하고 논쟁을 하는 것은 있을 수 있다. 그러나 지도자가 국가 이념 외에 개인적으로 편향된 특정한 이념을 갖거나 논쟁의 중심에 서는 것은 피해야 한다. 국가 이념이 존재하더라도 지도자 개인이 갖는 이념은 정치활동 중에 자연스럽게 표출되고, 추종세력에 의해 영향력이 확대되면 국가 이념을 훼손하고 이념 대립을 유발할 수 있기 때문이다. 그러나 이념 논쟁은 특정한 지도자가 세력을 확장하는 한 방법이 될 수 있다. 그러므로 저급한 지도자들은 오히려 분열과 대립을 획책하는 이념 논쟁을 이용하고 그 중심에 서기를 원한다.

이념 논쟁을 이용하고 세력 확대에 이용하여 한때 권력을 획득할 수는 있지만, 스스로 끊임없는 논란과 비판 대상이 되는 등 문제의 중심에 서게 되므로 결코 존경받는 지도자가 될 수는 없다. 관념이 특정화한 정치가 개인이 갖는 이념은 시류에 따라 변화할 수 있다. 이념은 그 가치가 쉽게 변화하지 않는 도리와는 다른 것이다. 지도자가 추구해야 할 것은 이념이 아니라 도리, 정당성, 합리성이다. 모든 집단은 사회화하지만, 보편적 사회 가치와 다른 이념적인 성향이나 목적, 의도를 갖고 진행하는 의식화 교육은 경계하지 않으면 안 된다. 의식화 교육은 이념 논쟁을 이어가는 에너지원으로 작용할 수 있기 때문이다.

세상을 변화시키는 핵심은 생각과 관심이다. 그런데 이념은 생각의 차이에서 비롯된다. 집단이나 사회단체가 설립 초기에 이념을 설정하거나 가치관을 정립하는 이유도 논란을 피하고 그 가치를 지속해서 추구하는 행동을 통해 발전하고자 하는 데 있다. 그런데 이것은 설정된 것이므로 완전한 것이 아니다. 아무리 사회화를 통해 동질성을 확보하려고 노력해도 환경 변화에 따라 집단이나 사회단체 속에 다른 생각을 하는 사람들이 증가하면 이념 논쟁이 일어난다.

이념 논쟁은 때로는 발전에 도움이 되는 측면도 있으므로 항상 나쁜 것은 아니지만, 경계해야 한다. 그 이유는 무엇으로도 사람의 생각을 인위적으로 바꿀 수 없기 때문이다. 생각이 다르면 단합이 안 되고, 단합이 안 되면 그 집단이나 사회 조직은 최고의 역량을 발휘할 수 없다. 역량을 제대로 발휘하지 못하면 발전도 쉽지 않다. 발전하지 않으면 삶의 질 향상이나 인간 존엄성 실현은 물론 행복 추구도 어려워진다. 즉 지도자가 이념 대립을 경계해야 하는 이유는 단합을 해치고 분열의 원인으로 작용하여 국민의 행복을 저해하는 요인으로 작용할 수 있기 때문이다.

40. 선거가 투쟁 대상으로 왜곡되는 이유는 무엇인가

민주주의 국가에서 선거는 국가와 국민을 위해 봉사하고 헌신할 일꾼을 선출하는 기능을 한다. 그러므로 국민의 대표로 선출된 당선자인 정치가는 국가와 국민을 위해 열심히 봉사하고 헌신하면 된다. 선거에서 당선의 본질도 누가 더 국가와 국민을 위해 열심히 봉사하고 헌신할 것인가 하는 점이다. 그런데 이기적인 투쟁과 선동을 일삼는 정치가들에 의해 선거와 정치가 국민 주권 위임 절차에 따라 국민대표를 선출하는 선의의 경쟁이 아니라 투쟁과 쟁취의 대상인처럼 점차 왜곡되고 있다.

1) 당선자는 승리자, 낙선자는 패배자를 의미하는가

선거는 주권 위임 절차 중 하나로 승자도 패자도 없다. 그럼에도 권력을 잘못 인식하는 사람들은 권력을 쟁취하는 것으로 생각하는 경향이 있다. 그러나 권력은 쟁취하는 것이 아니라 위임받는 것이다. 선거를 고려하더라도 쟁취가 아니라 획득하는 것이 분명하다. 일부 정치가 중에는 자신의 당선, 자기 당의 다수의석 확보를 국민의 승리라는 해괴한 말로 포장하곤 한다. 하지만 그런 말을 하는 사람은 모두 선동가나 투쟁가로 위선적이고 이기적인 정치가이다. 쟁취(爭取)는 다투어 빼앗아 가짐, 획득(獲得)은 손에 넣음, 얻음을 뜻한다. 위임(委任)은 일의 처리를 남에게 맡김, 법학에서는 당사자의 한쪽이 상대방에게 사무 처리를 맡기고 상대방이 이를 승낙함으로써 성립하는 계약이다.

선거(選擧)는 많은 사람 가운데서 적당한 사람을 대표로 뽑아냄, 정치학에서는 선거권을 가진 사람이 공직에 임할 사람을 투표로 선출하는 행위를 말한다. 선거는 대표를 선출하는 하나의 절차이다. 선거에서 가장 중요한 것은 누가 당선하느냐 하는 것이 아니라 누가 국민대표가 될 만한 능력을 갖추고 있느냐 하는 것이다. 그러므로 선거과정에서 능력 검증은 대단히 중요하다. 여러 사람이 대표가 되려고 할 때는 자연히 경쟁과 경합이 벌어진다. 경쟁(競爭)은 같은 목적에 관하여 서로 겨루어 다툼, 경합(競合)은 서로 맞서 겨룸, 투쟁(鬪爭)은 상대편을 이기려고 싸움, 사회 운동이나 노동 운동 따위에서 목적을 이루기 위하여 다툼이다.

정치지도자 선출 과정에서는 선의의 경쟁이 이루어져야 한다. 그래야 자질에 대해 검증을 할 수 있다. 그러나 선거를 투쟁으로 생각하는 것은 곤란하다. 선거는 권력을 뺏고 뺏는 과정이 아니라 구성원 다수가 누구에게 주권을 위임할 것인가를 선택하는 과정이다. 내가 지지하지 않은 후보가 당선되더라도 규칙에 따라 당선자는 모든 국민이 지지한 것으로 간주하도록 규정하고 있다. 그러므로 선거는 축제의 장이 되도록 해야 하고 정권 이양은 절차에 따라 엄숙하게 이루어져야 한다. 만약 낙선자와 낙선한 후보자를 지지한 국민이 자신들을 패배자로 생각하고 우리는 당선자를 지지하지 않았으므로 대표성을 인정할 수 없다고 하면서 인정하지 않으려 들면, 국민의 대표성은 물론 지배 정당성을 인정받을 수 없다. 그러므로 선거에서 당선자는 자신은 물론 지지자, 국민의 승리라는 말을 쉽게 사용해서는 안 된다.

주권을 이양하는데 승자와 패자가 어디 있는가? 선거는 주권 위임의 절차 중 하나로 국민이 집단과 사회단체를 위해 열심히 봉사하고 발전적인 방향으로 이끌어갈 사람을 선택하는 일로 승자도 패자도 없다. 누가 당선되든 모든 당선자는 모든 국민의 뜻을 받들어 국가와 국민을 발전적인 방향으로 이끌어가기 위해 노력해야 한다. 이를 위해 다른 후보자를 지지하거나 다른 생각을 하는 구성원들의 여론을 수렴하여 모두가 어떻게 화합하고 협력하게 할 것인가를 생각하고, 그에 적합한 행동을 해야 한다. 당선자는 자신이 국가와 국민을 위해 봉사하고 헌신할 기회를 준 것을 알리고 감사할 수는 있지만, 이것은 짧고 간단한 것이 바람직하다.

중요한 것은 당선이나 취임식이 아니라 실제 국가와 국민을 위해 봉사하고 헌신하는 것으로 보답하는 일이다. 그런데 오늘날 여러 국가에서 당선을 승리로 착각하며 엄청난 비용을 들여 거창한 대통령 취임식을 치르며 위화감을 조성하는 위선자들이 너무 많다.

2) 선거와 정치 왜 혼탁해지는가

혼탁(混濁)은 맑지 아니하고 흐림, 정치나 사회 현상 따위가 어지럽고 흐림을 뜻한다. 선거와 정치가 혼탁해지는 원인은 여러 가지가 있다. 승자 독식 때문이라고 생각하는 사람도 있지만, 승자가 되지 않더라도 정치를 할 수 있다. 그러므로 선거와 정치가 혼탁해지는 가장 대표적인 원인은 후보자나 정치가가 선거와 정치가 국민을 위하는 것이 아니라 자신들을 위한 것으로 착각하고, 실제 자신을 위한 행위를 하는데 선거와 정치를 이용하기 때문이다. 자신들을 위한 행위는 이기적인 탐욕을 실현하고 권력을 누리는 것이다. 그런 저급한 정치가들의 잘못된 행태는 선거철만 되면 정치가가 되기를 희망하는 사람에게 줄을 세운다. 그리고 정치가 후보자 자신도 공천을 받기 위해 정당 지도부에 줄을 대기에 바쁘다.

선거기간 동안 목이 쉬고 발이 붓고 아프도록 뛰어다니며 지지를 호소하고, 허리를 굽혀 인사하고 악수를 청하고, 심지어는 위법 행위인 줄 알면서도 금품을 살포하며 부정선거까지 일삼는 이유도, 모두 자신을 위한 행위라고 생각하기 때문에 할 수 있는 일이다. 물론 유권자인 국민이 잘 분별하여 유능한 사람을 선출할 수 있도록 적절한 홍보와 검증을 위한 소개는 필요하다. 하지만 이것이 지나쳐 국민을 불편하게 하는 단계에 이르게 해서는 곤란하다. 정치가가 정상적으로 당선하는 방법은 평상시에 정치활동을 통하여 국가와 국민을 위해 열심히 봉사하고 헌신하며, 리더십을 발휘해 사회 문제를 해결하고 지역이나 국가 발전을 선도하며, 국민 권익 신장과 인간 존엄성 실현을 위해 노력하는 과정에서 쌓은 공적과 드러난 역량을 선거에서 지지표로 인정받아 당선하는 것이다.

선거기간 동안 반짝 선거운동에 열을 올리는 것이 아니다. 국민은 평상시에는 만나려고 해도 잘 만나주지도 않고 국가와 국민을 위해 봉사와 헌신도 하지 않으면서 선거 때만 되면 일부러 찾아와 인사하고 자신에게 지지표 행사를 부탁하는 등 음흉한 속내를 드러내 보이는 행동을 하는 정치가를 좋아하지 않는다. 선거와 정치가 혼탁해지는 것은 정치가가 자신을 위한 선거를 하기 때문이다.

그 결과 당선을 승리자로 착각하는 당선에 대한 잘못된 인식이 생겨나고 있다. 하지만 당선자는 승리자가 아니다. 국가와 국민을 위해 일할 일꾼으로 선출된 것이다. 국민이 바라는 것은 실제 국가와 국민을 위해 열심히 봉사하고 헌신하는 것이라는 점을 정치가들은 분명히 알아야 한다.

3) 선거 왜 축제의 장이 되어야 하는가

축제(祝祭)는 축하하여 벌이는 큰 규모의 행사, 축하와 제사의 총칭이다. 축하(祝賀)는 경사에 기쁘고 즐겁다는 뜻으로 인사함 또는 그 인사를 뜻한다. 경사(慶事)는 축하할 만한 기쁜 일이다. 대개 경사에는 잔치가 따른다. 잔치는 경사 때에 음식을 차려 놓고 여러 사람을 청하여 먹으며 즐기는 일을 뜻한다. 선거에서 당선되거나 시험에서 합격한 것은 축하의 대상이다. 실제 선거가 끝나면 당선자에게 축하인사를 한다. 그럼에도 선거가 끝나고 결과가 발표되었을 때 잔치를 하지 않는 것은 선거가 당선자 혼자의 경사가 아니라 국민 모두의 경사이기 때문이다. 자칫 잘못하면 낙선자와 그들을 지지한 국민에게 위화감을 조성할 수 있고, 많은 잔치비용이 부정부패 등 비리를 통해 국민에게 전가되는 것을 우려하기 때문에 선거 대책본부를 중심으로 선거운동에 직접 참가한 사람들의 간단한 해산식을 제외한 대외용 잔치를 삼간다. 당연한 일이다.

당선자는 그를 지지한 국민 다수는 물론 다른 후보자를 지지한 국민을 포함한 전체 국민의 대표이다. 그러므로 낙선한 후보자는 국민의 뜻을 겸허하게 받들어 결과에 승복하고 당선자의 당선을 축하하고 국가와 국민을 위해 더 열심히 일함으로써 다음에 당선되기 위한 분발 계기로 삼는 것이 합당하다. 또한 당선자는 자신을 지지한 국민과 다른 후보를 지지한 모든 국민의 대표로 선출된 것에 대해 감사를 표시하고, 축하를 통해 국민의 대표가 되었음을 인정받는다. 그러므로 당선 축하를 받은 당선자는 선거가 끝나면 수락연설이나 당선 소감 발표를 통해 자신이 국민의 대표가 되었다는 것을 모든 국민에게 알리고, 국민은 대표성을 인정하여 수용하고 존중하며 따른다. 이러한 과정을 거쳐 모든 국민이 주권을 위임한 것으로 간주하며 당선자가 정해진 직위에 취임함으로써 직위에 따른 권력이 부여되고 지배 정당성이 성립한다.

훌륭한 정치가, 뛰어난 정치가는 국민의 홍복(洪福)이다. 국민은 언제나 훌륭하고 뛰어난 정치가를 대표로 선출하기 위해 애를 쓰지만, 국민의 기대에 어긋하게 국가와 국민을 위하는 것이 아니라 자신을 위한 정치를 하는 저급한 정치가도 있다. 하지만 국민은 언제나 자신들이 선거를 통해 선출한 정치가가 훌륭하고 뛰어난 정치를 해 줄 것을 기대한다. 국민의 기대와 희망이 담긴 선거는 당선자는 물론 모든 국민의 축제의 장이 되는 것이 마땅하다.

41. 충성이란 무엇인가

충성과 충성심에 대한 잘못된 인식은 계파나 파벌 조성, 우두머리(boss) 정치를 부추기는 대표적인 원인 중 하나다. 충성(忠誠, loyalty)은 참 마음에서 우러나오는 정성,[100] 진정에서 우러나는 정성으로 특히 국가나 임금에게 바치는 지극한 마음, 특정한 인간이나 집단 또는 신념에 자기를 바치고 지조를 굽히지 않는 일,[101] 마음가짐이나 태도이다.[102] 충성심(忠誠心)은 임금이나 국가에 대하여 진정으로 우러나오는 정성스러운 마음을 뜻한다. 충성은 충의(忠義)와 같은 뜻으로 쓰인다.

원래 중세 봉건사회에서 신하가 군주 제후(君主諸侯)에 대하여 갖는 충성과 의무를 뜻하였다. 하지만 근세 절대주의 국가에서는 국왕 한 사람에 집중하도록 요구되고, 근대국가 단계에서는 충성의 대상이 시민사회·국가·정부 등으로 중층화(重層化)되었다. 제국주의 시대에는 충성이 시민사회·국가(제국)·계급·여러 사회 집단으로 분화되기에 이르렀다. 그러나 다른 한편으로 점차 국가에 대한 충성 강화 요청이 높아지고, 이를 충족시키기 위하여 다원화된 충성을 이데올로기(ideology)·정당·계급·지도자에 집중시키는 방법이 취해졌다.

이것은 파시즘[103]·공산주의·자유주의의 여하를 막론하고 공통으로 볼 수 있는 경향이다. 또한 충성이 형성되는 양태(樣態)에는 봉건계약에 의한 경우, 근대 초기 프랑스의 국가주의(nationalism)처럼 국민 사이에 자생적(自生的)으로 형성되는 경우, 군주국가처럼 전통적 의식을 토대로 하여 위로부터 형성되는 경우 등이 있으나, 현대의 대중국가에서는 교육과 선전을 통해서 위로부터 조성(造成)

---

100) 한국고전용어사전.

101) doopedia 두산백과.

102) 이해하기 쉽게 쓴 행정학용어사전.

103) 파시즘(fascism)은 제1차 세계대전 후 무솔리니를 중심으로 하여 일어난 주의이다. 정치적으로는 독재주의를, 경제적으로는 노사 협조주의를, 대외적으로는 민족주의·조국 지상주의를 주장함.

되는 경향이 있다.104) 그러나 오늘날 민주국가에서 공무원에게 요구되는 충성(忠誠)이란 공무원의 행동규범(→행위규범)으로서 국가이념이나 헌법의 자유민주주의 기본질서를 수호하고, 국민 전체의 보편적 이익(공익)에 헌신하는 것을 의미한다.

민주국가에서 공무원에게 요구되고 있는 충성은 특정인이나 특정 정당에 대한 충성이 아니라 민주적 기본이념에 대한 충성이고, 공무원이 정치적으로 중립성과 공정성을 준수하는 충성이며, 국가의 존속과 안전을 수호하는 충성이라는 성격을 가진다. 국가이념이나 공익에 대한 충성은 모든 국민에게 요구되는 것이지만, 특히 공무원에게 강조되는 것은 공무원은 국가발전과 복지사회(→복지국가) 건설의 선봉자이고, 국가안보의 일차적 책임자이며, 국민의 수임자이기 때문이다.105) 국민에게 요구되는 충성도 국가와 전체 국민을 위해 스스로 우러나와 자발적으로 헌신하는 지극한 마음이다.

충성에 대해 잘못된 생각을 하는 정치가들은 여전히 충성을 권력을 가진 자신에게 바치는 것으로 생각한다. 하지만 이것은 잘못된 것이다. 만약 일반 국민이나 공무원이 국가 최고 지도자인 대통령에게 충성한다면, 그것은 국가발전과 전체 국민을 위해 올바른 정치를 하는 데 도움이 되기 위함이다. 개인이 특정한 개인을 존경하거나 어려울 때 신세 진 사람들이, 그것을 베푼 사람에게 충복(忠僕) 노릇을 하는 등 충성을 할 수는 있다. 하지만 강요하는 충성은 충성이 아니다. 오늘날 충성을 강요하는 정치가들은 인사를 통해 직위를 부여하고 그 대가로 충성을 강요하는 경향이 있다. 그러나 직위를 주고 부하로 삼아 권력자인 자신을 위해 일하게 하며 모

104) doopedia 두산백과.
105) 이해하기 쉽게 쓴 행정학용어사전.

든 것을 바치라고 요구하는 것은 강요에 불과하다. 충성은 강요로
될 수 있는 것이 아니다. 그런데도 어느 나라 할 것 없이 충성이
무엇인지 제대로 알지도 못하면서 충성 놀음을 하는 정치가들이
적지 않다.

42. 공과 사, 왜 구분해야 하는가

정치가를 비롯한 공직자에게 있어 공(公)과 사(私)의 구별은 업무
를 하는 기본자세이다. 공(公)은 여러 사람에게 관계되는 국가나 사
회의 일, 반대말은 사(私)이다. 사(私)는 사사로움, '사사롭다'는 '공
적이 아니고 개인적인 관계의 성질을 띠고 있다'는 뜻이다. 사회생
활을 하면서 많이 듣는 말 중 하나가 '공과 사를 구분하라'는 것이
다. 이 말은 흔히 '자신이 상대방에 관한 호의를 가지고 있어도 공
적인 일에 편익(plus)을 제공해서는 안 된다'라는 의미로 사용된다.
하지만 한비자(韓非子)는 오히려 정반대의 사례도 있음을 말한다.
아무리 미운 사람이라도 능력이 있다면 기꺼이 쓰라는 이야기다.

'해호(解狐)'라는 자가 있었다. 그는 군주로부터 재상에 합당한 인
물을 추천해달라는 부탁을 받았다. 고심 끝에 선택한 사람은 '간주
(簡主)'였다. 해호와 간주는 오래전부터 원수 사이였다. 간주는 해
호가 자신을 군주에게 추천했다는 이야기를 듣고 원수지간이 끝난
것으로 생각하고 감사의 인사를 하러 갔다. 그런데 간주의 모습을
본 해호는 방으로 들어가 활과 화살을 들고 나와 쏘려고 했다. 자
신을 재상으로 추천해놓고 왜 인사를 하러 온 자신을 해치려는지

이유를 알 수 없었다.

해호가 이렇게 말했다. "내가 자네를 재상에 추천한 일은 공적인 일일세. 나는 그대가 그 일을 감당할 수 있다고 생각했기 때문에 추천했을 뿐이네. 하지만 사적으로 자네는 아직 나의 원수일세." 상대가 밉다고 하더라도 그 이유만으로 그 능력까지 배제하지 않는 것은 '공과 사의 구분'에 대한 또 하나의 교훈을 준다. 이러한 공정한 자세를 가질 때 자신에게도 이롭다. 능력 있는 부하와 동료를 오로지 '밉다'는 이유만으로 함께 일하지 않는다면 그것은 자신의 손해일 뿐이다.[106]

공직자인 정치가는 공무를 수행하는 사람이다. 그러므로 국가와 국민을 위해 일하는 것이 당연하다. 그럼에도 우리가 직무를 수행할 때 공과 사를 구분해야 함을 강조하는 이유는 공직자도 사람이므로 공적인 일을 보는 도중에 사적인 일을 보아야 할 일도 생기기 때문이다. 공적인 일과 사적인 일을 잘 구분하여 처리하면 별문제가 되지 않지만, 양자가 섞여 진행될 때 나타나는 비효율과 잘못은 자칫하면 자신을 망치는 원인으로 작용할 수 있다. 그러므로 공직자는 공적인 업무를 수행할 때는 사적인 일을 하지 않도록 해야 한다. 그것이 자신을 위한 일이고 국가와 국민을 위한 길이기 때문이다.

43. 정치가 국민 스스로 자각하게 하는 것 왜 중요한가

사람이 세상을 살아가고 일을 하는 데 있어 가장 바람직한 방법

---

106) 포커스신문 2012. 4. 1.

은 자력에 의존하는 자율적인 삶이다. 자력(自力)은 자기 혼자의 힘, 자율(自律)은 스스로 자기의 행동을 규제함을 뜻한다. 자기 혼자 힘으로 살아갈 수 있는 능력을 갖춘 사람은 세상 어디에서든 삶을 영위할 수 있다. 그리고 스스로 자기 행동을 규제할 수 있으면, 타인의 명령이나 지시를 받지 않아도 된다. 수많은 사람이 모여 사는 사회 속에서 자력을 갖추었다고 모두 자율적으로 살 수 있는 것은 아니지만, 기본적으로 자력을 갖추고 자율적인 삶을 영위할 수 있는 체계를 갖춘 사람과 그렇지 않은 사람의 삶은 차이가 난다.

일은 다른 사람이 시켜서 하는 것보다는 자신이 알아서 하는 것이 지도자와 관리자, 자신 모두를 위해 바람직하다. 스스로 알아서 하면 간섭은 줄어들기 마련이다. 스스로 원하고 즐기면서 할 수 있으므로 효율도 높아진다. 삶도 마찬가지이다. 그런데 구성원인 국민이 자력을 갖고 자율적으로 일하게 하는 방법이 있다. 그것은 정치가가 각각의 개인인 국민을 자각하게 하는 것이다. 이 일은 정치가라고 모두 할 수 있는 것은 아니지만, 그렇다고 몹시 어려운 일도 아니다. 인류 역사상 뛰어난 정치가들은 모두 국민을 자각하게 하여 스스로 협력하고 단합하게 했다.

지도자가 국민을 자각하게 하는 것은 대개 장황한 연설보다는 우리가 명언이라고 하는 몇 마디가 더 효과적이다. 그리고 그것으로 충분하다. 전쟁의 폐허 위에 서 있던 가난한 국가에서 경제 개발을 주도하여 오늘날 대한민국이 세계를 선도할 수 있는 국가가 되는 초석을 만든 박정희 대통령은 국민에게 '하면 된다', '중단 없는 전진'이라는 말로 한국인들이 자신의 저력을 체험하고 도전하도록 자각(自覺)하게 했다. 자각(自覺)은 자기 결점이나 지위·책임이 무엇인가를 스스로 깨달음, 스스로 앎이다. 분발(奮發)은 마음과 힘을 다하여 떨쳐 일어남을 뜻한다. 사람은 누구나 자기 처지를 자각하면 분발한다. 자각하여 분발한 국민은 자력을 가지려고 노력하고 자율적인 삶을 살므로 정치가의 가장 중요한 역할 중에 국민 각자가 스스로 자각하게 하는 일이 포함된다.

44. 정치가에게 통합력 왜 중요한가

단합의 중요성을 강조하는 말을 찾아 거슬러 올라가면 절전이라는 말이 나온다. 절전(折箭)은 화살을 부러뜨린다는 말로, 힘을 한군데로 합하여 서로 협력하는 것을 비유한다. 5세기경 중국 남북조시대(南北朝時代)의 북사(北史) 토욕혼(吐谷渾) 왕 아시에게는 20명의 아들이 있었다. 아시는 어느 날 아들들을 모아 놓고 화살 하나씩을 손에 쥐고 부러뜨리도록 했다. 물론 쉽게 부러뜨렸다. 아시는 이번에는 화살을 모두 모아 한 번에 부러뜨리도록 했다. 아들 누구도 성공하지 못했다. 힘을 합치면 어려운 일도 해낼 수 있지만, 혼자서는 힘이 든다는 고사성어 '절전(折箭)'은 여기에서 나왔다.[107]

단합(團合)은 많은 사람이 한데 뭉침, 단결(團結)을 뜻한다. 단합하면 큰 힘이 생긴다. 협력(協力)은 힘을 모아 서로 도움이다. 통합(統合)은 모두 합쳐 하나로 모음, 통합력(統合力)은 관계 지어 하나로 모으는 힘이다. 지도자는 온 국민이 협력하고 단합하도록 통합력을 발휘해야 한다. 예로부터 '단생산사(團生散死: 단합하면 살고 흩어지면 죽는다)'[108]나 '뭉치지 않으면 죽는다'[109]라는 말을 강조

---

107) 중도일보 2012. 2. 21.

해온 이유도 경험적으로 볼 때, 그것이 인간 삶에 반드시 필요한 것이라는 점을 절감(切感)했기 때문이다. 국가와 지도자의 가장 중요한 책무 중 하나가 국민을 단결시키고, 그 단결된 힘으로 국가를 발전시켜 국민의 복리를 증진하고 권익을 신장하여[110] 삶의 질을 향상하고 인간 존엄성을 실현하는 것이다.

손자병법에 따르면 "국민 각자의 마음이 하나의 신념으로 모이게 하는 것은 결코 강요나 위장된 방법으로 되는 것이 아니다. 또 한때의 방편에서 나오는 급조된 선정이나, 임시로 꾸며낸 교묘한 선전이나 조작된 여론으로 이루어지는 것도 아니다. 백성 한 사람 한 사람은 어리석은 것 같지만, 국민의 힘은 언제나 위대한 것이다. 이 현명한 국민의 마음이 지도자의 마음과 하나가 되고, 이 위대한 국민의 힘이 지도자를 중심으로 모이게 하려면 정치가 오랜 시간을 두고 만인의 공감을 받는 정당한 것이라야 한다"라고 했다. 맹자도 "천시가 지리만 못하고 지리가 인화만 못 하다(天時不如地利 地利不如人和)"라고 하여 인화의 중요성을 말하였다. 뭉치면 살고 흩어지면 죽는다는 말은 모든 사회와 단체에 통용되는 진리이다.[111] 정치가가 한 번쯤 보아두어야 할 고사성어를 정리하면 [표 2-1]과 같다.

---

108) 네이버 국어사전.

109) 벤저민 프랭클린이 만든 '뭉치지 않으면 죽는다'라는 문구는 식민주 주민들의 대영제국을 상대로 한 투쟁에서의 통합의 중요성을 설파하기 위해 만들어졌다. '뭉치지 않으면 죽는다(Join, or Die)'는 미국 건국의 아버지이자 계몽주의 사상가인 벤저민 프랭클린이 만든 유명한 정치 시사 풍자만화(cartoon: 주로 정치적·사회적 문제를 다룬 한 장면짜리임). 시사 풍자만화 중 하나로 1754년 5월 9일 프랭클린이 직접 운영했던 펜실베이니아 '가제트'에 처음 실렸다. 이 시사 풍자만화는 미국 독립전쟁 중 식민지 주민의 자유를 향한 상징이 되었다.

110) 이진호(2011), "부정부패 원인과 대책", 한국학술정보, p.171.

111) 손무 저, 남면성 역(1982), "손자병법", 현암사, pp.19~21.

[표 2-1] 정치가가 한 번쯤 보아두어야 할 고사성어

고사성어	뜻
가정맹어호 苛政猛於虎	가혹한 정치는 호랑이보다 무섭다는 뜻으로, 혹독한 정치의 폐가 큼을 이르는 말. 〈예기〉의 단궁편(檀弓篇)에 나오는 말이다.
각자위정 各自爲政	사람이 저마다 자기 멋대로 행동한다는 말로, 전체와 조화나 타인과 협력을 고려하지 않으면 그 결과가 뻔하다는 뜻.
각주구검 刻舟求劍	융통성 없이 현실에 맞지 않는 낡은 생각을 고집하는 어리석음을 이르는 말. 어리석은 사람이 시대의 변천을 모르고 낡은 관념에 사로잡혀 융통성이 없고 세상 물정에 어둡다는 말.
간장막야 干將莫耶	중국 춘추시대 두 자루의 명검. 간장은 오나라의 장인(匠人)이고 막야는 그의 아내인데 이들이 협력해서 오나라 왕 합려(闔閭)를 위하여 음양(陰陽)의 두 칼을 만들었다고 한다. '명검'(名劍)을 비유적으로 이르는 말. 명검도 사람의 손길이 가야 비로소 빛나듯이 사람의 성품도 원래는 악하므로 노력을 기울여야 선하여질 수 있다는 의미.
갈택이어 竭澤而魚	연못의 물을 말려 고기를 잡는다는 뜻으로, 일시적인 욕심 때문에 먼 장래를 생각하지 않음.
감당애 甘棠愛	감당나무를 사랑함. 정치를 잘한 자를 흠모하여 간절한 정을 나타냈으며, 감당지애라고도 한다.
강랑재진 江郞才盡	강랑의 재주가 다했다는 말로, 학문(學文)이 두각을 나타낸 후(後) 퇴보하는 것을 뜻함.
개과천선 改過遷善	지난날의 잘못이나 허물을 고쳐 올바르고 착해지는 것을 이름.
개관사정 蓋棺事定	시체를 관에 넣고 뚜껑을 덮은 후에야 일을 결정할 수 있다는 뜻으로, 사람이 죽은 후에야 비로소 그 사람에 대한 평가가 제대로 됨을 이르는 말.
개권유익 開卷有益	책을 펴서 읽으면 반드시 이로움이 있다는 뜻으로, 독서(讀書)를 권장(勸獎)하는 말. 개권(開卷)은 책을 펴서 읽는 것을 말함.
전거후공 前倨後恭	'처음에는 거만하다가 나중에는 공손하다'라는 뜻으로, 상대의 입지(立地)에 따라 태도(態度)가 변하는 것을 이르는 말.
전차복철 前車覆轍	앞 수레가 엎어진 바퀴 자국이란 뜻. 곧 앞사람의 실패를 거울삼아 주의하라는 교훈.
전화위복 轉禍爲福	화가 바뀌어 오히려 복이 된다는 뜻.
절전 折箭	화살을 부러뜨린다는 뜻으로, 서로의 힘을 한군데로 합하여 협력하는 것을 비유하는 말. 〈북사(北史)〉 토욕혼전(吐谷渾傳)에 전한다. 남북조시대(南北朝時代)의 이야기이다. 북위(北魏) 토욕혼의 왕 아시(阿豺)에게는 아들이 20명이 있었다. 그 중 맏이를 위대(緯代)라 하였다. 하루는 아시가 아들들을 모아 놓고 이렇게 말하였다. "너희는 각기 화살 하나씩을 손에 쥐고 부러뜨려 보아라." 아들들은 모두 쉽게 부러뜨렸다. 아시는 또 이렇게 말하였다. "이번에는 화살 열아홉 개를 쥐고 한 번에 부러뜨려 보아라." 이번에는 모두 성공하지 못했다. 젖먹던 힘까지 다해 보았지만, 이루지 못하였다. 이때 아시가 말하였다. "알겠느냐? 화살 하나는 쉽게 부러졌다. 그러나 많은 것은 그렇지 않았다. 나라도 이와 같다. 각기 혼자서 행동하면 분열되지만, 모두가 하나로 의지를 모으면 견고해지는 것이다." 여럿의 힘을 합하면 강해짐은 비록 고사를 통해서가 아니더라도 알 수 있다. 평범 속에 진리가 있음을 알게 해 주는 이야기이다.
정중지와 井中之蛙	우물 안 개구리라는 뜻으로, 식견이 좁아 세상(世上) 물정(物情)을 너무 모름을 비유.

출처: 네이버 국어사전·네이버 한자사전·doopedia 두산백과.

45. 정치와 법, 왜 그 시대의 산물일 수밖에 없는가

환경(環境)은 생물에게 직접 또는 간접으로 영향을 주는 자연적 조건이나 사회적 상황, 생활하는 주위의 상태이다. 상황(狀況)은 일이 되어 가는 형편이나 모양, 여건(與件)은 주어진 조건, 형편(形便)은 일이 되어 가는 모양·경로·결과를 뜻한다. 일을 제대로 하려면 형편을 살펴보고 상황이 유리한지 불리한지, 좋은지 나쁜지, 환경적인 변수는 무엇인지 등을 고려하여 진행 상황을 파악하고 돌출하는 문제와 한계에 적절하게 대응해야 좋은 결과를 창출할 수 있다. 사람이 세상을 살아가는 과정에는 항상 환경, 상황, 여건, 형편 등이 변수로 작용한다.

같은 일을 해도 환경, 상황, 여건, 형편 등이 좋으면 쉽게 좋은 결과를 얻을 수 있지만, 이것이 좋지 않으면 아무리 일을 잘하려고 열심히 노력해도 좋은 결과를 볼 수 없는 때도 있다. 그러므로 아무래도 환경, 상황, 여건, 형편 등이 좋으면 도움이 된다. 그런데 환경, 상황, 여건, 형편은 고정된 것이 아니라 끊임없이 변화한다. 어제와 오늘, 내일의 환경, 상황, 여건, 형편은 모두 각각 다르다. 그 결과 어제 좋은 것이 오늘이나 내일 좋을 것이라는 보장도 없으며, 오늘 좋은 것 또한 내일 좋을 것이라는 보장도 없다. 같은 것을 보더라도 환경, 상황, 여건, 형편이 다르면 달리 보일 수 있는데다 형성된 모든 것이 세월의 흐름에 따라 쇠퇴하여 가치가 떨어져 나타나는 현상일 수도 있다. 그러므로 과거의 일을 오늘의 기준으로 평가하는 것은 지극히 신중을 기해야 한다.

인간은 항상 현재에 충실하며 온 힘을 다한다. 하지만 인간은 불완전한 존재이기 때문에 일을 하는 순간에는 좋은 것을 만들고 완벽을 기하기 위해 열정을 투입해 열심히 하더라도 지나고 나서 보면 무엇인가 문제가 있고 어색하고 어설프게 보이기 마련이다. 정치와 법이 그 시대의 산물일 수밖에 없는 이유도 당시의 환경, 상황, 여건, 형편이 작용하기 때문이다. 그러므로 정치를 아무리 잘하려고 하고 좋은 법을 만들려고 해도 환경, 상황, 여건, 형편에 따라 좋은 정치를 하고 좋은 법을 만들 수도 있고, 그렇지 않을 수도 있다.

우리가 여기서 관심을 둬야 할 것은 환경, 상황, 여건, 형편이 아니라 인간의 의지와 실천, 노력이다. 정치를 하고 법을 만드는데 환경, 상황, 여건, 형편이 영향을 미치는 것은 어쩔 수 없다고 하더라도 노력을 게을리 하고 아는 것을 제대로 실천하지 않고 의지가 약해, 좋은 정치를 못하고 좋은 법을 만들지 못하는 일은 없도록 온 힘을 다해야 한다는 점이다.

46. 정치 하위문화 일반화되면 어떤 현상이 생기는가

문화(文化)는 인지가 깨고 세상이 열리어 밝게 되는 일, 인간 사회가 자연 상태에서 벗어나 일정한 목적 또는 생활 이상을 실현하려는 활동의 과정 및 그 과정에서 이룩해 낸 물질적・정신적 소득의 총칭이다. 특히, 학문・예술・종교・도덕 등의 정신적 소득을 가리킨다. 하위문화(下位文化)는 사회의 지배적 문화에 대하여, 어떤 특정한 집단만이 가지는 문화적 가치나 행동 양식으로 대중문화, 여성 문화 등을 말한다.

정치에도 하위문화가 있다. 여기에서 말하는 정치 하위문화는 천박 (淺薄)하고 몰지각한 저질 정치가들 사이에 통용되는 저급(低級)한 정치문화를 말한다. 정치 하위문화의 구체적인 내용에는 여러 가지가 있다. 계파 정치, 선동과 투쟁 정치, 밀실 담합 정치, 접대와 뇌물 정치, 대중 인기영합 정치, 지역감정과 지역주의 조장, 원칙과 기준을 무시하고 자기 사람 심기, 학연·지연·혈연에 기반을 둔 정실인사, 득표를 위한 실천할 수 없는 공약 남발, 정치와 경제 유착, 금품 살포 등 부정 선거, 부정부패, 불합리한 공천, 국회의원을 정당의 전위대로 활용하는 것, 비난과 비판 남발, 아니면 말고 하는 방식의 의혹 제기, 공천 줄 세우기, 상대방 말꼬리 물고 늘어지기, 억지 부리기, 민주주의 원리를 존중하지 않는 것, 다수만 믿고 대화와 타협을 하지 않는 것, 몸싸움과 폭력 행사, 집회와 시위 의존 정치, 무책임, 권모술수, 네거티브(negative) 전략 의존, 기만, 은폐, 여론 조작, 전과기록이 있거나 법을 어긴 사실이 있는데도 처벌을 받지 않은 사람을 공천하고 고위공무원으로 임명하는 일, 폭언과 막말, 정치가 자신을 위한 개혁과 쇄신, 지구당을 통한 청중 동원 등을 들 수 있다.

그 사회의 수준을 평가할 때 문화는 중요한 척도(尺度)가 된다. 대개 좋은 사회는 좋은 문화가 발달해 있고, 저급한 사회는 하위문화가 확산하여 있다. 경제와 문화가 앞선 나라를 선진국(先進國)이라고 한다. '앞서다'는 '먼저 나아가다. 앞에 나서다. 남보다 뛰어나거나 높은 수준에 있다'는 뜻이다. 그러므로 선진 정치를 하기 위해서는 남보다 뛰어나거나 높은 수준의 좋은 정치문화를 개발하고 정착해 가지고 있어야 한다. 그럼 정치 하위문화가 일반화되면 어떤 현상이 생기는가? 정치가에 대한 불신이 커져 국민이 정치를 혐오하게 된다.

국민의 지나친 정치 혐오가 선거 불참 등 정치가의 잘못 방치로 이어지면 국가 발전을 저해하고 국민의 삶을 더욱 고단하게 한다. 또한 사회에 대립과 갈등이 확산하여 혼란 속으로 몰아넣을 수 있다. 이런 일이 생기지 않도록 하기 위해서는 반드시 좋은 정치문화를 만드는 선도적인 역할을 하는 사람이 있어야 하고, 정치가와 국민도 합심하여 좋은 정치문화를 만들기 위해 노력해야 한다. 좋은 정치는 누가 만들어 주는 것이 아니라 자신이 만드는 것이다.

47. 어떻게 하는 것이 올바른 개혁과 쇄신 방법인가

개혁(改革)은 새롭게 뜯어고침, 합법적 절차를 밟아 정치상·사회상의 묵은 체제를 고쳐 새 체제로 바꿈이다. 혁신(革新)은 묵은 조직을 바꿔 새롭게 함, 구습을 버리고 새롭게 함을 뜻한다. 개혁과 혁신의 대상은 주로 구시대의 잘못된 제도이다. 쇄신(刷新)은 나쁜 폐단이나 묵은 것을 없애고 새롭게 함을 뜻한다. 좋지 않은 분위기나 공직 사회의 기강이 주로 쇄신 대상이다. 정치가들이 잘못된 것을 바로잡으려고 할 때 주로 사용하는 말이 개혁과 쇄신이다. 인적 쇄신까지 운운하는 때도 있다. 인적 쇄신은 의식 개혁으로는 한계가 있으므로 문제가 있거나 문제를 일으키는 정치가를 내보내고 새롭고 유능한 정치가로 대체해야 한다는 것을 강조하기 위한 표현이다.

어떻게 보면 개혁과 쇄신이 참 좋을 것 같다. 그러나 실제 정치가들이 개혁과 쇄신하는 것을 보면, 지지세력 확대를 통해 자신의 입지를 강화하거나 권력 획득에 도움이 되는 용도로 사용하는 것을 볼 수 있다. 왜 이런 현상이 생길까? 그 이유는 개혁과 쇄신의 목적은 물론 방법을 모르고 정략적으로 이용하기 때문이다. 그럼 정치가가 추진하는 개혁과 쇄신의 목적은 무엇이 되어야 하는가? 그것은 국가와 국민을 위한 정치를 하는 데 도움이 되도록 전반적인 체제를 정비하는 것이다. 이를 위해 관리를 강화하고 법률과 정책, 제도를 정비할 필요가 있다. 이 속에는 문제를 일으키는 공무원과 정치인을 정리하는 일도 포함된다. 개혁과 쇄신의 방법은 무엇인가? 그것은 정치와 리더십의 의미를 올바로 이해하는 것에서 시작하여 정치가의 역할을 충실하게 수행하는 것이다. 이러한 연장선에서 국가와 국민을 위해 개혁과 쇄신을 추진하면 올바른 개혁과 쇄신이 된다.

정책과 제도, 사람을 왜 바꾸어야 하는지 그 목적과 이유도 제대로 모르고 국가와 국민을 위한 것이 아닌 정치가 자신들을 위해 개혁과 혁신을 하므로 문제를 해결한다면서 시작한 개혁과 쇄신이 겉돌고 저항과 반발이 생긴다. 때로는 문제를 해결하는 것이 아니라 오히려 새로운 문제를 유발하여 더 꼬이게 하는 것이다. 개혁과 쇄신에서 중요한 것은 명분에 맞게 실제로 국가와 국민을 위한 정치에 도움이 되도록 해야 성공할 수 있다. 하지만 개혁은 일회성으로 성공할 수 있는 것이 아니다. 국민이 실행하고 삶에 도움이 되도록 관리를 통하여 돌출하는 문제를 해결하는 등 지속적인 노력과 실천을 통해 생활에 정착시켜야 한다.

48. 공적과 과오는 무엇인가

　공적(功績)은 공로의 실적, 애쓴 보람이다. 공로(功勞)는 어떤 일에 애쓰고 이바지한 공적, 준말은 공(功)이다. 실적(實績)은 실제의 업적·공적, 과오(過誤)는 잘못, 과실(過失)이다. 잘못은 잘하지 못한 일, 잘되지 않은 일을 뜻한다. 과실(過失)은 잘못이나 허물, 법에서는 어떤 결과의 발생을 부주의로 미리 내다보지 못한 일이다. 정치가들이 제대로 구분하지 못하는 것 중 한 가지가 공적과 과오이다. 공적을 잘못 생각하는 정치가들은 일회성 국제회의 유치 결정이나 개최, 새로운 정책과 제도의 도입과 변경, 수출입 교역량 증가, 무역수지 개선, 청사 신축 등 누가 대통령이 되던 할 수 있는 일, 예산이 투입되어 수행되는 일반적인 관리에 속하는 일, 공무원이 수행한 일, 국민이 한 일을 자기 공적이라고 생각하고 나열하는 경향이 있다. 하지만 이 중에는 공적에 포함되는 것도 있지만, 공적에 포함되지 않는 것이 더 많다.

　공적에는 예산이 투입되고 일반적인 관리에 속하는 일들은 포함되지 않는다. 그러나 국가 발전, 국민의 권익 신장과 복리 증진, 삶의 질 향상, 인간 존엄성 실현 등에 현저한 영향을 미친 내용은 모두 공적으로 볼 수 있다. 즉 공적이란 구체적인 계획을 제시하고 발전을 이룩한 것, 누구나 쉽게 할 수 없는 일을 행하여 발전을 시킨 것이 해당한다. 가령 무역수지가 개선되었다고 하더라도 구체적인 정책을 제시하여 효과가 나타난 것은 공적에 들어갈 수 있지만, 그렇지 않은 것은 일을 한 것이지 공적이 아니다.

　국민이 한 것과 공무원이 한 것, 이전 정부에서 계획된 것을 이

행하거나 추가하는 것은 정치가 개인의 공적이 아니다. 그리고 다른 국민의 세금 부담으로 전가하는 복지 향상은 공적이 아니지만, 발전을 통한 여력으로 복지를 향상하는 것은 공적에 포함된다. 일회성 국제회의 개최, 국제대회와 행사 유치, 청사 신축 같은 일들은 공적이 아니다. 건국, 정책적으로 이루어진 경제개발 계획에 따른 산업단지 건설과 첨단과학기술 개발은 공적이 될 수 있지만, 예산이 대규모로 투입되는 신도시 건설이나 지역균형 발전 같은 일들은 공적으로 보기 어렵다.

새로운 정책과 제도 도입은 시간이 지나면서 뚜렷한 문제가 드러나 보완을 해야 하는 것은 미리 내다보지 못한 과실이 있으므로 공적이 아니다. 경우에 따라서는 과오가 될 수도 있다. 그러므로 정치가들이 내세울 수 있는 자기 공적이라고 할 만한 것은 생각보다 많지 않다. 자신은 온갖 공적을 나열하지만, 그 세부적인 내용을 살펴보면 누구나 할 수 있는 일, 국민이 부담한 의무가 바탕이 되어 행한 일, 국민이 행한 일, 공무원이 행한 일이 대부분이다. 잘하지 못한 일이나 잘되지 못한 일은 과오에 해당하지만 천재지변, 우발적인 사건이나 사고는 과오가 아니다.

오늘날 정치가 중에는 자기 공적이 아닌데도 공적에 포함하고 과오를 축소하기 위해 숨기기에 급급한 사람들이 너무 많다. 하지만 이것은 욕심이다. 공적을 부풀린다고 공적이 늘어나고, 과오를 축소하고 숨긴다고 과오가 줄어드는 것도 아니다. 사람이 살다 간 곳에는 흔적이 남는다. 비판과 비난, 손가락질을 받는 것이 싫고, 존경받고 추앙받는 정치가가 되고 싶으면 공적을 쌓는 일에 열성을 다하면 된다.

49. 정치지도자에게 덕은 왜 중요한가

　발전을 지향하는 모든 집단이나 사회 조직은 성과 창출을 지나치게 강조하는 경향이 있다. 실제 정치지도자가 되기 위해서는 성과를 창출하는 능력을 내보이지 않으면 안 된다. 그러면 성과를 창출하고 발전하는 것이 항상 좋은 것이고, 이것이 삶의 질을 향상하고 인간 존엄성 실현에도 도움이 되고 사람을 행복하게 해주는가? 그것은 아니다. 성과를 창출하고 발전하기 위해서는 구성원들이 더 많이 더 열심 일해야 한다. 그렇게 하면 강한 심리적 부담이나 압박에서 벗어나기 어렵다. 발전하는 것은 좋지만, 한계가 있다. 그러므로 구성원을 옥죄며 강압하기보다는 자발적이고 자율적으로 움직이게 하고 순리대로 돌아가는 가운데 행복한 삶을 하도록 하는 것이 필요하다. 정치지도자에게 덕이 중요한 이유도 국민이 자발적으로 움직이고 세상이 순리대로 돌아가게 하는 것과 연관이 있기 때문이다.

1) 덕이란 무엇인가

　정치지도자는 국민이 도리를 실행하는 삶을 살도록 이끌어가야 하는 사람이므로 덕치를 해야 한다. 덕(德)은 마음이 바르고 인도(人道)에 합당한 일, 도덕적·윤리적 이상을 실현해 나가는 인격적 능력, 공정하고 남을 넓게 이해하고 받아들이는 마음이나 행동이다. 그럼 사람이 갖추어야 할 덕은 무엇인가? 오덕이다. 오덕(五德)은

유학에서 이르는 다섯 가지 덕(德)으로 온화·양순·공손·검소·
겸양을 이르거나, 총명예지(聰明叡智)·관유온유(寬裕溫柔)·발강강의
(發强剛毅)·제장중정(齊莊中正)·문리밀찰(文理密察)을 말한다. 병가
(兵家)에서는 무사가 지켜야 할 다섯 가지 덕으로 지(智), 인(仁), 용
(勇), 신(信), 엄(嚴)을 이른다.[112]

온화(穩話)는 화기(和氣)를 느낄 수 있도록 부드럽게 이야기함
또는 그런 말, 양순(良順)은 어질고 순함, 공손(恭遜)은 말이나 행
동이 겸손하고 예의 바름, 검소(儉素)는 사치하지 않고 꾸밈없이
수수함, 겸양(謙讓)은 겸손한 태도로 남에게 양보하거나 사양함을
뜻한다. 총명예지(聰明叡智)는 총명하고 지혜가 뛰어나다는 뜻으로,
주로 임금이 슬기로움을 칭송하여 이르는 말, 관유온유(寬裕溫柔)
는 너그럽고 온유함, 발강강의(發强剛毅)는 강직한 태도로 굳세게
버팀, 제장중정(齊莊中正)은 엄숙하고 올바름, 문리밀찰(文理密察)
은 이치에 밝고 세밀하게 관찰함이다.

지(智)는 사물의 이치를 밝히고 그것을 올바르게 판별하고 처리
하는 능력, 인(仁)은 남을 사랑하고 어질게 행동하는 일, 철학에서
는 공자가 주장한 유교의 도덕 또는 정치 이념, 윤리적인 모든 덕
(德)의 기초로 이것을 확산시켜 실천하면 이상적인 상태에 도달할
수 있다고 하였다. 용(勇)은 용기(勇氣)와 같은 말로 씩씩하고 굳센
기운, 신(信)은 믿음이 있고 성실함, 엄(嚴)은 규율이나 규칙을 적용
하거나 예절을 가르치는 것이 매우 철저하고 바름, 어떤 일이나 행
동이 잘못되지 아니하도록 주의가 철저함을 뜻한다. 오덕의 내용
속에 포함된 것만 알고 실천해도 좋은 정치가가 될 수 있다.

---

112) 네이버 국어사전.

2) 이상적인 정치 모형 덕치

덕치(德治)는 덕으로 다스림 또는 그런 정치, 덕치주의(德治主義)
는 덕망이 있는 사람이 도덕적으로 어두운 사람을 지도·교화하는
것을 정치의 요체로 삼는 사상이다. 법치(法治)는 법률에 따라 나
라를 다스림 또는 그런 정치, 법치주의(法治主義)는 사람의 본성을
악하다고 생각하여 덕치주의를 배격하고 법률로써 백성을 다스려
야 한다는 사상을 말한다. 민주주의(民主主義)는 국민이 권력을 가
지고 그 권력을 스스로 행사하는 제도 또는 그런 정치를 지향하는
사상이다. 기본적 인권, 자유권, 평등권, 다수결의 원리, 법치주의
등을 그 기본 원리로 한다. 민주주의 원리는 법치주의에 바탕을 두
지만, 법률로서 강제하고 억압하는 것만으로는 국가와 국민을 위하
고 국민이 만족하는 올바른 정치를 하기는 어렵다. 국가와 국민을
위한 올바른 정치를 하는 정치가는 우선은 힘들고 어렵더라도 덕
치와 덕치주의를 추구해야 한다. 그래야 국민이 자발적으로 움직이
고 세상이 순리적으로 돌아간다.

50. 정치적 해결이란 무엇인가

민주주의는 다수결의 원리에 따라 의사결정을 하면서 소수의 의
견도 존중해야 하므로 대화와 타협, 양보는 필수적이다. 그리고 그
렇게 하면 여러 가지 문제가 해결된다. 일반적인 정치적 해결은 정
상적인 정치활동 과정에서 사회 현안에 대해 국가와 국민을 위해

대화와 타협, 양보를 통하여 문제를 해결하는 것을 말한다. 일각에서는 정치적 해결을 정치적 타협이라는 말로 대신 사용하기도 하지만, 그것은 큰 의미가 없다. 그런데도 현실 정치에서 필요 이상으로 정치적 타협이나 정치적 해결이라는 용어를 많이 사용한다. 거기에는 이유가 있다.

그럼 왜 정치가들은 굳이 정치적 타협과 정치적 해결이라는 말을 사용하는가? 그것은 문제 해결의 판단 기준과 관점이 국가와 국민의 이해(利害)가 아니라 정당 지도부를 구성하는 특정 정치가와 그들이 만든 계파 그리고 정당의 이해(利害)가 중심이 되기 때문이다. 국가와 국민의 이해보다 정치가와 정당의 이해를 먼저 고려할 때의 정치적 해결은 정치가 자신들을 위한 것이다. 굳이 국민 앞에 내보일 필요가 없다. 개인적으로 처리하면 된다. 그런데도 논란이 되는 사회문제를 해결할 때는 무슨 거창한 일을 하듯이 정치적 타협과 정치적 해결을 강조하면서 기자회견까지 자청하는 등 국가와 국민을 명분으로 내세우며 설전을 벌인다. 그리고 막후에서 자기들의 이해관계 조정을 위한 대화와 타협을 하면서 국가와 국민을 위한 일을 하는 척한다.

정치적 해결 대상이 되는 큰 사회문제는 대개 정치가와 정당이 권력을 획득하기 위해 공약하고 정책이나 제도를 도입하면서 시작된다. 그러므로 문제를 유발하고, 문제를 제기하고, 논란하고, 여론이 악화하고 국민이 대립하도록 조장한 것도 사실은 정치가와 정당 자신들이 원인을 제공한 것들이다. 가만히 지켜보면 자기들끼리 쇼를 하며 이익과 손해를 나누어 가진다. 그리고 시간과 관심을 끌어가며 문제 해결 노력을 하는 척하다가 더 끌고 가기 어려우면 국민을 위해 논란을 끝낸다는 식으로 모양을 갖추는 모습을 어렵지 않게 볼 수 있다. 하지만 모든 부담은 국민이 안고 정치가와 정당은 사실상 손해 볼 것도 손해를 보는 것도 없다. 단지 손해를 본다면 지지도나 인기가 떨어지는 것이다. 그것이 지속하면 권력을 유지하고 획득하기 어렵다. 그러므로 국민의 관심을 끌고 지지를 확보하여 권력을 획득하고 유지하기 위해 끊임없이 문제를 만들어 국민의 관심을 끌려고 노력한다. 즉 정치가를 위한 정치를 하는 것이다. 그러므로 정치적 타협이나 정치적 해결이라는 말은 정치가 자신들을 위한 것으로 저급한 말이다. 될 수 있으면 사용하지 않는 것이 바람직하다.

진정한 정치적 해결은 국가와 국민의 이해를 고려하여 국가 발전에 도움이 되고 국민의 편익이 증진되는 방향으로 정치가가 국민을 대리하여 문제를 해결하는 것이다. 즉 문제 해결을 위한 관점이 국가와 국민, 판단 기준도 국가와 국민의 이익과 손해여야 한다. 이것이 정상적인 정치가가 논란이 되는 사회문제를 해결할 때 국가와 국민을 위해 정치적 해결을 하는 방법이다. 그런데 상당수 정치가가 문제 해결의 관점을 정치가 자신과 정당, 판단 기준을 정치가 자신과 정당의 이익과 손해를 고려하여 자신들을 위해 문제를 해결하는 것을 정치적 해결로 착각한다. 그 결과 걸핏하면 국민이 보이지 않는 밀실에서 이해를 조정하면서 정치적 해결을 운운하고 국민 앞에서는 국가와 국민을 위한 일을 하는 것처럼 막후에서 정해진 내용에 따라 쇼를 한다. 그러나 이제는 쇼를 위한 정치, 정치가를 위한 정치, 정치를 위한 정치는 그만두어야 한다.

제3장

지도자와 구성원
행동에 대한 이해

제1절 리더십

1. 리더십의 정의

　리더십은 인간이 살아가고 일을 하는 과정에 나타나는 제반 문제를 해결하고 성과를 창출해 집단이나 사회를 유지, 발전시키고 구성원의 권익 신장과 복리 증진을 통해 인간 존엄성을 실현하고 삶의 질을 향상하기 위해 리더가 갖추어야 할 자질과 마음가짐이다. 즉 리더십을 발휘해야 하는 목적은 인간 존엄성 실현과 삶의 질 향상에 있다. 자질(資質)은 어떤 분야의 일에 대한 능력이나 실력의 정도, 마음가짐은 마음을 쓰는 태도 또는 마음의 자세이다. 리더십은 활동과 일을 전제로 하므로 능력이나 실력이 있어야 한다. 하지만 인간의 행위는 정신과 육체가 하나가 되어 일을 하고 삶을 살아간다. 따라서 어떤 정신이나 마음가짐을 갖고 일을 하느냐에 따라 결과가 현저하게 달라진다.

　우리는 일을 해 좋은 성적을 얻고, 실적을 올렸다고 항상 리더십이 뛰어나다고 말하지 않는다. 개인적인 욕구 충족과 입신출세, 권력에 대한 탐욕을 실현하기 위해 국민을 들러리로 세우고 민주화나 도탄에 빠진 민중을 구한다는 허울 좋은 명분을 내세워 권력투쟁을 하고 권력 쟁취에 이용하는 사례도 적지 않다. 진정한 리더십은 결과뿐만 아니라 실적을 만드는 과정과 방법에 대해 구성원들이 공감할 수 있어야 한다. 구성원의 공감은 올바른 마음가짐으로 일하고 능력을 발휘했을 때 그 결과를 인정하는 것으로 나타난다.

그러므로 제대로 된 리더십을 발휘하기 위해서는 뛰어난 능력과 올바른 마음가짐을 갖추어야 한다.[113]

2. 리더십 발휘의 일반적인 목적과 최고 목표

목표(目標)는 어떤 목적을 이루려고 하거나 어떤 지점까지 도달하려고 함 또는 그 대상, 심리학에서는 행동을 취하여 이루려는 최후의 대상, 목적(目的)은 일을 이루려고 하는 목표나 나아가는 방향을 말한다. 리더십 발휘의 일반적인 목적은 문제 해결, 한계 극복, 목표 달성, 성과 창출, 유지와 발전, 권익 신장, 복리 증진, 편익 실현에 있다. 그럼 리더십 발휘의 일반적인 목적 실현을 통해 성취하고자 하는 궁극적인 목적은 무엇인가? 인간 존엄성 실현과 삶의 질 향상이다. 인간 존엄성 실현과 삶의 질 향상은 왜 하려고 하는가? 그것은 행복 실현의 바탕이 되기 때문이다. 즉 행복한 삶을 살고 싶기 때문이다.

이것을 정리하면 리더십 발휘의 일반적인 목적은 문제 해결, 한계 극복, 목표 달성, 성과 창출, 유지와 발전, 권익 신장, 복리 증진, 편익 실현 등이고, 리더십 발휘의 궁극적인 목적 또는 최고(最高) 목표는 인간 존엄성 실현과 삶의 질 향상이다. 잘못 생각하면 행복 실현이 리더십 발휘의 최고 목표라고 생각할 수 있다. 하지만 리더십 발휘의 최고 목표는 행복이 아니다. 행복은 행동 과정이나 결과를 보고 개인이 느끼는 감정 상태이다. 인간에게는 욕망이 있고, 욕

---

113) 이진호(2011), "지도자론: 지도자가 갖추어야 할 자질과 리더십", 이담북스, pp.23~24.

망은 끝이 없다. 이 욕망 때문에 항상 더 좋은 것, 더 큰 것, 좀 더 자극적인 것을 원한다. 그러므로 사람마다 각자 행복에 관한 내용이나 느낌이 다르고 같은 사람이라도 환경이나 여건, 생각, 감정 변화 등에 따라 수시로 변화한다.

인간 삶에서 대개 목표는 그것을 추구하는 사람이나 집단 구성원이 가시적으로 정해진 가치를 달성할 수 있거나 일과 행위의 결과에 대해 평가를 통해 시비를 가릴 수 있어야 한다. 행복처럼 추상적이어서는 곤란하다. 그리고 행복은 인간 존엄성이 실현되고 삶의 질이 향상되었을 때 느끼는 감정 상태 중 하나이다. 인간 존엄성 실현과 삶의 질 향상은 목표로 설정하고 달성도 가능하며 노력의 결과에 대해 평가도 할 수 있다. 그러므로 리더십 발휘의 최고 목표는 행복이 아니라 행복을 추구하는 바탕이 되는 인간 존엄성 실현과 삶의 질 향상이 되는 것이 마땅하다.

3. 지도자가 갖추어야 할 요건과 창조적 리더십

지도자가 갖추어야 할 요건은 리더십을 발휘하기 위한 자질과 마음가짐이다. 요건(要件)은 필요한 조건, 조건(條件)은 어떤 사물이 성립되거나 성립되지 못하게 하기 위하여 갖추어야 할 상태·요소를 말한다. 지도자가 되기 위해 갖추어야 할 요소는 창의력, 추진력, 통제력, 통찰력, 통합력, 도덕성, 이타성 등이다. 이것은 창조적 리더십의 핵심 요소와 같다.[114] 창조적 리더십은 인간이 살아

---

114) 이진호(2011), "지도자론: 지도자가 갖추어야 할 자질과 리더십", 이담북스, p.40.

가고 일을 하는 과정에 나타나는 제반 문제를 해결하고 성과를 창출해 집단이나 사회를 유지, 발전시키고 구성원의 권익 신장과 복리 증진을 통해 인간 존엄성을 실현하고 삶의 질을 향상하기 위해 리더가 갖추어야 할 자질과 마음가짐이다.[115]

4. 리더십 발휘에서 공감의 중요성과 함정

공감(共感)은 남의 의견·주장·감정 따위에 대하여 자기도 그렇다고 느낌 또는 그런 기분을 말한다. 리더십 발휘에서 공감이 중요한 이유는 구성원의 자발적인 행동과 협력을 이끌어 내는 데 도움이 되기 때문이다. 지도자가 하는 일에 공감하면 구성원은 문제 해결, 한계 극복, 장애 제거, 목표 달성, 발전에 도움이 되는 일을 스스로 찾아서 한다. 구성원이 지도자가 하고자 하는 일에 적극 협력하면, 지도자는 구성원을 움직이는데 소모되는 많은 에너지를 절감할 수 있다. 이 에너지는 더 유용한 곳에 사용할 수 있다. 또한 구성원도 지시와 명령 등 강요와 억압, 통제를 덜 받고 자율적으로 일할 수 있으므로 분위기가 좋아지고 모두가 일할 맛이 나는 조직이 될 수 있다. 공감 속에서 진행되는 작업은 자연스럽게 협력하므로 효율은 높아지고 집단이나 사회는 발전하며 모두의 이익은 증가하기 마련이다.

반대로 지도자가 하는 일에 구성원이 공감하지 않으면, 구성원이

---

115) 120) 이진호(2011), "지도자론: 지도자가 갖추어야 할 자질과 리더십", 이담북스, pp.23~24.

하라는 일은 제대로 하지 않고 반발과 비판을 일삼으므로 하는 일마다 시끄럽고 결과도 좋지 않다. 결과가 나쁘면 구성원에게 돌아갈 편익은 늘어나는 것이 아니라 줄어들기 때문에 불만과 비판은 더욱 고조된다. 구성원은 자신들이 하는 행동은 생각하지 않고 비난의 화살을 리더십이 부족하다며 지도자에게 돌리고, 지도자는 구성원이 비협조적인 것이 문제라며 서로 책임을 전가한다. 이렇게 지도자가 하는 일에 구성원이 공감할 때와 하지 않을 때는 많은 차이가 난다. 하지만 구성원은 기본적으로 자기 이기심 실현을 지향하므로 공감에는 함정이 있다.

지도자는 구성원이 공감하는 일을 하기 위해 노력해야 하지만, 그렇다고 지도자가 항상 구성원이 공감하는 일만 해야 하는 것은 아니다. 지도자는 구성원을 위해 올바른 일을 하고 올바른 길로 이끌게 하려고 선출했다. 그러므로 구성원이 공감하지 않는 일도 올바른 일이라고 판단할 때는 힘들고 외로워도 해야 한다. 여기에 지도자의 고뇌가 있다. 이기적인 욕심 실현을 목적으로 하는 구성원의 요구를 뿌리치면 당선이 어렵고 정책을 수행하는 동안 반발과 저항, 비판에 직면하기 십상이다. 그렇다고 잘못된 요구를 수용하면 대개 다른 문제가 발생한다. 진퇴양난이다.

구성원이 지나친 요구를 하지 않는 것이 바람직하지만, 항상 무리한 요구를 하는 사람들이 있다. 하지만 공감이 아무리 중요해도 지도자는 반드시 도리, 정당성, 합리성에 입각한 공감을 추구해야 한다. 인기에 영합하는 공감을 추구해서는 안 된다. 그것이 지도자와 구성원 모두를 위한 길이기 때문이다.

5. 지도자는 왜 리더십을 갖추어야 하는가

누구나 일을 하기 위해서는 힘을 가져야 한다. 힘 중에서 가장 좋은 것은 자력(自力)이다. 자력(自力)은 자기 혼자의 힘, 자활(自活)은 자기 자신의 힘으로 생활함이다. 지도자도 마찬가지이다. 직위와 직책을 갖고 수많은 구성원을 거느리고 일을 할 때도 자력만큼 중요한 것은 없다. 자기 힘이 있어야 다른 사람을 지휘하고 통솔할 수 있다. 자력을 갖추지 못한 사람은 자활이 곤란하므로 다른 사람의 지원이나 도움을 받아야 한다. 다른 사람의 지원이나 도움을 받을 수 없을 때는 자신의 힘으로 생활할 수 없다. 그러므로 누구나 자신의 힘으로 자기가 원하는 생활을 하기 위해서는 자력이 있어야 한다. 자력을 갖춘 사람은 필요할 때 자신이 갖춘 힘을 조절해 사용하면 된다.

그럼 왜 지도자는 자력을 갖추어야 한다고 말하지 않고 리더십을 갖추어야 한다고 하는가? 그것은 자력의 핵심적인 내용이 리더십이기 때문이다. 리더십은 인간이 살아가고 일을 하는 과정에서 나타나는 제반 문제를 해결하고 성과를 창출해 집단이나 사회를 유지 발전시키고 구성원의 권익 신장과 복리 증진을 통해 인간 존엄성을 실현하고 삶의 질을 향상하기 위해 리더가 갖추어야 할 자질과 마음가짐이다. 핵심요소는 창의력, 추진력, 통제력, 통찰력, 통합력, 도덕성 이타성이다.

정치지도자는 국가와 국민을 위해 봉사하고 헌신해야 한다. 그러나 이것만으로는 부족하다. 봉사와 헌신을 위해 열심히 일하고 노력하는 것도 중요하지만, 조직을 장악하고 통솔하면서 문제를 해결하고 장애를 넘어 한계를 극복하며 성과를 이루어내고 발전을 실현하기 위해서는 리더십이 있어야 한다. 그 이유는 리더십이 그것을 실현하는 바탕이 되기 때문이다. 그러므로 리더십이 부족한 사람은 좋은 지도자가 될 수 없다.

6. 지도자, 왜 뛰어난 리더십 발휘 어려운가

일반 지도자는 물론 모든 구성원도 자신이 소속된 집단이나 사회단체의 최고 지도자는 리더십이 뛰어난 사람이기를 바란다. 그런데 구성원이 만족하는 역량을 발휘하는 지도자는 많지 않다. 그 이유는 뭘까? 지도자가 뛰어난 리더십을 발휘하기 어려운 이유는 크게 보면 두 가지가 있다. 첫째는 지도자 자신의 준비 부족 문제이다. 지도자가 되려고 하는 사람이나 지도자가 된 사람들은 리더십을 발휘하기 위해 지도자가 갖추어야 할 요건인 자질과 마음가짐을 제대로 갖추어야 한다. 자신의 잠재적 능력을 발휘하는 것도, 구성원을 움직이고 협력하게 하는 것도, 모든 가용 자원을 활용하고 집중하게 하는 것도, 좋은 선택을 위한 의사결정도 지도자의 몫이다. 그런데 자질과 마음가짐을 제대로 갖추지 못해 좋은 성과를 창출하지 못하는 사람이 대부분이다. 그러므로 지도자는 자신이 원하는 대로 리더십이 발휘되지 않을 때는 그 일차적인 문제의 원인을 자신의 준비 부족에서 찾아야 한다. 둘째는 구성원의 자질 차이, 협력(協力)과 단합(團合) 문제이다. 지도자가 아무리 능력이 있고 열심히 노력해도 구성원이 공동 목표를 향해 힘을 모아 서로 돕고 한데 뭉치려고 하지 않으면 방법이 없다. 통제를 통해 강제할 수는 있지만, 그것으로는 한계가 있다. 복지부동[116]이나 무사안일주의[117]로 일하면 좋은 성과를 창출할 수 없다. 구성원 중에는 자질이 뛰어난 사람도 있고 그렇지 않은 사람도 있다. 심지어는 자신이 최고 지도자가 되려고 사람들을 선동하며 내부 분열과 대립, 갈등을 획책하거나 조장하고, 견제라는 명분으로 다른 사람이 협력하고 단합하는 것을 방해하는 사람도 있다. 여기에서 교화의 필요성이 나온다. 그리고 협력(協力)과 단합(團合) 문제는 구성원 각자의 이해가 다르므로 발생한다. 다른 이해관계는 대개 갈등의 원인으로 작용한다. 지도자의 중요한 역할 중 하나가 이해관계 조정이 되는 이유도 여기에 있다. 지도자는 필요할 때는 구성원을 가르치고, 자각하게 하고, 교화하고, 설득하고, 설명해 이해시키고, 양보나 양해를 구하고, 이해를 조정하며 해결 방법을 찾아내는 일을 해야 한다. 이 모두가 좋은 리더십, 뛰어난 리더십을 발휘하는 방법이다. 권력을 앞세운 지시와 명령, 통제에 의존하여 리더십을 발휘하려는 사람도 있지만, 이것은 저급한 방법이다. 사람은 지시하고, 명령하고 통제한다고 모두 따르는 것은 아니다.

위에 제시된 두 가지 이외에 지도자가 뛰어난 리더십을 발휘하기 어려운 이유 중에는 환경 요소, 인간의 불완전성, 자연의 이치 같은 것도 있다. 하지만 이것들은 주어진 조건으로 지도자가 뛰어난 리더십을 발휘하는 제약 요소로 보기 어렵다. 인간이 세상을 살아가는 과정에는 항상 여러 가지 행동을 제약하는 요소와 문제가

---

116) 복지부동(伏地不動)은 '땅에 엎드려 움직이지 않는다'라는 뜻으로, 마땅히 해야 할 일을 하지 않고 몸을 사리는 것을 비유한 말이다.

117) 무사안일주의는 창의적·능동적 업무수행을 피하고, 피동적·소극적으로 현상을 유지하려는 행동성향을 말한다.

있다. 리더십이 뛰어나느냐 그렇지 않느냐 하는 것은 이 제약 요소를 어떻게 극복하고 문제를 해결해 좋은 성과를 창출하느냐에 달렸다. 즉 지도자가 뛰어난 리더십을 발휘하느냐 하지 못하느냐 하는 핵심은 환경 요소, 인간의 불완전성, 자연의 이치 같은 주어진 조건이 아니라 지도자 자신의 준비 부족 문제와 구성원의 자질 차이, 협력(協力)과 단합(團合) 문제에 기인한다.

제2절 정치지도자의 역할과 해야 할 일

1. 지도자가 해야 할 가장 중요한 일 세 가지

지도자는 자신이 맡은 바 임무를 다하기 위해 열심히 일해야 한다. 그러나 무조건 열심히 일하는 것이 능사는 아니다. 일을 할 때는 무엇을 우선해야 하고 더 많은 관심을 두고 집중해야 하는지 알고 그것에 맞춰 일을 진행해야 한다. 집단이나 사회단체에서 요구되는 지도자의 역할은 크게 보면 네 가지가 있다. 유지관리, 성장 기반 마련, 변화 선도, 점진적이고 지속적인 성장을 통한 발전 등이다. 이 네 가지 일을 제대로 하기 위해 반드시 필요한 것이 있다. 그것이 지도자가 해야 할 가장 중요한 일에 속한다. 구성원의 단합, 발전을 통한 순리적인 일자리 창출, 구성원이 자각하게 하는 일이다.

뭉치면 살고 흩어지면 죽는다. 집단이나 사회에서 단합만큼 중요한 것은 없다. 단합은 아무리 강조해도 지나치지 않다. 세상의 근본은 가정이다. 각 가정에서 국가 구성원인 자녀를 생산한다. 국가 예산의 바탕이 되는 세금도 모두 가족 구성원들이 경제활동을 통해 얻는 수입에서 부담하는 것이다. 가정 경제의 바탕은 일자리이다. 일자리가 없이는 가정은 물론 가정 경제도 유지하기 어렵다. 가정이 제대로 운용되지 못하면 지역사회는 물론 나아가서는 국가까지 연관되는 모든 것들이 제대로 돌아가지 않고 문제가 발생한다. 또한 일자리는 사회 안정 유지와 직결된다. 그러므로 정치지도자들은 좋은 일자리 창출에 심혈을 기울여야 한다.

자각(自覺)은 자기 결점이나 지위·책임이 무엇인가를 스스로 깨달음이다. 지도자가 구성원을 자각하게 하는 방법은 구성원 각자가 자신의 존재 가치와 소중함을 알고 잠재력을 개발하여 자신에게서 최고를 끄집어내고 자력을 갖추어 살아가야 한다는 것을 깨닫게 하는 일이다. 자각한 사람들은 자력을 갖추고 자활하기 위해 노력한다. 집단이나 사회 여건, 시대 상황에 따라 지도자는 자신이 해야 할 가장 중요한 일로 당면한 문제 해결, 사회갈등 해소, 민주화, 발전, 평화, 인권, 자유, 안전 등을 우선순위에 둘 수도 있다. 그러나 이러한 일들을 하기 위해서도 구성원의 단합, 일자리 창출, 구성원이 자각하게 하는 것은 반드시 필요하고 또 바탕이 된다.

2. 집단이나 사회 조직 내에서 지도자의 역할

집단과 사회 조직 내에서 요구되는 지도자의 역할은 크게 보면 유지관리, 성장 기반 마련, 변화 선도, 점진적이고 지속적인 성장을 통한 발전 등 네 가지이다. 이것을 위해 평상시에 위기를 관리하고 문제 해결능력과 추진력을 발휘하여 결과나 성과를 창출하고 지도자를 육성하는 등 여러 가지 활동을 해야 한다. 역할(役割)은 구실이다. 구실은 자기가 해야 할 일을 말한다. 집단이나 사회단체 내에서 지도자가 추구해야 할 가치는 인간 존엄성 실현과 삶의 질 향상 등 리더십 발휘의 최고 목표 달성에 있다. 이를 위해 지도자는 집단이나 사회 조직의 유지관리, 성장 기반 마련, 변화 선도, 점진적이고 지속적인 성장을 통한 발전을 추구해야 한다. 참고로 행동과학자 피고스(Pigos) 교수가 리더(Leader)의 역할을 글자 풀이로 설명한 내용을 소개하면 다음과 같다.

L   Listen(잘 듣는다, 경청하다)
E   Educate(교육하다) 또는 Explain(설명하다)
A   Assist(돕다, 원조하다.)
D   Discuss(상담하다, 토의하다)
E   Evaluate(평가하다)
R   Response(대답하다, 책임지다)라는 뜻이다.[118]

1) 유지관리

유지(維持)는 지탱하여 감, 지니어 감이다. 유지의 대상은 생계나 경제, 정책과 제도 그리고 법률, 사회의 안정과 질서, 자유와 평화 등 여러 가지가 있다. 관리(管理)는 어떤 일을 맡아 관할 처리함,

---

118) 이석훈(2000), "황소가 헬기를 끌고 가는 리더십", 북랜드, p.33.

시설이나 물건의 보존·개량 따위의 일을 맡아 함, 사람을 지휘 감독함, 사람의 몸 따위를 보살핌을 말한다. 집단이나 사회단체는 현상 유지와 발전을 위해 여러 가지 유지관리 활동이 필요하다. 인사에서 감독, 업무 분담이나 조정, 대립이나 갈등 해소, 구성원에 대한 동기부여, 목표 설정 등 여러 가지가 있다. 일상적인 문제의 해결과 일 처리는 모두 유지관리 대상이다.

2) 성장 기반 마련

세상에 영원한 것은 없다. 변화에 대응하고 변화를 선점하기 위해서는 항상 새로운 무엇인가를 준비하고 시작해야 한다. 기존에 진행해온 일이나 사업을 이어받아 유지하고 발전시켜 확장하는 것도 쉬운 일은 아니다. 하지만 더 중요한 것은 기존 일이나 사업이 한계에 직면할 때를 대비해 새로운 성장 기반을 만드는 일은 아주 중요하다. 이것은 아무나 할 수 있는 일이 아니다. 모든 집단이나 사회 조직의 미래 발전은 어떤 새로운 성장 기반을 만드느냐에 따라 운명이 변화한다. 오늘 최고가 내일 최고가 될 것이라는 보장은 없다. 그리고 새로운 최고는 항상 새로운 성장 기반을 마련한 사람들에게 돌아간다. 이것은 인류 역사가 입증한다.

3) 변화 선도

집단이나 사회단체에서 지도자의 중요한 역할 중 하나가 변화를 선도하는 것이다. 환경과 여건 변화를 읽고, 발전적인 미래상을 제시하고, 그것을 달성하기 위해 역량을 결집하고, 그 방향으로 이끌어 가야 한다.

4) 점진적이고 지속적인 성장을 통한 발전

점진적이고 지속적인 발전은 인간이 지향하는 이상적인 발전 모형이다. 이것이 지속해서 이루어지면 집단이나 사회 조직 내의 모든 것이 활성화되고 번창한다. 그러나 살다 보면 세상은 생각대로 되지 않는다. 거시적인 지표를 놓고 볼 때, 일정 기간에 속하는 어떤 때는 기대 이상의 발전을 하고 어떤 때는 퇴보하거나 일시적인 후퇴를 하기도 한다. 주위에 앞서 가는 사람들이 있으면 대개 부러워하는 마음을 가지지만, 세상은 빨리 간다고 하여 항상 좋은 것만도 아니다. 지도자는 점진적이고 지속적인 성장을 통한 발전을 위해 노력해야 한다.

3. 지도자가 추구해야 할 핵심 가치

집단이나 사회 조직 내에서 지도자가 추구해야 할 핵심 가치(價値)는 무엇인가? 인간 존엄성 실현과 삶의 질 향상이다. 그럼 핵심 가치는 무엇인가? '가치(價値)'는 대상이 주관(主觀)의 요구를 충족시키는 성질 또는 정신 행위의 목표로 간주되는 진(眞)·선(善)·미(美) 따위이다. '핵심(核心)'은 사물의 가장 중심이 되는 부분이나 요점을 뜻한다. 그러므로 핵심 가치는 가장 중심이 되는 부분으로 행위의 궁극적인 목표 또는 최고 목표라고 할 수 있다. 지도자가 추구해야 할 핵심가치에 대해 잘못 알고 있는 사람들은 문제 해결, 목표 달성, 한계 극복, 발전으로 생각하기도 한다. 하지만 이것은 지도자가 해야 할 일과 연관된 역할이나 일반적인 목표이다.

그럼 왜 일반적인 목표를 달성하려고 하는가 하는 의문이 생길수 있다. 그 이유는 지도자가 추구해야 할 핵심 가치인 삶의 질 향상과 인간 존엄성 실현을 달성하기 위한 바탕이 되기 때문이다. 인간 존엄성 실현과 삶의 질 향상을 통해 추구하고자 하는 것은 무엇인가? 그것은 행복이다. 행복(幸福)은 욕구가 충족되어 충분한 만족과 기쁨을 느끼는 상태를 말한다. 반대말은 불행이다. 만족(滿足)은 마음에 흡족(洽足)함 또는 흡족하게 생각함, 기쁨은 즐거운 마음이나 느낌, 감동(感動)은 깊이 느껴 마음이 움직임을 뜻한다. 문제 해결과 목표 달성, 한계 극복을 통한 발전으로 구성원에게 감동을 주는 지도자도 좋은 지도자이지만, 가장 좋은 지도자는 인간 존엄성 실현과 삶의 질 향상을 통해 구성원을 행복하게 해주는 지도자이다. 그러므로 지도자는 끊임없이 인간 존엄성 실현과 삶의 질 향상을 위해 노력해야 한다.

제3절 구성원의 행동 이해

1. 구성원은 지도자에게 왜 권력을 위임하는가

직위(職位)는 관직(官職)과 관위(官位, 관직(官職)은 관리가 국가로부터 위임받은 일정한 범위의 직무 또는 그 지위이다. 직무(職務)는 직책이나 직업상 맡은 사무, 사무(事務)는 노무나 공무에 대해서 서류를 작성하는 따위, 책상에서 처리하는 일, 업무(業務)는 직업으로서 행하는 직무, 맡아서 하는 일이다. 직책(職責)은 직무상의 책임을 말한다. 책임(責任)은 도맡아 해야 할 임무나 의무, 어떤 일의 결과에 대하여 지는 의무나 부담 또는 그 결과로 받는 제재(制裁), 책임감(責任感)은 책임을 중하게 여기는 마음이다.

집단이나 사회 조직에서 구성원이 지도자에게 권력을 위임하는 이유는 책임감을 가지고 일을 잘해달라는 것이다. 잘해달라는 것은 문제 해결을 통한 유지와 발전이다. 일을 하다 보면 급격한 환경 변화니 천변지이[119]로 수입이니 매출 등 실적이니 성과가 전년보다 줄어들어 한때 퇴보하는 일이 생길 수도 있다. 하지만 이러한 것은 누구나 공감할 수 있는 일이기에 논란의 대상이 잘되지 않는다. 지도자에 대한 문책을 요구하는 일도 드물다. 하지만 구성원이 이해할수 없는 이유로 실적이나 성과가 줄어들어 퇴보하면 문제가 된다.

인간 삶에서 유지와 발전이 중요한 이유는 그것이 삶의 질 향상,

---

119) 천변지이(天變地異)는 천지자연의 변고와 괴변.

인간 존엄성 실현의 바탕이 되고 궁극적으로 행복과 직결되어 있기 때문이다. 경제가 발전하지 않는다고 반드시 행복하지 않거나 불행해지는 것은 아니지만, 후진 경제를 벗어나지 못하거나 경제가 퇴보하면 삶의 질은 떨어지고 인간 존엄성은 훼손될 가능성이 높아진다. 그러므로 경제 상태의 유지와 발전은 중요한 의미가 있다. 인간이 국가를 만든 것도 안전 확보와 경제문제 해결이 중요한 이유였다. 권력을 이양하지 않고 천부인권을 누리면서 행복한 삶을 살 수 있다면, 통제받고 의무를 부담해야 하는 권력 위임을 해야 할 이유가 없다.

구성원이 지도자에게 권력을 위임하는 이유는 행복을 추구하기 위한 것이다. 그런데 그것이 환경 변화, 구성원 각자의 이해관계, 개인적인 욕구 변화, 정치지도자의 자질 부족 등 여러 가지 이유로 제대로 충족되지 않고 있다. 행복이 충족되지 않는데도 여전히 사람들은 권력을 위임하고 통제와 부담을 자임하는 것은 그래도 현재의 체제가 안전 확보와 행복추구에 도움이 된다고 판단하기 때문이다. 그러므로 정치지도자들은 행복한 삶을 원하는 국민의 바람이 실현될 수 있도록 열심히 봉사하고 헌신해야 한다.

2. 구성원 왜 자발적으로 온 힘 기울여 일하지 않는가

구성원이 자발적으로 온 힘을 기울여 일하지 않는 이유는 구성원 개인이 갖는 이기심과 집단이나 사회단체 내부 모순에 의한 구조적인 문제와 연관이 있다. 그 원인을 분석하면 대략 8가지 이유가 드러난다. 첫 번째는 주인의식 결여와 책임감 부족 문제이다. 자의든 아니면 타의든 일을 하는 주인공은 자신이다. 그리고 집단이나 사회의 구성원은 직분과 직위에 따라 차이는 있어도 모두 일정한 권한을 갖는 주인이다. 그런데 대부분 구성원은 큰 권력과 권한을 가진 사람이나 수장이 주인이라고 착각하는 경향이 있다. 직위나 직책이 올라가더라도 비슷한 생각을 한다. 주인과 주인이 아닌 사람의 행동양식에는 상당한 차이가 난다. 가장 대표적인 것이 책임감이다. 두 번째는 의사결정과 재량권이 제한되어 있어 내 마음대로 일을 할 수 없다. 세 번째는 내가 잘하는 일, 내가 하고 싶은 일 등을 고려하지 않고, 내 의사와 상관없이 부서를 배치하고 일을 맡긴다. 내가 잘하는 일을 맡겨주면 당연히 좋은 성과를 낼 수 있다. 그런데 그 일을 맡겨주지 않아 좋은 성과를 못 낸다. 열심히 일하고 싶은 의욕이 생기지 않는다. 네 번째는 열심히 일했는데도 노력하고 일한 만큼 봉급이 오르고 승진이 되지 않더라. 다섯 번째는 몸 상태가 좋아 일을 너무 많이 했을 때와 몸 상태가 좋지 않아 일을 너무 적게 했을 때 등 일을 잘했을 때와 못했을 때의 차이에 따라 자신에게 돌아올 수 있는 비난과 불이익을 고려한다. 여섯 번째는 자신의 건강과 유용성 유지를 원한다. 한꺼번에 일을 너무 많이 하면 건강에 무리가 올 수 있다. 그러므로 적절하게 하는 것이 바람직하다. 일이 너무 많거나 너무 적으면 일정한 수의 직원을 유지할 수 없으므로 나 자신의 지속적인 근무도 보장되기 어렵다. 일곱 번째는 상관이나 수장의 능력을 고려하여 일한다. 자신이 일을 너무 잘하면 위협적인 존재로 의식할 수 있으므로 불필요한 견제를 받지 않기 위해 최고의 능력을 잘 내보이지 않고 상관이나 수장의 비위를 맞추는 수준의 일을 한다. 여덟 번째는 집단이나 사회의 조직이 자신의 안정과 안전을 끝까지 보호해주지 않는다고 생각하기 때문이다. 이러한 일련의 이유로 구성원은 자발적으로 온 힘을 기울여 일하지 않는다. 구성원의 행동을 이해하고 대책을 세우는 것은 지도자가 리더십을 발휘하는 데 상당한 영향을 미친다.

3. 구성원 지도자 생각대로 일을 안 하는가 못하는가

조직 관리에서 구성원의 행동양식을 이해는 하는 것은 대단히 중요하다. 어떤 사람은 자발적으로 열심히 일하지만, 어떤 사람은 아무리 애를 써도 잘 움직이지 않기 때문이다. '아니'라는 부사는 용언 앞에 쓰여 부정이나 반대의 뜻을 나타내는 말, '하다'는 자동사로 쓰일 때는 어떤 동작이나 행위를 실천하다. 타동사로 쓰일 때는 '의식적 또는 무의식적으로 무슨 목적을 위하여 움직이다'라는 뜻이다. '안 하다'는 '아니하다'가 활용되어 쓰인 것이고, '않다'가 '아니하다'의 준말이다. '하다'는 의미 속에는 능력이 있다는 뜻도 포함되어 있다. 능력이 없으면 할 수 없다. 할 수 있기 때문에 하는 것이다. 그러므로 '아니하다'는 '능력이 있는데도 불구하고 하지 않는다'는 뜻이 된다. 이에 비해 '못하다'는 일정한 수준에 못 미치거나 할 능력이 없다는 뜻이다. 이처럼 안 하는 것과 못하는 것은 뜻이 전혀 다르다.

그럼 구성원은 지도자가 생각하는 대로 일을 안 하는가? 아니면 못하는가? 여기에는 네 가지 유형이 있다. 능력이 있음에도 일을 안 하는 사람, 능력이 부족해서 일을 못하는 사람, 일할 능력이 있어 하고 싶어도 구조적인 문제 때문에 일을 못하는 사람, 복지부동과 무사안일주의로 일을 제대로 안 하는 사람이 있다. 이들에 대한 처방은 각각 달라야 한다. 첫째는 능력이 있는데 일을 열심히 하지 않는 사람들이다. 이들은 대개 할 수는 있지만, 확신할 수 없는 상태에서 그것을 했을 때 큰 실익은 없고 실수 등으로 오히려 자신에게 불이익이나 부담으로 돌아올 것을 우려하는 마음이 원인인 경우가 많다. 이런 사람들이 자신의 능력을 발휘해 일을 하도록 하기 위해서는 성과급 지급, 봉급 인상, 승진 수혜 제공 등 유인책을 사용하는 것이 효과적이다. 둘째는 능력이 부족해서 일을 하지 못하는 사람이다. 이들은 능력을 향상할 수 있도록 기술 숙련과 지식 함양을 위한 교육 기회 제공, 경험이나 방법 제공 등 도움을 주어야 한다. 셋째는 일할 능력이 있어 하고 싶어도 구조적인 문제 때문에 일을 못하는 사람이다. 이들을 위해서는 구조적인 문제를 해결하고 성과급을 지원하면 더욱 열심히 일한다. 가령 뛰어난 능력이 있는 사람 중에 업무 분담으로 자신의 일을 일찍 끝내고 남는 시간을 주체하지 못하는데도 영역을 침범할 수 없어 잡일이나 게임 등으로 시간을 보내는 사람들도 적지 않다. 이런 사람들에게는 자신의 능력에 맞는 임을 할 수 있두록 부서 이동, 업무 분량 조정 등이 필요하다. 넷째는 복지부동과 무사안일주의로 일을 제대로 안 하는 사람이다. 이런 사람들은 세월이 가면 봉급을 받는다는 생각을 갖고 되는대로 대충 앞가림만 하면 된다고 생각한다. 공무원같이 정년이 보장된 집단이나 사회단체에서 많이 볼 수 있다. 이런 사람들은 정년을 혁파하고 실적주의 인사를 도입하면 행동과 태도가 금방 달라진다. 보통의 구성원은 자신에게 편익이 되면 더 열심히 일한다. 그러므로 구성원이 지도자가 생각한 대로 일을 하게 하려면 구성원이 처한 현실적 상황을 면밀하게 분석하고 그에 합당한 방안을 마련해야 한다. 좋은 지도자가 되려면 구성원의 처지에서 이해하고 그들에게 도움이 되는 방안을 찾기 위해 끊임없이 연구해야 한다.

4. 구성원 상호 무엇을 도울 것인가

사람들은 대개 지도자에게 의지하려는 경향이 있다. 그러나 실제 사람이 세상을 살아가는 과정에 지도자는 도움이 잘 안 된다. 오히려 가까이 있는 사람들이 도움이 되는 일이 훨씬 많다. 그래서 원친불여근린(遠親不如近隣: 먼 곳에 사는 친척(親戚)보다는 가까운 이웃이 낫다는 뜻)[120]이라는 말이 생겼다. 세상을 잘 사는 방법 역시 구성원이 서로 도우며 사는 일이다. 일반적으로 구성원이 상호 도와야 한다고 하면 대개는 협력을 생각한다. 협력도 공동으로 일할 때는 아주 중요하다. 사람은 누군가가 옆에 있다는 것, 같이 일을 한다는 것, 어렵고 힘들 때 도와줄 사람이 있다는 것을 느끼면 마음의 안정을 느끼고 일을 더 잘한다. 그러나 도움의 내용에는 협력 외에도 여러 가지가 있다.

도움은 남을 돕는 일, 도와줌이다. 서로 돕고 도움을 주기 위해서는 도와야 한다. 그런데 우리는 '돕다'는 말을 일상적으로 사용하면서도 사실 그 뜻이 구체적으로 무엇을 의미하는지 아는 사람은 그렇게 많지 않다. 사전에 찾아보면 '돕다'는 '첫째는 힘을 보태

---

120) 네이버 한자사전.

다. 조력하다. 협력하다. 둘째는 위험을 벗어나게 하다. 위난에서 구하다. 셋째는 이끌어 잘못됨이 없도록 하다. 후견(後見)하다. 넷째는 금전이나 물품을 주어 구제하다. 다섯째는 어떤 상태를 촉진·증진시키다'라는 뜻이다.

도움과 '돕다'라는 말을 좀 더 잘 이해하기 위해 뜻풀이에 나오는 핵심어의 내용과 뜻을 살펴보면 구조(救助)는 곤경에 빠진 사람을 구하여 줌, 구제(救濟)는 구하여 건짐, 구하여 도움, 조력(助力)은 힘을 써 도와줌 또는 그 힘, 증진(增進)은 더하여 나아감 또는 나아가게 함, 촉진(促進)은 재촉하여 빨리 나아가게 함, 후견(後見)은 법학에서 친권자가 없는 미성년자나 금치산자를 보호하며 그의 법률행위를 대리하는 직무, 후원(後援)은 뒤에서 도와줌, 협력(協力)은 힘을 모아 서로 도움을 말한다.

이렇게 보면 구성원이 상호 도움을 주며 생활하고 일을 하는 방법은 여러 가지가 있다는 것을 알 수 있다. 그럼 이러한 도움을 통해 실질적으로 도움을 주고받을 수 있는 것은 무엇인가? 그것은 지식과 경험의 전달과 공유, 어렵고 힘들 때 협력을 통한 정신적·육체적 노무나 힘의 제공, 희로애락을 겪고 위로하면서 느끼는 동료의식, 동료애, 인간애에 바탕 한 따뜻한 마음의 교환과 나눔, 이타심 발휘 등 여러 가지가 있다. 이러한 활동을 통하여 인간은 상호 신뢰를 구축하고 서로 힘이 되는 버팀목이 되어 공동체인 집단과 사회단체의 발전을 추구하며 삶을 영위한다. 좋은 세상, 좋은 정치는 이렇게 가까운 사람들과 교류하고 협력하며 사는 것이지, 구성원이 너도나도 정치활동을 하겠다고 나서는 것이 아니다.

제4장

올바른 정치의 길

제1절 올바른 정치 방법 접근

1. 올바른 정치를 하는 것이 어려운 일인가

정치가들이 정치하는 모습을 가만히 지켜보면 올바른 정치를 하는 사람이 아주 드물다. 올바른 정치를 하는 것이 그렇게 어려운 일인가 하는 의문이 들 정도다. 하지만 올바른 정치를 하는 것은 어려운 일이 아니다. 국가와 국민을 위해 봉사하고 헌신하겠다는 마음과 어느 정도 교육을 받고 지식과 경험, 기술을 쌓은 사람이면 누구나 할 수 있는 일이다. 국정 운영 참여 등 정치 활동을 해본 경험이 없는 사람이 대통령이 되는 것을 우려하는 사람들도 있다. 하지만 크게 문제가 될 것이 없다. 지식과 경험, 기술이 풍부하면 더 좋겠지만, 다소 부족하더라도 참모와 교수, 학식과 경험이 풍부한 지인, 고위 공무원이나 국책 연구기관 종사자 등 전문가의 조언(助言)을 받고 공부를 하면 된다.

사람은 누구나 지식과 경험, 기술이 부족하면 실수를 하거나 잘못을 저지를 수 있다. 하지만 경험, 기술이 부족한 사람이 저지르는 실수나 잘못은 처음부터 정치와 권력에 대해 잘못된 생각을 하고 자신을 위해 일하며 탐욕 채우기에 급급한 사람들이 저지르는 잘못보다는 폐해가 훨씬 적다. 경험, 기술이 부족한 사람은 실수나 잘못을 저지르지 않기 위해 열심히 노력해야 한다. 그러나 국가와 국민을 위한 일을 하다가 발생한 실수와 잘못을 어떻게 하겠는가? 실수나 잘못이 드러나면 그것을 인정하고 사과하고 시정(是正)하면 된다. 그리고 같은 실수와 잘못을 되풀이하지 않도록 노력하고 신경을 써서 순리에 따라 신중하게 일을 처리해 나간다면 크게 문제가 될 것이 없다.

단임제를 채택하거나 중임제를 채택하더라도 처음 당선되어 대통령이 된 사람은 모두 대통령 직무를 수행해본 경험이 없다. 하지만 대통령직을 수행하는 데 큰 어려움이 없다. 단지 얼마나 대통령의 직무를 잘 수행했느냐에 차이가 있을 뿐이다. 대통령을 보좌한 경험이 있더라도 그것은 보좌한 것일 뿐 대통령직을 수행한 것이 아니다. 중요한 것은 사리를 판단하는 능력과 책임감, 올바르게 일을 처리하겠다는 마음과 의지이다. 그것을 실천하느냐 하지 않느냐 하는 것이 대통령직을 잘 수행했느냐 잘못 수행했느냐, 존경받는 대통령이 되느냐 되지 못하느냐를 결정하는 데 큰 영향을 미친다. 국회의원이나 지자체 수장과 의원도 마찬가지이다.

2. 올바른 정치를 하지 않는 정치가가 많은 이유

올바른 정치를 하는 것이 그렇게 어려운 일이 아니다. 그런데 실제로는 올바른 정치를 하는 정치가를 찾아보기가 쉽지 않다. 왜 올바른 정치를 하는 정치가를 찾아보기 어려운 것일까? 여기에는 크게 보면 세 가지 원인이 있다. 첫째는 정치가들이 올바른 정치를 하는 방법을 모르기 때문이다. 지식이 부족하고 방법을 모르면 전문가의 조언을 받고 배우면서 직무를 수행하면 된다. 정치지도자에게 지식은 본인이 가지고 있는 것과 구성원이 가지고 있는 것이 모두 해당한다. 가진 것을 활용하고 하지 않는 것은 자신에게 달렸지만, 대체로 지식이 부족하여 올바른 정치를 하지 못하는 경우는 드물다. 의지와 노력이 부족하고 고정관념이나 편견을 가진 것이 문제가 되는 사람이 많다. 그런데 자세히 분석해보면 올바른 정치를 하지 않는 정치가가 많은 이유는 정치가들이 올바른 정치를 하는 방법을 모르기 때문이다. 즉 국가와 국민을 위한 정치를 하면 올바른 정치가 이루어지고 자신을 위한 정치를 하면 올바른 정치가 이루어지지 않는다. 그런데 처음에는 대개 국가와 국민을 위한 정치를 하려고 애를 쓰고 흉내 정도는 낸다. 하지만 국가와 국민을 위한 정치를 하는 것은 어렵고 힘든데다 그 방법도 잘 모르기 때문에 어느 정도 시간이 흐르면 자신을 위한 정치를 하는 것을 국가와 국민을 위한 정치를 하는 것으로 착각하거나 같은 일로 생각하기 때문에 올바른 정치를 하지 않게 된다. 하지만 국가와 국민을 위한 정치를 하는 것이 진정 자신을 위한 정치이고 올바른 정치이다. 자신을 위한 정치는 올바른 정치도 아니고 진정 자신을 위한 정치도 아니다. 그런데 많은 정치가들이 자신을 위한 정치를 하는 것을 올바른 정치로 착각한다. 그 결과 재임 중에는 물론 퇴임 후 비판의 대상이 되거나 손가락질을 받는 등 끝이 좋지 않다. 둘째는 정치가들이 올바른 정치를 하는 방법을 알아도 이기주의 실현을 위해 올바르지 않은 방법을 사용하거나 올바른 방법과 올바르지 않은 방법을 넘나들며 국민이 보는 앞에서는 올바른 방법, 국민이 보지 않는 곳에서는 올바르지 않은 방법을 사용하기 때문이다. 대부분의 정치가들이 이렇게 이중적인 행동과 태도를 보인다. 즉 국민이 보는 앞에서는 국민을 위하는 것처럼 행동하고 국민이 보지 않는 곳에서는 자기 이익 실현을 위해 일한다. 셋째는 정치에 대한 혐오 등 국민의 정치에 대한 무관심으로 정치가의 잘못된 행위에 대해 방관자적인 자세를 취하며 잘못을 내버려두는 것이 문제다. 좋은 정치는 정치가와 국민이 서로 도우며 함께 만들어 가는 것이다. 국민이 정치가가 잘못된 행동을 하는 것을 내버려두고 그것이 어느 단계에 이르면, 정치가는 자신의 잘못된 행동에 대해 큰 죄의식 없이 당연한 것으로 받아들이는 경향이 나타난다. 그러므로 정치가가 올바른 정치를 하게 하기 위해서는 국민이 정치에 관심을 두고 정치가가 잘못된 길로 나가거나 잘못된 행동을 하면 강력하게 견제하고 올바른 일에는 적극 협력하는 자세가 필요하다. 올바른 정치, 좋은 정치는 다른 사람이 만들어 주는 것이 아니라 국민 각자가 노력을 통해 만들어 가는 것이다.

3. 올바른 정치를 위해 정치가가 갖추어야 할 것

단순하게 생각하면 정치는 정치가가 옳고 그른 것을 잘 구분하여서 해야 할 것은 하고 하지 말아야 할 것은 하지 않고, 해야 할 일 중에서 급한 것, 중요한 것, 반드시 필요한 것 등 내용에 따라 선후를 구분하여 우선순위를 정하고, 이해관계를 조정하고, 실적을 반영한 인사를 하고, 재화를 합리적으로 분배하고, 적정량의 자원을 투입하고, 리더십을 발휘하여 문제를 해결하면 될 것 같다. 그런데 실제로는 정치와 정치가의 직무가 그렇게 생각만큼 쉽지 않다. 모든 일이 그렇듯이 생각과 일 사이에는 그것을 처리하는 과정에 목표, 지식이나 경험, 기술과 능력, 장애물, 제한된 장비와 자원, 이해관계, 기후 등 여러 가지 환경 요소가 작용하기 때문이다.

제반 환경 요소를 극복하고 일을 통해 국민이 기대하는 수준의 성과를 창출해야 하는 것이 정치가이다. 노력은 항상 인간의 몫이다. 열심히 노력하는 것은 상당한 의미가 있고 대단히 중요하다. 그러나 세상은 열심히 노력한다고 원하는 일을 모두 이룰 수 있는 것은 아니다. 또한 옳은 일을 하고 올바른 길을 가려고 한다고 해서 항상 그렇게 할 수 있는 것도 아니다. 그렇다고 생각대로 전혀 안 되는 것도 아니다. 소수이기는 해도 자신의 생각대로 살아가고 일을 해내는 사람들이 반드시 있다.

자신이 원하는 대로 열심히 노력하고 옳은 일을 하고 올바른 길을 가려면 자신이 제대로 행위를 하고 있는지, 제대로 가고 있는지 알아야 한다. 그래야 옳다고 생각한 일이 진정 옳은 일이 되고, 노력을 의미 있게 만들고, 올바른 길을 가려고 한 애초 목표가 실현되게 할 수 있다. 그렇게 하기 위해서는 갖추어야 할 것들이 있다. 정치가가 올바른 정치를 하기 위해 갖추어야 할 것은 여러 가지가 있지만, 대표적인 일곱 가지를 소개하면 다음과 같다.

1) 사리 판단 능력과 책임감

사리(事理)는 일의 이치, 이치(理致)는 사물의 정당한 조리, 도리에 맞는 취지이다. 조리(條理)는 일을 해 나가는 도리 또는 경로, 취지(趣旨)는 근본이 되는 종요로운 뜻을 말한다. 사리를 제대로 판단할 수 있는 능력이 있으면 일의 이치를 알기 때문에 순리대로 일을 풀어나간다. 시간이 다소 많이 소요될 수는 있어도 일을 처리하고 난 다음에 결과로 말미암아 비난을 받거나 비판 대상이 되는 예는 드물다. 그러므로 누구나 일을 제대로 하기 위해서는 지금 하고 있는 일이나 행위가 옳고 바른지, 이치에 합당한지 살펴보고 때로는 따져 보아야 한다.

일을 마음 내키는 대로 기분 따라 아무렇게나 할 수는 있지만, 그렇게 해서는 좋은 성과를 거두기 어렵다. 좋은 성과를 거두기 위해서는 목표를 세우고 우선순위를 정해 가용 자원을 적절하게 투입하는 등 계획적으로 일해야 한다. 그렇게 해도 좋은 성과를 거두기 쉽지 않다. 사리 판단 능력이 있으면 자신이 하는 일이나 행위가 올바른지 아닌지 알 수 있으므로 문제가 발생하면 해결하고 잘못이 있으면 수정할 수 있다. 그러므로 일을 제대로 하기 위해서는 당연히 사리 판단 능력이 있어야 한다.

책임(責任)은 도맡아 해야 할 임무나 의무, 책임감(責任感)은 책임을 중하게 여기는 마음, 맡아서 해야 할 임무나 의무를 중히 여기는 마음을 뜻한다. 정치가가 하는 일은 내용에 따라 국가와 국민의 미래, 안위(安危)와 관계된 내용이 많다. 그러므로 마땅히 하여야 할 일이나 맡은 일에 관한 부담·책임·비중이 크거나 중대할 수밖에 없다는 점을 분명하게 알고 열성을 다해 일해야 한다. 그렇게 해도 좋지 않은 결과가 나올 수도 있다. 나는 온 힘을 다해 노력했다는 변명이 국가와 국민의 안위를 지켜주지는 않는다. 그러므로 잘못이 생기지 않도록 책임감을 가지고 온 힘을 기울여 일하고 좋은 결과를 창출해야 한다. 만약 열심히 노력했는데도 잘못된 결과가 나와 국가 발전을 저해하고 국민 부담을 증가하는 일이 생기게 했다면, 그 잘못에 대한 책임을 지겠다는 자세가 필요하다. 그리고 실제 책임을 져야 한다. 권력과 권한은 누리고 책임을 지지 않는 사람은 비겁한 사람이다. 그런 사람은 국민대표가 될 자격이 없다.

2) 기술 향상을 위한 지식과 경험 축적

기술(技術)은 만들거나 짓거나 하는 재주 또는 솜씨, 어떤 일을 효과적으로 할 수 있는 방법이나 능력, 과학 이론을 적용하여 자연을 인간 생활에 유용하도록 변화시키는 방법이다. 지식(知識)은 배우거나 실천하여 알게 된 명확한 인식이나 이해, 알고 있는 내용, 철학에서는 인식에 의해 얻어진 성과, 넓은 뜻으로는 사물에 관한 개개의 단편적인 사실적·경험적 인식, 엄밀한 뜻으로는 원리적·통일적으로 조직되어 객관적 타당성을 요구할 수 있는 판단의 체계를 말한다. 경험(經驗)은 실제로 해 보거나 겪어 봄 또는 거기서 얻은 지식·기능, 감각이나 지각을 통해 얻어지는 내용이다.

정치가는 각종 사회문제를 해결하고 목표 달성을 통해 국가를 발전시킬 무엇인가를 가지고 있어야 한다. 그 일차적인 수단이 직위에 수반되는 권력이다. 국가 최고 지도자에게는 국가 내에 존재하는 모든 인력, 장비, 예산 등 가용 자원을 활용할 수 있는 재량권을 준다. 하지만 일을 하는 데 있어 가장 중요한 것은 주체의 마음가짐, 능력, 의지이다. 즉 지도자 자신이 어떤 마음과 의지, 능력을 갖추고 있느냐 하는 것이 아주 중요하다. 사람이 하는 일은 무조건 많은 사람을 투입하고 필요한 자원을 원하는 대로 공급해준다고 항상 좋은 성과가 나는 것이 아니기 때문이다.

삶도 그렇지만, 인간이 하는 모든 일은 만들어 가는 것이다. 일은 같은 자원을 투입하더라도 주관(主管)하는 사람에 따라 결과가 달라진다. 국민은 정치가를 능력 있는 사람으로 생각하여 선출했지만, 기대에 부응하는 사람도 있고 그렇지 못한 사람도 있다. 정치지도자도 사람이므로 만능은 아니다. 하지만 국민의 대표가 된 정치가는 국민의 기대를 충족하는 일을 하고 성과를 창출할 책임이 있다. 그리고 사전에 그러한 일을 할 수 있는 기술을 보유해야 한다.

누구나 일정 수준의 기술을 보유하기 위해서는 지식과 경험을 축적하고 훈련과정을 거쳐야 한다. 사람들이 정치지도자를 선출할 때 경력에 관심을 두는 이유도 경력이 지식과 경험, 기술을 대변하는 것으로 생각하기 때문이다. 실제 어떤 문제가 발생했을 때 지식과 경험을 바탕으로 한 기술로 해결하는 사례는 얼마든지 많다. 정치지도자의 기술이 뛰어날수록 국민의 부담은 줄어들고 만족도는 높아진다. 그러나 잘못된 지식은 억지를 부리고 사람들을 현혹하는 선동과 투쟁의 수단이 될 수 있으므로 정치가가 되려는 사람은 객관적으로 타당하고 합리적인 지식과 경험을 쌓기 위해 노력해야 한다.

3) 지도자의 요건과 리더십 구비

요건(要件)은 필요한 조건이다. 지도자에게 부여되는 직위와 그에 따른 권력은 사회문제 해결, 목표 달성을 통한 국가 발전, 국민 권익 신장, 복리 증진을 통한 삶의 질 향상과 인간 존엄성 실현을 위해 국민으로부터 위임된 것이다. 즉 지도자에게 직위와 그에 따른 권력을 부여하는 것은 직무인 일을 제대로 수행하도록 하기 위함이다. 특히, 국민의 대표로 선출된 정치가가 일을 통해 문제를 해결하고 좋은 성과를 창출하기 위해서는 지식과 경험, 기술, 교육과 훈련과정 이수(履修) 등 일정한 조건이 필요한데 그 핵심 요건은 리더십을 발휘하기 위한 뛰어난 자질과 올곧은 마음가짐이다.

이것을 좀 더 구체화하면 자질은 창의력, 추진력, 통제력, 통찰력, 통합력이고 마음가짐은 도덕성과 이타성이다. 이것들은 창조적 리더십의 핵심요소와 같다. 지도자의 요건은 여러 가지가 있을 수 있지만, 창조적 리더십을 갖추는 것으로 충분하다. 창조적 리더십은 인간이 살아가고 일을 하는 과정에 나타나는 제반 문제를 해결하고 성과를 창출해 집단이나 사회를 유지, 발전시키고 구성원의 권익 신장과 복리 증진을 통해 인간 존엄성을 실현하고 삶의 질을 향상하기 위해 리더가 갖추어야 할 자질과 마음가짐이다.[121] 정치 지도자가 올바른 정치를 하기 위해서는 지도자의 요건과 리더십을 갖춰야 한다.

4) 올바른 일을 하기 위해 아는 것 실천

'올바르다'는 옳고 바르다. '옳다'는 틀리지 않다. 사리에 맞다. '바르다'는 사리나 도리에 맞다. 기울어지거나 비뚤어지지 않고 곧다. 사실과 어긋남이 없다. 일은 무엇을 만들거나 이루기 위해서 몸을 움직이고 머리를 써서 하는 인간의 활동 또는 그 활동의 대상, 실천(實踐)은 실지로 행함을 뜻한다. 올바른 정치를 하는 방법은 조금만 생각해보면 그렇게 어려운 일이 아니다. 정치가가 올바른 일을 하면 된다. 정치가가 국가와 국민을 위해 올바른 일을 하면 세상은 순리대로 돌아가기 마련이다. 그럼 올바른 일을 하는 방법은 무엇인가? 그것은 아는 것을 실천하면 된다.

자신이 아는 것을 행하는 것으로도 올바른 일을 하는 데 부족함이 없다. 모르는 것을 억지로 하려고 하는 것은 바람직하지 않다.

---

121) 이진호(2011), "지도자론: 지도자가 갖추어야 할 자질과 리더십", 이담북스, pp.23~24.

'구슬이 서 말이라도 꿰어야 보배'라는 말은 아무리 훌륭하고 좋은 것이라도 다듬고 정리하여 쓸모 있게 만들어 놓아야 값어치가 있음을 비유적으로 이르는 말[122]이다. 지식이 있다고 하더라도 실행하지 않으면 지식이 없는 것과 같다. 그러므로 올바른 지식은 아는 것으로 끝나는 것이 아니라 행동으로 옮겨, 그 가치를 발휘되게 하는 것이어야 한다. 올바른 일도 마찬가지이다. 우리가 내용이 올바른 것인 줄 알고, 그것을 실행하는 방법까지 안다고 하여도 실천하지 않으면 소용이 없다.

어느 시대를 막론하고 많은 정치가가 올바른 일이 아닌 줄 알면서도 양심을 속이며 자신의 이기심을 채우고 탐욕을 실현하기 위한 곳에 지식을 사용하여 세상을 혼란하게 만들었다. 국민이 살기 어렵고 세상이 혼란한 것은 여러 가지 원인이 있지만, 가장 대표적인 이유는 양심을 속이고 올바른 일을 위해 아는 것을 실천하지 않는 정치지도자가 많기 때문이다.

5) 육체적·정신적 건강과 긍정적 사고

마음이 있어도 건강하지 않으면 하고 싶은 일을 제대로 실천하기 어렵다. 육체적 건강과 함께 정치가에게는 특히 정신적인 건강이 중요하다. 가치관(價値觀)은 어떠한 가치나 뜻을 인정하는가에 관한 각자의 관점을 말하는데, 건전한 지식과 가치관이 형성되어 있어야 올바른 판단과 올바른 일을 할 수 있다. 그리고 정치가에게 긍정적인 사고는 아주 중요하다. 긍정(肯定)은 어떤 사실이나 생각

---

122) 네이버 국어사전.

에 대하여 그렇다고 인정 또는 승인함, 그러하다고 생각하여 옳다고 인정함, 좋게 평가하고 본받을 만한 사실을 뜻한다.

사고(思考)는 생각하고 궁리함이다. 긍정적 사고의 본질은 현상이나 사실을 인정하는 것에서 출발하여 사물의 이치를 깊이 연구하고 좋은 도리를 발견하려고 곰곰이 생각함으로써 해야 할 일과 나아가야 할 올바른 방법과 길을 찾고 그것을 실현하는 것이다. 그러므로 긍정적인 사고를 하는 사람들은 '할 수 있다'라는 생각을 하고 자신감이 있다. 자신감(自信感)은 자신이 있다고 여겨지는 느낌으로, 대개 자신감은 과거 성공 경험이나 한계 극복 등 자신에 대한 신뢰에서 나온다.

미래는 불확실하지만, 정치가는 바람직한 미래상(vision)을 제시하고 국가와 국민을 발전적인 방향으로 이끌어 가야 한다. 이제까지 인류 역사는 '할 수 있다'고 생각한 사람들에 의해 발전해 왔다. 불확실한 가운데서도 정치가들은 자신감과 잘할 수 있다는 생각을 하고 국가와 국민을 선도해야 한다.

6) 절제력

절제(節制)는 정도를 넘지 않도록 알맞게 조절하여 제한함, 절제력은 절제하는 힘, 자제력(自制力)은 자기의 감정이나 욕망을 스스로 억제하는 힘을 뜻한다. 정치가에게는 각각의 직위에 따라 집단이나 사회, 국가의 가용 자원을 운용할 수 있는 일정한 권력이 주어진다. 자신에게 주어진 권력은 국가 발전을 선도하고 국민을 위한 일을 하기 위함이다. 그런데 이제까지 인류 역사에서 권력을 자신을 위한 목적으로 사용한 정치가들은 하나같이 그 말로(末路)가 좋지 않거나 비참했다. 그러므로 정치가는 권력을 자신을 위해 사용하지 않도록 자제력을 발휘하고 절제해야 한다.

수신(修身)은 마음과 행실을 바르게 하도록 심신을 닦는 일, 악을 물리치고 선을 북돋아서 마음과 행실을 바르게 닦아 수양함인데, 절제력과 자제력은 모두 수신에서 나온다. 욕망이 언제 나를 위험으로 몰아넣을지 모르므로 살아가는 동안 지속해서 수신을 실행해야 한다. 절제력은 그 자체를 능력으로 보기보다는 올바른 정치를 위해 정치가가 수기치인(修己治人: 스스로 수양하고 세상을 다스린다.)해야 함을 강조하기 위한 것이다.

7) 경제관념

경제관념(經濟觀念)은 재화나 노력, 시간 따위를 유효하게 쓰려고 하는 생각이다. 국가 운영은 예산이 바탕이 된다. 그러므로 경제 개발을 통한 발전은 물론 경세제민을 실행하기 위해서도 정치지도자는 경제관념이 있어야 한다. 특히, 경제규모가 크고 경제정책이 국민 생활과 세계경제에 강한 파급효과를 미치는 선진국의 정치지도자들은 경제관념 수준을 넘어 실물경제에 대한 상당히 높은 식견을 갖추어야 한다.

4. 정치를 올바르게 하는 방법

정치가들이 어떻게 하는 것이 올바른 정치를 하는 것일까? 참 어렵고도 쉬운 질문이다. 정치를 올바르게 하는 방법은 여러 가지가 있다. 그런데 장차 정치 활동을 하기를 희망하는 정치가 후보자와 현재 정치 활동을 하는 정치가 중 상당수는 어떻게 하는 것이 올바른 정치를 하는 것인지 그 방법을 잘 모른다. 그 결과 자꾸 엉뚱한 짓을 한다. 잘 모르면 배우든지 아니면 알려고 노력해야 마땅하다. 그런데 정치가 중에는 정치(政治)가 무엇인지 제대로 모르면서 마치 아주 잘 알거나 모두 아는 것처럼 오만한 모습을 보이는 사람도 있다. 또한 정치가 무엇인지 배우지도 않고 제대로 알려고 노력도 하지 않으며 관심이 없는 사람이 너무 많다.

대부분의 정치가는 어떻게 하면 자신의 권력을 유지하기 위해 당원으로 가입하여 정당 활동에 참여하고, 지도부의 의중을 파악하여 법률안이나 예산안을 심의해 통과시키고, 정당의 공천을 받거나 후보자로 지명되고, 선거에 출마하여 당선될까 하는 일에 골몰한다. 당선 후에는 유권자를 적절하게 관리하며 주어진 권력을 이용하여 자기가 아는 것에 의지하여 마음대로 정책을 시행하려 한다. 그 결과 혼란과 대립, 갈등을 해결하기보다는 오히려 새로운 혼란과 대립, 갈등을 유발하기도 한다. 정치가들이 어떻게 하면 올바른 정치를 하는 것인지 모르기 때문이다. 여기서 정치가가 올바른 정치를 하는 방법과 내용을 살펴보면 다음과 같다.

1) 도리 추구하는 정도 정치

법치주의(法治主義)는 국가의 권력은 국민의 의사에 따라 제정된 법률에 바탕을 두어야 한다는 근대 입헌 국가의 정치 원리이다. 국가 운용은 기본적으로 법치주의에 의존하는 것이 바람직하다. 그런데 법규의 제정에는 한계가 있다. 인간 삶을 모두 법률이나 규칙으로 제정할 수도 없지만, 그렇게 하는 것이 바람직하지도 않다. 그이유는 법규 제정이 늘어나면 늘어날수록 국민의 자유로운 삶과 활동이 제약을 받는 문제가 발생하기 때문이다. 그렇다고 법규를 웬만큼만 제정하면 규정하지 않은 부분을 적절하게 활용하고 그로 말미암아 피해를 보거나 손해를 입는 사람들이 발생한다. 진퇴양난이다. 그리고 법규의 경계 부분에서는 항상 불확실성이 존재한다.

법과 규칙은 문자로 제정되지만, 언어 자체가 추상성과 불확실성을 동시에 내포하는데다 인간 자체가 불완전한 존재이기 때문에 제정된 법규에 대한 이해와 생각, 판단도 사람에 따라 차이가 나는 것이 현실이다. 그러므로 같은 사건에 대해서도 판사나 법원의 종류에 따라 판결 내용이나 형량이 달라지기도 한다. 교활한 사람들은 이러한 언어의 추상성과 불확실성, 인간의 불완전성을 활용하여 법규의 경계 부분을 교묘하게 넘나드는 행동을 하며 자신들의 이익을 챙긴다. 그런데 이러한 행동을 하는 사람들이 무식한 사람이 아니라 정치가를 포함한 지식계층이라는 데 문제의 심각성이 있다.

지식계층이 법규를 교묘하게 이용하여 자기 이익 챙기기에 나서면 지식계층이 아닌 일반 국민은 살기가 더욱 어려워진다. 더불어 잘사는 사회를 만들기 위해서는 이런 문제를 해결할 필요가 있다. 어렵기는 하지만 해결방법이 없는 것은 아니다. 정치지도자들이 도리와 정도를 추구하는 정치를 하면 된다. 도리(道理)는 사람이 마땅히 행하여야 할 바른길, 정도(正道)는 올바른 길, 정당한 도리를 말한다. 정도의 반대말이 사도이다. 사도(邪道)는 올바르지 못하고 요사한 길을 말한다. 정치가들이 도리를 추구하는 정도 정치를 실천하며 자신의 양심에 따라 주어진 직위에 따른 권력을 사도에 이용하지 않고 국가와 국민을 위해 사용하는 정도 정치를 하면 된다.

2) 국민을 위한 정치

'국민을 위한 정치'가 무슨 의미인지 정확하게 이해하기 위해서는 '위한'의 동사 원형인 '위(爲)하다'[123]의 뜻을 알아볼 필요가 있다. '위하다'에는 첫째는 어떤 목적을 이루게 하다. 둘째는 이롭게 하다. 셋째는 공경하여 말씨를 존대하다. 넷째는 어떤 물건이나 사람을 소중하게 여기고 사랑하다. 다섯째는 어떤 사람이나 단체를 도우려고 생각하다 등의 뜻이 있다.

정치가 국민을 위한 정치를 하려면 '위하다'는 동사가 내포하고 있는 뜻을 실행하기 위해 봉사하고 헌신하는 정치를 해야 한다. 즉 국민을 이롭게 하거나 돕고, 소중하게 여기고, 갈등 해소와 문제 해결, 목표 달성을 통한 국가 발전, 좋은 법 제정, 합리적인 정책과 제도 도입, 공정한 법규 집행, 삶의 질 향상, 인간 존엄성 실현 등을 이루게 하려고 열심히 노력해야 한다. 그런데도 오늘날 어

---

123) '위하다'는 '위하여, 위해, 위해서, 위한'과 같이 활용할 수 있다. '위해서'와 '위하여'는 '위하다'의 어간 '위하-'에 시간적 선후 관계를 나타내거나 이유나 근거를 나타내는 연결 어미 '-여서/-여'가 붙은 것이며, '위해'는 '위하여'의 준말이다. 이처럼 '위하여, 위해, 위해서'는 형태상의 차이는 있지만, 의미상의 차이는 없다고 할 수 있다.

느 나라를 막론하고 정치가들이 국민에게 쉽게 호평이나 존경받지 못하는 이유는 국민을 위하는 것이 어떤 것인지, 어떻게 행동해야 하는지, 그 내용과 방법도 모르면서 자신을 위한 권력 획득과 유지를 위해 국민이 보는 앞에서는 국민을 위하는 척하지만, 뒤에서는 이기심에 의한 탐욕을 채우는 행위를 일삼기 때문이다.

이러한 행동이 자신을 위한 정치로 생각하지만, 그것은 착각이다. 자신을 위한 정치가 아니라 자신을 망치는 정치이다. 진정 자신을 위한 정치는 국민을 위한 정치를 하는 것이다. 자신을 위한 정치를 하는 사람은 재임 중에는 물론 퇴임 후에도 비판 대상이 되고 대개 말로가 좋지 않지만, 국민을 위한 정치를 하면 재임 중에는 물론 퇴임 후에도 국민으로부터 존경받는다.

3) 사단 실행

사단(四端)은 사람의 본성에서 우러나는 네 가지 마음씨란 뜻이다. ① 인에서 우러나는 측은지심(惻隱之心: 가엾고 불쌍히 여기는 마음, 즉 곤경에 처한 사람을 측은하게 여기는 마음) ② 의에서 우러나는 수오지심(羞惡之心: 자기의 옳지 못함을 부끄러워하고 남의 착하지 못함을 미워하는 마음, 즉 의롭지 못한 일에 대해서 부끄러워하고 미워하는 마음) ③ 예에서 우러나는 사양지심(辭讓之心: 사양할 줄 아는 마음 또는 타인을 존중하는 마음, 즉 남을 공경하고 사양하는 마음) ④ 지에서 우러나는 시비지심(是非之心: 시비를 가릴 줄 아는 마음, 즉 옳고 그름을 판단할 줄 아는 능력[124])의 네 가

---

124) 네이버 오픈백과.

지이다.[125] 올바른 정치 좋은 정치는 마음가짐에서 비롯된다. 그러므로 마음속에 사단을 새겨두고 정치를 행하면 올바른 정치가 된다.

4) 봉사와 헌신 그리고 이타주의 실천

이타주의(利他主義, altruism)는 다른 사람의 복지 향상을 행위의 목적으로 하는 생각이나 행위이다. 정치가가 국민을 이롭게 하고 국민의 행복과 복리 증가를 행위의 목적으로 삼고 일하는 데 국민이 싫어할 이유가 없다. 어느 시대와 국가를 막론하고 국민이 바라는 것은 정치가들이 국가와 국민을 위해 자기 이익을 희생하라는 것이 아니다. 그들도 생계를 유지하고 가계를 운영해야 한다. 그러므로 국민이 정치가에게 바라는 것은 봉사의 대가로 지급되는 급료를 받지 않거나 사회에 환원해야 한다는 것이 아니다. 정치가에게 주어진 책무인 사회문제를 해결하고, 국가를 발전시켜 국민의 복리를 증진하고 권익을 신장하여 삶의 질을 향상하고 인간 존엄성을 실현하도록 열심히 일을 해달라는 것이다. 간단하게 말하면 이타주의를 실천해 달라는 것이다.

이타주의의 반대말이 이기주의이다. 이기주의(利己主義)는 남을 돌보지 않고, 자기 이익만 차려 멋대로 행동하는 일, 윤리학에서 자기의 이익만을 행위의 규준으로 삼고, 사회 일반의 이익은 염두에도 두지 않는 주의를 말한다. 내용상으로 쾌락설과 개인적 공리설(功利說)의 두 가지가 있다. 정치가들이 국민의 기대를 저버리고 이기주의를 실현하기 위해 탐욕을 부리거나 권력을 누리려고 들면

---

125) 네이버 한자사전.

국민으로부터 비판받기 마련이다. 국민이 주권을 위임하고 의무 부담을 자임하는 이유가 국가 발전과 자신을 포함한 전체 국민의 복리 증진을 위한 것이지, 정치가의 이기주의에 의한 탐욕 실현이나 권력 향유를 위한 것이 아니기 때문이다. 올바른 정치를 하는 일이 생각해보면 이렇게 어려운 것만도 아니다. 국가와 국민을 위해 봉사와 헌신하며 이타주의를 실천하는 것이면 충분하다.

5) 상호존중 · 상호 만족 · 공존공영 추구

상호존중(相互尊重)은 서로 높이고 중하게 여김, 상호 만족은 서로 마음에 흡족(洽足)함이나 흡족하게 생각함, 공존공영(共存共榮)은 함께 존재하고 함께 번영함, 함께 잘 살아감을 뜻한다. 상호존중 · 상호 만족 · 공존공영 추구는 누구나 지향해야 할 인간 삶의 기본적인 자세이다. 정치가는 국가 발전과 국민을 위해 봉사하고 헌신하는 사람이기 때문에 더욱더 상호존중 · 상호 만족 · 공존공영 추구를 지향해야 한다. 상호존중하지 않으면 상호 만족할 수 없고 모두가 만족하지 않으면 공존공영은 어렵다. 그러므로 모든 일은 상호존중하는 마음에서 시작해야 좋은 결과를 얻을 수 있다.

정치가와 국민, 여당과 야당이 서로 존중하며 각각의 존재 가치와 고유 역할을 인정하고 서로 협력해야 하는 것은 당연하다. 서로 존중하며 협력하는 분위기가 조성되어 있으면 대화와 타협, 양보가 자연스럽게 이루어지므로 결과에 대해서도 상호 만족할 수 있다. 정치가가 만족하지 못하는 국민의 만족이나 국민이 만족하지 못하는 정치가의 만족, 여당이 만족하지 못하는 야당의 만족이나 야당이 만족하지 못하는 여당의 만족 상태에서는 좋은 정치가 이루어지기 어렵다. 서로 만족하지 못하고 어느 한쪽이 불만을 품은 상태에서는 공존공영도 달성되지 않는다. 그러므로 올바른 정치, 좋은 정치는 정치가가 상호존중·상호 만족·공존공영을 추구하며 모두 협력하면 된다.

6) 균형 발전 지향

발전(發展)은 더 낫고 좋은 상태로 나아감, 지향(志向)은 어떤 목적으로 뜻이 쏠리어 향함 또는 그 의지나 방향을 뜻한다. 인간의 욕망은 끝이 없어서 발전하더라도 만족하기는 쉽지 않지만, 삶의 목적이나 행동 목표는 향상 발전을 지향해야 한다. 그 이유는 발전을 통해 성취를 이루고 더 큰일을 감당하는 힘이 생기며 힘겨움, 괴로움, 아픔, 슬픔 등에서 벗어나 인간 삶의 궁극적인 목적인 행복한 삶에 한 걸음 더 다가설 수 있기 때문이다. 국가 발전 선도가 정치가에게 주어진 책무 중 하나가 되는 이유도 발전을 통해 국민이 행복한 삶을 살도록 하기 위함이다.

발전에서 중요한 것은 균형 발전이다. 국가가 발전하면, 그 수혜가 국민에게 고루 돌아가게 해야 하는 것은 당연하다. 이를 위해서는 합리적인 분배를 통한 균형 발전 추구는 필수적이다. 가용 자원이 한정되어 있으면 어쩔 수 없이 부분적인 발전을 선택하고 추진해야 할 때도 있다. 하지만 그런 때에도 균형 발전을 추구하겠다는 생각마저 버려서는 안 된다. 세상은 한쪽으로 치우친 행위를 하면 반드시 문제가 발생하게 되어 있다. 그러므로 정치지도자들은 항상 자신이 하는 행위가 균형과 균형 발전을 벗어난 것은 아닌지 수시로 점검하여 올바른 정치를 하도록 노력해야 한다.

7) 경세제민 실천

정치가들이 제대로 된 올바른 정치를 하는 방법의 하나가 경세제민을 실천하는 것이다. 경세제민(經世濟民)은 세상을 다스리고 백성을 구제함이다. 글을 아는 사람들은 경세제민의 뜻을 읽으면 자신이 경세제민을 이해한다고 생각한다. 그러나 경세제민의 뜻을 읽고 알았다고 하여 제대로 안 것이 아니다. 경세제민을 제대로 알고 이해하려면 경세제민의 뜻 속에 있는 단어들의 의미를 알고 그것을 다시 정리하여 실천에 옮겨야 한다. 그래야 경세제민을 제대로 알고 이해한 것으로 볼 수 있다.

여기서 경세제민의 뜻 속에 나오는 단어의 의미를 한번 찾아보면, 세상(世上)은 모든 사람이 살고 있는 사회의 통칭이다. '다스리다'는 '나라·사회·집안일을 보살피거나 주재하다. 사물이 문란해지지 않도록 바로잡다. 어지럽던 것을 평정하다. 병(잘못, 문제, 폐단)을 고치다. 죄에 대해 벌을 주다. 어떤 목적에 따라서 잘 정리하거나 다루어 처리하다'라는 뜻이다. 백성(百姓)은 일반 국민의 예스러운 말, 구제(救濟)는 구하여 건짐, 구하여 도움을 뜻한다. '구제하다'는 '자연적인 재해나 사회적인 피해를 보아 어려운 처지에 있는 사람을 도와주다.' 비슷한 말은 '도와주다. 돕다. 건지다' 등이다.

'도와주다'는 남을 위하여 애써 주다. '애쓰다'는 마음과 힘을 다하여 무엇을 이루려고 힘쓰다. '돕다'는 힘을 보태다. 조력하다. 협력하다. 위험을 벗어나게 하다. 위난에서 구하다. 이끌어 잘못됨이 없도록 하다. 후견(後見)하다. 금전이나 물품을 주어 구제하다. 어떤 상태를 촉진・증진시키다. '건지다'는 곤경에서 구해 내다. 실패한 속에서 얼마큼 실패가 덜 되도록 하다. '구하다'는 어려움을 벗어나게 하다. 물건을 주어 돕다. 병을 돌보아 낫게 하다라는 말이다. 정치가들이 사회와 국민을 대상으로 '다스리다. 구제하다. 도와주다. 애쓰다. 돕다. 건지다. 구하다'라는 뜻에 포함된 일을 실천하면 경세제민은 자연스럽게 이루어진다.

8) 민주주의 원리 존중과 실천

민주주의의 이념과 기본원리는 다음과 같다. 이념(理念)은 한 사회나 개인이 이상으로 여기는 근본적인 사상, 철학에서는 이성으로부터 얻은 모든 경험을 통제하는 최고의 개념을 뜻한다. 민주주의의 근본이념은 인간의 존엄성 실현에 있다. 인간은 인종, 종교, 국적, 성별과 관계없이 인간으로서 존중받아야 한다. 이를 위해서는 자유롭고 평등한 존재로서 각 개인의 자율적인 삶이 보장되어야 한다. 즉 자유와 평등은 인간의 존엄성을 실현하는 데 필요한 가치이다. 따라서 자유와 평등이 어느 한쪽으로 치우치지 않고 조화를 이루고 모든 사람을 차별 없이 사랑해야 한다. 프랑스 혁명의 3대 이념은 자유, 평등, 박애이다. 원리(原理)는 사물이 근거로 하여 성립할 수 있는 근본 이치나 법칙, 윤리학에서는 인식 또는 행위의 근본 전제, 철학에서는 기초가 되는 근거 또는 보편적 진리를 말한다.

민주주의에는 5가지 기본원리가 있다. 첫째는 국민 주권의 원리이다. 나라의 주권이 국민에게 있다는 주권재민(主權在民) 사상, 주권은 나라의 주인 되는 권한으로 민주주의에서는 이 주권이 국민에게 있다는 것이다. 둘째는 국민자치의 원리이다. 국민이 자신을 다스리는 정치, 지배자와 피지배자 동일체의 정치로 직접민주정치와 간접민주정치가 있다. 직접민주정치는 그리스의 민회, 스위스의 일부 지역, 간접민주정치는 선거를 통해 선출한 대표로 하여금 국민의사를 대신하게 하는 대의정치가 대표적인 형태이다. 국민자치의 원리란 국민이 스스로 나라를 다스린다는 것이다. 현재 세계에서 보통 이루어지고 있는 정치는 대의민주정치이다. 나라의 국민이 많아짐에 따라 모든 국민이 정치에 참여하는 직접민주주의를 실행하기 어렵게 되자, 대표를 뽑아 정치하는 대의민주주의가 생겨난 것이다. 지방자치제도는 국민자치의 원리가 반영되어 만들어졌다. 셋째는 권력 분립의 원리이다. 국가기관의 기능분담을 통해 견제와 균형을 실현하고 국민 탄압을 막기 위한 기본권 보장이 목적이다. 입법부는 법의 제정을 담당하는데 국회가 대표적인 기관이고, 사법부는 법의 적용을 담당하며 법원이 대표적인 기관이다. 행정부는 법의 집행을 담당하며 정부가 대표적 기관이다. 권력 분립은 권력이 한쪽에 치우쳐 독재자가 나타나 국민을 탄압하는 것을 애초부터 막기 위해 입법부, 사법부, 행정부의 3부로 나누어 권력을 삼권으로 분립하는 것을 말한다. 삼권분립을 처음 주장한 사람은 몽테스키외(Montesquieu)이다. <법의 정신>이라는 책에서 처음 소개하였다. 넷째는 입헌주의의 원리이다. 헌법에 국민의 기본권 보장을 명시하고 법치주의를 실현하는 것이다. 입헌주의의 원리란 헌법을 만들고 헌법에 따른 정치를 말한다. 따라서 대통령이라 해도 나라의 최고 법인 헌법을 어기면 처벌을 받게 된다. 다섯째는 다수결의 원리이다. 사람이 많을 때에 다수가 찬성하는 쪽의 의견을 따른다. 자신의 의견이 아니더라도 정해진 의견에 협조해야 한다. 그러나 소수 의견도 존중해야 한다는 것이 핵심적인 내용이다.[126] 정치를 올바르게 하는 방법의 하나는 민주주의 원리를 존중하고 실천하는 정치를 하는 것이다.

9) 부국강병과 이용후생 그리고 무실역행

부국강병(富國强兵)은 나라를 부유하게 하고 군대를 강하게 함 또는 그 나라나 군대, 나라의 경제력과 살림을 넉넉하게 하고, 군사력을 튼튼하게 한다는 말이다. 동서고금을 막론하고 한 나라를 다스리는 통치자들이나 위정자들이 한결같이 추진해 온 핵심 정책이다. 어느 시대 어느 국가든 자국의 이익과 안보를 꾀하지 않은 나라는 없었다. 자국의 이익과 번영을 위해서라면 심지어 무력으로 다른 나라를 침범해 주권과 재산을 강탈하고, 무고한 사람들을 수없이 살상하는 짓도 마다치 않았다. 인류의 역사는 빼앗고 빼앗기는 역사를 되풀이하며 오늘에 이르렀다. 그런데 이 모든 투쟁의 역사가 부국강병과 연관이 있다.[127]

이용후생(利用厚生)은 기구를 편리하게 쓰고 먹을 것과 입을 것을 넉넉하게 하여, 국민의 생활을 나아지게 함이다. 이용(利用)은 장인(匠人)이 그릇을 만들고 장사가 재물을 운반하는 것 등이고, 후생(厚生)은 옷을 입고 고기를 먹어 추위에 떨지 않고 굶주리지

---

126) 이진호(2011), "지도자론: 지도자가 갖추어야 할 자질과 리더십", 이담북스, pp.79~80.
127) doopedia 두산백과.

않는 것이다. 이용후생은 생산의 발달과 민생의 풍요를 지향하는 말로 <서경>의 대우모(大禹謨)에 나오는 "백성의 덕을 바르게 하고 백성이 편하게 쓰도록 하고 백성의 생활을 여유 있게 하는 세 가지를 조화시키십시오[正德利用厚生唯和(정덕리용후생유화)]"라는 말에서 비롯되었다.[128]

무실역행(務實力行)은 참되고 실속 있도록 힘써 실행함, 공리공론[129]을 배척하며 참되고 성실하도록 힘써 행할 것을 강조하는 사상이다. 무실(務實)은 '실(實)'을 힘쓰자는 뜻이고 '실'은 진실·성실, 거짓 없는 것을 말하며, 역행(力行)은 '행(行)'을 힘쓰자는 것이다.[130] 정치를 올바르게 하는 방법의 하나는 부국강병과 이용후생을 무실역행하는 것이다. 이를 위해 정치가는 청렴결백[131]하고 실사구시[132] 하며 실천궁행[133]해야 한다.

---

128) Basic 고교생을 위한 윤리 용어사전.

129) 공리공론(空理空論)은 실천이 따르지 아니하는, 헛된 이론이나 논의.

130) 한국민족문화대백과.

131) 청렴결백(淸廉潔白)은 마음이 맑고 깨끗하며 탐욕이 없음.

132) 실사구시(實事求是)는 사실에 따라 진리를 탐구하려는 태도이다. 즉 눈으로 보고 귀로 듣고 손으로 만져 보는 것과 같은 실험과 연구를 거쳐 아무도 부정할 수 없는 객관적 사실을 통하여 정확한 판단과 해답을 얻고자 하는 것이 실사구시이다. 이것은 <후한서(後漢書)> '하간헌왕덕전(河間獻王德傳)'에 나오는 "수학호고 실사구시(修學好古實事求是)"에서 비롯된 말로 청(淸)나라 초기에 고증학(考證學)을 표방하는 학자들이 공리공론(空理空論)만을 일삼는 송명이학(宋明理學)을 배격하여 내세운 표어이다. 그 대표적 인물로 황종희(黃宗羲)·고염무(顧炎武)·대진(戴震) 등을 들 수 있고 그들의 이와 같은 과학적 학문태도는 우리의 생활과 거리가 먼 공리공론을 떠나 마침내 실학(實學)이라는 학파를 낳게 하였다.

133) 실천궁행(實踐躬行)은 실제로 몸소 이행함.

제2절 올바른 정치를 위한 용어 이해

1. 지도자가 수용·실천해야 할 것

사람이 하는 일은 그 내용을 알고 하는 것과 모르고 하는 것은 차이가 난다. 처음 하는 일도 성공적으로 수행하고 좋은 결과를 내는 사람도 있지만, 그렇지 않은 사람은 더 많다. 자신이 하는 일의 전반에 대해 미리 지식을 쌓아 알고 하는 사람들은 위험요소를 방지하거나 피해 가면서 일을 효율적으로 수행한다. 목표를 달성하는 방법은 물론 진행과정에 문제가 발생하더라도 무엇이 잘못되었는지 알 수 있다. 그러므로 자체적으로 문제 해결 능력을 발휘하여 일을 원만하게 계속 수행할 수 있다. 그러나 지식이 없는 사람은 자신이 올바른 방법으로 일을 하는지 잘 모르는데다 문제가 발생했을 때도 스스로 해결할 방법을 찾지 못하면 어려움에 부닥칠 수 있다. 하지 말아야 할 일을 모르면 더욱 그렇다.

올바른 정치를 하기 위해서는 하면 도움이 되는 일과 하지 말아야 할 일을 구분하는 능력을 갖추는 것은 대단히 중요하다. 지도자가 수용·실천해야 할 것은 국민을 위한 정치를 하는 데 도움이 되는 것들이다. 이것은 단순한 용어로 끝나는 것이 아니고, 그 내용을 잘 파악하고 국민을 위한 일을 하는 데 실천해야 한다. 그러면 올바른 정치를 하는 데 반드시 도움이 된다.

1) 홍익인간

홍익인간(弘益人間)은 인간 세상을 널리 이롭게 한다는 의미로, 대한민국의 국조(國祖)인 단군(檀君)의 건국이념이자 정교(政敎)의 최고 이념이며 또한 교육이념이다. 단군신화에 의하면 '널리 인간세계를 이롭게 한다는 것'으로 천신 환웅이 이 땅에 내려와서 우리의 시조 단군을 낳고 나라를 세우게 된 이념이다. 단군신화의 가장 오래된 자료는 고려시대에 일연(一然)이 지은 <삼국유사(三國遺事)> 고조선조(古朝鮮條)로 고기(古記)에 '하시삼위태백가이홍익인간(下視三危太伯可以弘益人間: 삼위태백산을 내려다보니 인간들을 널리 이롭게 해 줄 만하였다.)'이라고 하여 '홍익인간'이라는 말이 처음 나온다. 또한 이승휴(李承休)가 지은 <제왕운기(帝王韻紀)>에 '하지삼위태백홍익인간여(下至三危太白弘益人間歟)'로 기록되어 있다.[134]

고조선의 건국이념은 ▲홍익인간(弘益人間) ▲재세이화(在世理化: 세상에 있으면서 다스려 교화시킨다.) ▲이도여치(以道與治: 도로써 세상을 다스린다.) ▲광명이세[光明理世: 밝은 빛(희망)으로 세상을 다스린다.][135] 등이다. 홍익인간과 함께 재세이화, 이도여치, 광명이세 하면 더욱 바람직하다.

2) 민본사상

민본사상(民本思想)은 민심(民心)을 근본으로 하는 정치사상을

---

134) 21세기 정치학대사전.
135) 매일경제.

말한다. 민본이라는 말은 <서경> 하서(夏書) 오자지가(五子之歌) 편의 '민유방본(民惟邦本)'이라는 말에서 나온 것이다. 민유방본 본 고방녕(民惟邦本 本固邦寧)은 백성이 나라의 근본이니, 근본이 튼 튼해야 나라가 편안하다는 뜻이다. 여기에는 우왕의 나라에 대한 우환의식(憂患意識)과 백성에 대한 경외가 다분히 내포되어 있는 데, 우국경민(憂國敬民)의 정신이 '민본'의 직접적인 계기로서 촉발 된 것이라 하겠다.

예로부터 우리에게는 '민심이 천심'이라는 의식이 잠재해 왔다. 그러므로 민심과 천심이 일치할 때 민본이 되는 것이다. 이는 유교 정치사상의 핵심이며 본질이 된다. 민본사상은 어디까지나 백성과 더불어 하며(天人相與), 이념적으로는 모든 사람이 선(善)에 이르도 록 지향하고, 조직적으로는 천하를 통일된 대일가(大一家)로 체계 화하려는 데 목적을 가진다. 이때 하늘과 그 상대자인 백성의 화합, 즉 '하늘이 보고 듣는 것을 백성이 보고 듣는 것'으로 삼아, 결국 상하가 통달 되는 천민합일의 새로운 매개자가 요구된다. 역사적으 로 본다면 민본사상에 따라 통치한 시대는 평화가, 민본사상을 잊 고 힘으로 지배한 시대는 혼란이 있었다.[136]

3) 덕치주의

덕치주의(德治主義)는 유학에서 이상으로 생각하는 정치의 방법 으로 통치자의 덕(德)에 의해 이루어지는 정치이다. 하(夏)·은(殷)· 주(周) 삼대(三代)를 이상으로 하는 유학은 이 삼대의 정치를 덕치

---

136) 한국민족문화대백과.

로 파악하고, 이 덕치에 의한 현실의 이상화를 추구한다. 덕치주의
는 공자(孔子)에 이르러 특히 강조되었다. 공자의 덕치주의는 유학
의 이상적인 정치형태로 계승되어, 맹자(孟子)에 이르러 왕도정치
(王道政治)로 구체화하였다.

항산[137](恒産)으로 대표되는 민생의 안정과 항심(恒心)[138]으로
대표되는 윤리적인 삶을 이룩하려는 왕도정치는 그 정치 방법에서
인의(仁義)[139]를 통해서 이루어진다. 이 점에서 명분으로만 인의를
빌리고 실제로는 힘만을 믿는 패도정치(覇道政治)와 구별된다. 공
자의 덕치주의는 맹자의 왕도정치로 이어져, 강제적인 지배를 정당
화하려는 법치주의와 대표정치를 거부하는 유교 정치사상으로 확
립되고 계승되었다. 덕치주의는 근본적으로 피치자인 민의 자발성
을 근거로 하고 있다는 점은 현대사회의 법치주의가 민의 동의를
요청하고 있다는 점과 서로 통한다.[140]

4) 왕도정치

왕도(王道, kingly government)는 맹자가 추구한 이상적인 정치형
태이다. 왕도정치(王道政治)는 맹자의 정치사상으로 통치자의 덕(德)
에 의한 정치로 덕치(德治)라고도 표현된다. 맹자에게서 가장 대표
적인 덕은 백성을 피붙이처럼 사랑하는 인(仁)이라는 점에서, 그것
은 인정(仁政)이라고도 표현된다.[141] 왕도정치는 무력이나 강압과

---

137) 항산(恒産)은 생활할 수 있는 일정한 재산 또는 생업(生業).
138) 항심(恒心)은 늘 지니고 있어 변함이 없는 떳떳한 마음.
139) 인의(仁義)는 어질고 의로움.
140) 한국민족문화대백과.

같은 물리적 강제력으로 다스리는 패도정치(覇道政治)와 대비되는 것으로서, 도덕적 교화를 통해 순리대로 정치하는 것을 뜻한다.

맹자는 인(仁)을 가장하여 실제로는 무력으로 다스리는 것을 패도라 하고, 덕으로 어진 정치를 시행하는 것을 왕도라 하였다. 힘으로 사람을 복종시키면 마음으로는 복종하지 않게 되고, 덕으로 사람을 복종시키면 사람들은 진심으로 따르게 되므로, 덕에 의한 왕도정치를 해야 한다고 하였다.[142] 이러한 이상적 정치에서 통치자는 백성에 대한 동정심을 바탕으로 백성의 안위를 염려하는 정치를 시행하며, 백성은 그러한 왕에게 마음으로부터 복종하며 자신의 부모를 따르듯 따른다. 그러므로 왕도정치가 실행되는 사회는 강제적인 법이 아니라 동정심을 비롯한 도덕의식과 배려로 질서가 유지된다.[143]

5) 이타주의

이타주의(利他主義, altruism)는 다른 사람의 복지 향상을 행위의 목적으로 하는 생각이나 행위, 다른 사람들을 위해 자기를 버리거나 다른 사람들의 이익을 위해 자기를 희생하기를 꺼리지 않도록 가르치는 도덕설,[144] 남을 이롭게 하려는 생각이나 사상·주의[145]이다. 도덕의 기초를 인애(仁愛)와 동정이라 보며 타인의 행복·복리를 행위의 목적으로 삼는 주장이다. 이기주의에 반대되는 말로

---

141) 서울대학교 철학사상연구소.
142) Basic 중학생이 알아야 할 사회·과학상식.
143) 서울대학교 철학사상연구소.
144) 철학사전.
145) 한자성어·고사명언구사전.

애타주의라고도 하며, 사회적 공리설로 불리기도 한다.

콩트(A. Comte)에 의하면 사랑을 주의로 하며 질서를 기초로 하고 진보를 목적으로 하는 주의이다. 세네카(L. A. Seneca)의 사해동포관(四海同胞觀)도 여기에 속한다. 라이프니츠(G. W. Leibniz)나 볼프(C. Wolff) 등은 도덕상 자애(慈愛)의 정을 기독교적 교리로부터 도출하여 사회적 공리설을 주장하고 있으나 이러한 사상 조류는 불교나 유교에서도 나타나고 있다. 특히, 묵자(墨子)의 겸애설(兼愛說)은 그 논리가 이타주의의 윤리에 일치하고 있는 점에서 흄(D. Hume)의 도덕론(On Morals)과 유사한 도덕적 원리라고 볼 수 있다. 그러나 완전한 이타(利他)를 주장할 수는 없으므로 결국은 자기 행복과의 일치를 구하려고 한다.

교육학에서 이타주의는 교육활동의 최후 목적으로 봉사적 자아의 형성을 주장하고 있다. 개인의 최고 가치를 '타인(他人)의 행복'에 둔다면 이타주의는 곧 교육의 궁극 목적이 될 수밖에 없다. 페스탈로치(J. H. Pestalozzi)의 교육행위는 이의 대표적인 경우이며 많은 교육적 업적들이 이 주장을 이상으로 삼고 있다.[146] 상호 이타주의(reciprocal altruism)는 자신이 받은 도움에 보답하기 위해 다른 사람을 돕는 것[147]이다. 공존공영을 위해 가장 바람직한 행위는 상호 이타주의를 실천하는 것이다.

---

146) 교육학 용어사전.
147) 실험심리학용어사전.

6) 자유 · 평등 · 박애

(1) 자유

자유(自由, freedom)는 남에게 구속을 당하거나 무엇에 얽매이지 않고 자기 마음대로 행동함, 법률의 범위 안에서 자기 마음대로 하는 행위를 뜻한다. 소극적으로 외적인 강제 혹은 구속을 당하지 않는 상태, 적극적으로는 자기의 의지에 따른 선택 · 결정이 가능한 상태를 말한다. 칸트(I. Kant)는 이성(理性)이 자신의 법칙(法則)에 따르는 것을 자유라고 하였다. 따라서 이성 이외의 법칙에 의해서 규제되는 것은 부자유 혹은 속박에 해당한다. 그 부자유의 원인이 인간의 외부에 존재하여 행동을 구속할 때 그것을 '행동의 부자유'라고 한다면, 정신적 질병과 같이 구속의 원인이 내부에 있을 때 그것은 '의지의 부자유'를 의미하는 것이므로 그러한 구속이 없는 상태를 '의지의 자유'라고 한다. 그러나 인간의 자유는 엄격히 말해서 행동의 자유와 의지의 자유로 구별되기 어렵다.

행동의 부자유는 단지 물리적 구속이 아니라, 의지에 의한 선택 · 결정을 따르는 행동이 외적 속박이나 제재를 받을 때 언급되는 말이다. 자유는 선택과 결정의 주체인 인간의 의지에 따르는 행동이 외적 속박이나 타아(他我)의 의지에 의해서 제약받지 않고 행하여진다는 것을 의미한다. 그러나 선택 혹은 결정의 의지는 자연적 충동에 의한 것과는 구별된다. 그것은 오히려 목적적 존재로서의 인간의 자기구속 혹은 자기통제의 기능을 할 수도 있다.[148] 정치가가 국민의 자유를 존중하겠다는 의지를 실천하는 것은 대단히 중요하

---

148) 교육학 용어사전.

다. 하지만 지나친 자유는 갈등과 혼란의 원인으로 작용할 수 있으므로 정치가와 국민 모두 자유가 방종 단계에 이르지 않도록 주의하고 절제해야 한다.

(2) 평등

평등(平等, equality)은 권리·의무·자격 등이 모든 사람에게 차별 없이 똑같음, 신분(身分)·성별(性別)·재산·종족 등과 관계없이 인간의 기본적인 가치는 모두 동등하다는 뜻이다. 동일성(同一性)과 공정성(公正性)으로 구분 해석될 수 있다. 동일성과 같은 의미로 해석할 때, 이것은 인간을 대우하는 기본적인 양식(樣式)을 지칭한다. 즉 인간은 빈·부·귀·천의 차이 없이 누구나 동일하게 태어났다. 따라서 그들의 대우에서 차별이 있을 수 없다. 동일성에 따르면, 평등이란 동질적(同質的)인 면을 고려하여 동일하게 대우하는 것이다. 그러나 동질성은 범주(category)에 의해 달리 규정될 수 있다.

궁극적으로 어떤 인간도 타인과 완전히 같을 수 없으므로 동일성에 의한 정의는 평등의 준거(準據)를 소극적으로 제시할 뿐이다. 평등을 공정성으로 파악할 때는, ① 평등을 전제한 규정과 실천은 정당한 규칙에 따른 것이어야 하며, ② 그 규칙은 대상의 특성을 정확히 파악하여 그것의 적절성(適切性)에 비추어 적용되어야 한다. 즉 공정성은 어떤 결과가 평등하냐의 문제에 관한 것이 아니고, 어떤 과정(過程)이 평등을 만족하게 하냐에 관한 것이다.[149]

---

149) 교육학 용어사전.

(3) 박애

박애(博愛, philanthropy)는 모든 사람을 차별 없이 사랑함이라는
뜻이다. 인간애를 의미하는 그리스어 'philanthrōpia'에서 유래된 말이
다. 시대와 국가의 차이를 넘어선 인간, 인류에 대한 사랑을 말한다.
이 말이 고대에는 코스모폴리타니즘[150]의 입장을 지닌 스토아학파[151]
에 의해 사용되었고, 근대에는 18세기에 바세도우(J. B. Basedow) 등
에 의해 교육 원칙으로 사용되었다.[152] 인간은 이성을 부여받은 존
재로 모두 자유로우며 평등하다. 이 모든 인간 사이를 결속시키는
것이 인류애 즉 박애이다. 18세기 후반부터 19세기에 걸쳐 영국에
서 사회복지를 의미하는 새로운 말로 자선(慈善, charity)과 함께 사
용되었다.[153] 자선(慈善)은 선의를 베풂, 특히 불행·재해 등으로
자활할 수 없는 사람을 구조함이고, 인종적 편견이나 국가적 이기
심을 버리고 인류 전체의 복지 증진을 위하여 온 인류가 서로 평등
하게 사랑해야 한다는 주의를 박애주의(博愛主義)라고 한다.

---

150) 코스모폴리타니즘(cosmopolitanism)은 사해동포주의, 세계만민주의, 세계시민주의 등
   으로 번역된다. 인종이나 민족, 국민이나 국가에 관계없이, 전 인류를 그 본성에서 혹
   은 신의 아래에서는 모두 동포라고 보는 입장이나 태도. 이것은 알렉산더 대왕이 그
   리스의 폴리스(polis)을 붕괴시키면서 세계 통일을 추진해 가고 있었던 무렵, 퀴닉 학
   파의 일파가 국가나 폴리스에 소속되는 것을 부정하고 자신들을 '세계의 시민
   (kosmpolites)'이라고 선언한 것에서 비롯되었으며, 로마의 스토아 학파 등의 세계이
   성(로고스)설에 기초하면서 한층 확실히 나타났다.
151) 스토아(Stoa)학파는 기원전 3세기 초에 제논(Zenon)이 창시한 그리스 철학의 한 학파.
   윤리학을 중시하고, 금욕과 극기(克己)를 통하여 자연에 순종하는 생활을 이상으로
   삼았다.
152) 철학사전.
153) 사회복지학사전.

7) 성과급제

성과급제(成果給制, result pay system)는 단위 행정 조직별로 주어진 업무를 수행한 결과 그 평가에 나타난 성과에 따라 소속 공무원들에게 배분되는 급여 제도,[154] 근로자의 작업시간에 관계없이 작업성과나 능률을 기준으로 하여 임금을 지급하는 제도를 말한다. 단순 성과급제, 차별 성과급제, 일급 보장 성과급제 등으로 나눈다. 단순 성과급제는 제품 1개당 임률을 정하고, 여기에 실제로 생산한 제품의 개수를 곱하여 계산하는 개수 임금제이며, 차별 성과급제는 하루의 표준 작업량을 정해 놓고, 표준성과를 올린 근로자에게는 높은 임률을, 작업성과에 미달한 근로자에게는 낮은 임률을 곱하여 계산하는 제도이다. 일급 보장 성과급제는 일정한 한도까지는 최저 일급을 보장하고, 그 이상의 작업량에 대해서는 성과급으로 지급하는 시간급과 성과급의 절충형태이다.[155]

성과급제는 단위 조직별로 공무원 집단 전체의 업무 성과를 기준으로 보수(報酬)의 수준을 결정한다는 점에서 개인별 업적을 기준으로 지급하는 능률급제와 구별된다. 또 성과급은 조직에 이바지할 수 있는 잠재적 가능성이 아니라 현실화된 기여도를 기초로 하여 산출한다는 점과 고정적인 것이 아니라 그때그때의 성과에 따라 보수액이 달라지는 것이 특징이다. 성과급제는 민간 기업에서 근로자와 사용자 간의 갈등을 완화하고 노동조합을 억제할 수 있다는 점에서 19세기 후반부터 유럽과 미국 등지에서 도입하였던 것이다. 그러나 오늘날에는 직장에 대한 애사심과 협동심 등을 유

---

154) 이해하기 쉽게 쓴 행정학용어사전.
155) NEW 경제용어사전.

발해 생산성을 높이는 것이 이 제도의 주요한 목적이 되었다.[156]

8) 사단설

사단설(四端說)은 맹자(孟子)가 주창한 인간이 근본적으로 지니는 4가지 도덕성에 관한 학설이다. 맹자가 성선설(性善說)에 바탕을 두고 주창한 인간의 본성에 관한 학설을 말한다. 맹자에 따르면 인간은 태어날 때부터 선(善)한 존재로, 덕성을 높일 수 있는 4가지 기본적 품성을 가지고 있는데, 이것이 인(仁)·의(義)·예(禮)·지(智)의 근원을 이루는 측은(惻隱)·수오(羞惡)·사양(辭讓)·시비(是非)의 마음인 사단(四端)이라는 것이다. 즉 사단은 사람의 본성에서 우러나는 네 가지 마음씨란 뜻으로 ▲측은지심(惻隱之心): 남을 사랑하여 측은히 여기는 마음 - 인(仁) - 사랑 ▲수오지심(羞惡之心): 불의를 미워하는 마음 - 의(義) - 정의 ▲사양지심(辭讓之心): 타인을 존중하는 마음 - 예(禮) - 질서 ▲시비지심(是非之心): 옳고 그름을 가리는 마음 - 지(智) - 지혜 등 네 가지이다.

맹자는 이러한 사상을 바탕으로 하여 정치사상의 핵심으로 왕도정치(王道政治)를 주창하였는데, 선(善)한 인간의 본성을 바탕으로 '인·의·예·지'의 마음을 넓혀 덕(德)을 완성하고, 이 덕행을 백성에게 펼침으로써 왕도정치가 실현된다고 보았다.[157] 사람의 행동은 마음가짐에 따라 달라진다. 정치를 잘하고 못하는 바탕도 마음에서 비롯된다. 좋은 마음씨를 가진 사람은 좋은 정치를 할 가능성

---

156) 이해하기 쉽게 쓴 행정학용어사전.
157) 시사상식사전.

이 높고, 나쁜 마음씨를 가진 사람은 나쁜 정치를 할 가능성이 높다. 사단(四端)은 정치가가 갖추어야 할 기본적인 마음씨이다.

9) 공정

공정(公正, equity)은 공평하고 올바름, 집단 혹은 사회의 조직적 생활 과정에서 여러 인격에 대한 대우 또는 복리(福利)의 배분 등을 기준에 따라 공평히 하는 것이다. 대우 혹은 배분의 대상들이 같으면 같이 대한다는 동일성(sameness)의 모형과 대상들의 이질성이나 동질성의 여하와 관계없이 주어진 규정 혹은 규칙의 적합성에 따라 대하는 적합성(fittingness)의 모형이 있다.[158] 공정성(公正性)은 공평하고 올바른 성질을 말한다.

공정경쟁은 경쟁시장에서 기업과 개인이 자유롭고 공정한 경쟁을 통해 경제 활동을 하는 것을 공정경쟁이라 한다. 시장에서 자유롭게 경쟁을 할 때 가격 인하, 품질 향상, 서비스 개선 등을 가져와 경제 이익을 소비자와 생산자가 함께 나눠 가질 수 있으며 나아가 경제 발전의 원동력이 될 수 있다. 그러므로 공정한 거래를 통한 공정경쟁이 바람직하다고 보는 것이다.[159]

공정성이론(公正性理論, equity theory)은 노력과 직무만족은 업무상황의 지각된 공정성에 의해서 결정된다고 보는 애덤스(J. Stacy Adams)의 이론이다. 애덤스는 조직 내의 개인과 조직 간의 교환관계에서 공정성(公正性) 문제와 공정성이 훼손되었을 때 나타나는

---

158) 교육학 용어사전.
159) 시사경제용어사전.

개인의 행동유형을 제시하고, 구성원 개인은 직무에 대하여 자신이 조직으로부터 받은 보상을 비교함으로써 공정성을 지각(知覺)하며, 자신의 보상을 동료와 비교하여 공정성을 판단하는데 이때 불공정성(不公正性)을 지각하게 되면 이를 감소시키기 위한 방향으로 동기(motivation)가 작용하여 균형을 찾는다고 하였다.

개인이 조직의 목표를 달성하기 위해 투입하는 것은 직무수행과 관련된 노력·업적·기술·교육·경험 등이며, 조직으로부터 주어지는 보상은 임금·후생복지·승진·지위·권력·인간관계 등을 포함한다. 개인은 자기가 조직에 투입한 것과 조직으로부터 받는 보상을 지각을 통해 인식하고 비교하며, 이때 지각을 통한다는 것은 개인의 주관적인 판단을 의미하는 것으로 개인은 자신의 보상/투입 비율과 타인의 보상/투입 비율을 비교하여 두 비율이 같으면 공정성을 지각되고 비율이 서로 다르면 불공정성을 지각하게 된다.

이러한 불공정성에 대하여 개인은 심리적인 긴장을 느끼고 긴장을 없애는 방향으로 적응 행동을 하게 된다. 따라서 개인은 자신의 노력과 그 결과로 얻어지는 보상의 관계를 다른 사람과 비교하여 자신이 느끼는 공정성에 따라서 행동 동기가 영향을 받는다. 즉 공정성 이론은 개인의 행동에서 동기를 자극하는 욕구나 유인 등 중요한 요인들이 단순히 절대적인 가치에 의하여 그 강도가 작용하는 것이 아니라 산출과 투입의 상대적 비율, 그리고 다른 사람과 상대적인 관계에서 동기요인들이 작용한다는 것을 강조하고 있다.[160] 공정한 사회가 되기 위해서는 기회, 절차, 평가, 책임의 공정과 사회적 약자에 대한 배려가 중요하다.

---

160) doopedia 두산백과.

10) 수기치인

수기(修己)는 자신의 몸과 마음을 닦음, 자기 수양을 함이다. '나를 닦음'이라는 수기(修己)의 개념은 수양을 통한 인간의 도덕적 완성을 중요한 내용으로 한다. 유학은 세계 완성, 즉 이상적인 사회 건설의 가능성을 이상적 인간의 완성에서 찾기 때문에 항상 수기를 중시하였다.[161] 수기치인(修己治人)은 '내 몸을 닦아 남을 교화(敎化)하다.[162] 스스로 수양하고 세상을 다스리다. 내 몸을 닦고 나서 남을 다스리다'라는 뜻으로, 백성을 덕으로 다스림을 의미한다. 공자는 이러한 원리의 근본을 인이라고 하였다.[163] 수기치인은 군자(君子)[164]의 두 가지 기본 과업이다.

사서 중 하나인 <대학>에서 <대학>의 도로 밝힌 팔조목에서 격물, 치지, 성의, 정심, 수신은 수기에 관련된 조목이라면 제가, 치국, 평천하는 치인에 관련된 조목이다. 수기에 일차적 관심을 두고 학문하는 것을 위기지학(爲己之學)이라고 하며 그것은 자신의 인격적 완성을 지향하는 공부를 의미한다. 반면에 치인에 일차적 관심을 두고 학문하는 것을 위인지학(爲人之學)이라고 하며 그것은 다른 사람들을 위하여, 즉 세상을 다스리는 일을 위하여 공부하는 것을 의미한다. 공부하는 학자는 두 가지 일을 모두 추구할 수 있지만, 일차적으로 어느 것에 더 관심과 정열을 바치느냐에 따라서 수기의 학문과 치인의 학문으로 구별될 수 있다.[165] 정치가가 수기치

---

161) 한국민족문화대백과.

162) 한자성어·고사명언구사전.

163) Basic 고교생을 위한 윤리 용어사전.

164) 군자(君子)는 학식과 덕행이 높은 사람. 예전에, 벼슬이 높은 사람을 일컫던 말.

165) 교육학 용어사전.

인 하지 않으면 욕심(慾心) 때문에 국가 발전은 저해하고 국민을 살기 어렵게 하며 자신은 망치는 일을 하기 쉽다.

2. 지도자가 경계·배척해야 할 것

지도자가 경계·배척해야 할 것은 정치가가 그것을 활용하면 국민을 위한 한 것이 아니라 국가 발전을 저해하고 국민에게는 해악을 끼칠 가능성이 높은 것들이다. 간혹 지도자가 경계·배척해야 할 것을 자신의 이기적인 탐욕 실현에 도움이 되는 것으로 생각하는 정치가도 있지만, 그것은 착각이다. 우선 도움이 된다고 모두 좋은 것이 아니다. 지금은 도움이 되더라도 다음에 문제를 일으키는 것은 좋지 않은 것이다. 진짜 좋은 것은 지금은 물론 다음에도 좋고 문제는 되지 않는 것이다. 그러므로 지도자가 경계·배척해야 할 것은 사용하지 않는 것이 좋다.

1) 패도정치

패도(霸道)는 인의(仁義)를 무시하고 무력이나 권모술수(權謀術數)로써 나라를 다스리는 일[166]을 말한다. 권모술수(權謀術數)는 목적을 달성하기 위해서는 인정이나 도덕도 돌보지 않고 모략과 중상 등 온갖 수단과 방법을 쓰는 술책이다. 패도정치를 하는 사람은 자신에

---

166) 한자성어·고사명언구사전.

게 힘이 있을 때는 추종자가 따르지만, 힘이 약해지면 비판 대상이 되고 배신과 반란이 일어나기 마련이다. 세력에 바탕한 힘과 권모술수로는 국민의 자발성을 이끌어낼 수 없다.

2) 계급투쟁

계급투쟁(階級鬪爭)은 서로 이해관계가 다른 지배 계급과 피지배 계급 사이에 정치적·경제적으로 일어나는 투쟁이다. 고대 그리스·로마 시대의 귀족과 노예·평민, 중세의 봉건 영주와 농노, 근대의 자본가와 노동자들 사이에 있던 갈등과 대립이 이에 해당한다. 계급투쟁(階級鬪爭, class struggle)은 마르크스주의에 의하면 계급 사회에서는 대립하는 계급 사이의 투쟁이 필연적으로 나타난다. 이러한 계급투쟁은 이제까지 계급사회의 역사를 통해 줄곧 행해져 왔을 뿐만 아니라 역으로 이 투쟁이 계급사회를 발전시키는 원동력을 이루기도 했다.

역사적으로 볼 때 고대 노예제 사회에서는 노예소유자와 노예, 중세 봉건제 사회에서는 봉건 지주와 농노, 근대 자본주의 사회에서는 자본가와 노동자 간에 이러한 계급투쟁이 행해졌다. 그런데 노동자계급의 계급투쟁에는 크게 보아 3개의 주요한 형태가 있다. 경제투쟁, 정치투쟁, 사상투쟁이 그것인데 이 중 정치투쟁이 가장 중요하다.[167] 혼란을 종식하거나 빼앗긴 나라를 찾을 때 등 정치에 투쟁이 필요한 때도 있다. 그러나 정치를 투쟁 대상으로 인식하면, 정치권력을 획득하기 위해 끊임없는 투쟁을 해야 한다. 투쟁은 결

---

167) 철학사전.

코 인간을 행복하게 할 수 없다. 그러므로 정치가들은 올바른 정치를 위해 투쟁을 지양해야 한다.

3) 이기주의

이기주의(利己主義, egoism)는 자기만의 이익을 중심에 두고, 다른 사람이나 사회의 이익은 고려하지 않는 태도를 말한다. 개인주의와 결부되는 것이다. 그렇지만 이기주의자 중에는 타인의 이익을 꾀하는 것을 수단으로 하여 그 목적을 달성하는 것도 있다. 요컨대, 목적은 자기이고 타인은 수단으로 작용할 뿐이다.[168] 국민도 이기적으로 행동해서는 안 되지만, 특히 정치가는 더욱 그렇다. 국가와 국민을 위해 봉사하고 헌신해야 할 정치가가 이기심을 채우는 행동을 하면 국가 발전을 저해하고 국민은 더욱 살기가 어려워지며 정치가 자신은 비판과 비난의 대상이 된다.

집단이기주의(集團利己主義)는 개인적으로는 상당히 도덕적인 사람들까지도 자기가 소속된 단체의 이익을 위해서는 이기적인 경향을 나타내기 쉬운 현상,[169] 특정 사회의 개별 이익집단들이 공익보다는 그들 집단의 사적 이익을 극대화하기 위해 행동하는 것을 말한다. 집단이기주의는 흔히 실정법을 무시하면서 집단의 힘으로 자기 이익을 관철하려는 데에 문제점이 있다. 비록 특정 집단의 집단행동이 법적으로 정당하다 하더라도 공익 또는 이익분쟁과 관련이 없는 다수 시민의 이익을 심대하게 침해할 때도 집단이기주의

---

168) 철학사전.

169) Basic 고교생을 위한 윤리 용어사전.

라고 할 수 있다.[170]

지역이기주의(地域利己主義)는 자기 지역의 이익만을 고집하는 현상을 말한다. 이기성을 보이는 이익적 요구의 주체와 해당 정책문제의 처리주체가 누구이냐에 따라 대체로 3가지 형태로 유형화할 수 있다. ① 주민과 지방자치단체 및 중앙정부 간의 갈등, ② 지방자치단체와 중앙정부 간의 갈등, ③ 지방자치단체 간의 갈등이 그것이다. 지역이기주의의 발생 원인은 정치와 행정에 대한 불신과 상호 의사전달 체계의 부재, 정책담당자의 조정능력 미비, 주민의 지나친 이기심 등을 지적할 수 있다. 아울러 공동체 의식의 약화나 정치권력의 통제성 약화 등 거시적 환경요인들도 지적될 수 있다.

핵폐기물처리장·하수종말처리장·쓰레기매립장·시립화장장 등을 자신들이 살고 있는 지역에 유치하는 것을 반대하는 주민과 중앙정부 및 지방정부와 갈등이 지역이기주의의 구체적 사례들이다. 이처럼 '내 뒷마당에서는 안 된다(Not In My Backyard)'라는 지역이기주의를 님비(NIMBY) 현상이라고 부르기도 한다. 또 자신의 거주 지역 안에는 환경오염 시설을 설치할 수 없다고 반대하는 바나나(BANANA, Build Absolutely Nothing Anywhere Near Anybody) 현상, 수익성 있는 사업을 자신의 지역에 유치하겠다고 고집하는 핌피(PIMFY, Please In My Front Yard) 현상, 자기 지역에 이익이 되는 시설을 유치하거나 그 관할권을 차지하려는 임피(IMFY: In My Front Yard Syndrome) 현상, 발전소·정신병원·교도소·쓰레기소각장 등의 공공시설을 위한 토지이용을 지역적으로 원치 않는 룰루(LULUs, Localy Unwanted Land Uses) 현상 등도 지역이기주의를 반영하는 용어들이다.[171]

---

170) 행정학사전.

171) doopedia 두산백과.

4) 엽관제도

엽관제도(獵官制度, spoils system)는 공무원의 임면(任免) 및 승진을 당파적 정실에 얽매어 행하는 정치관습에서 나온 제도이다. 엽관주의라고도 하며, 성적제에 대응하는 개념이다. 정권을 획득한 정당이 관직을 그 정당에 봉사한 대가로 분배하는 정치적 관행에서 발생한 것[172]으로 19세기 중엽 미국에서 성행했던 교체 임용주의(doctrine of rotation)[173]의 속칭이다. 1829년부터 약 50년 동안 미국의 공무원 인사제도는 선거 때마다 승리한 집권정당에 의하여 공무원에 대한 대폭의 인사교체(人事交替)가 이루어졌는데 이를 공식적으로는 교체 임용주의(交替任用主義)라 불렀다.

교체 임용주의는 제7대 대통령인 잭슨(A. Jackson)에 의하여 1929년에 처음 도입되었다. 그는 공직을 널리 국민에게 개방함으로써 진정한 국민의 의사를 국정에 반영할 수 있다는 신념 아래 정권교체에 따른 공직경질(公職更迭) 원칙을 내세웠던 것이다. 엽관제도는 당시 집권정당이 관직(官職)을 마치 전리품(戰利品, spoils)처럼 취급하였다는 데서 생겨난 속칭이다.

spoils system이라는 말은 '전리품은 승리자에게 속한다(to the victor belongs the spoils of the enemy)'라고 한 뉴욕 주 출신 상원의원 마시(William L. Marcy)의 말에서 유래된 것이다. 관직을 선거전에서 이긴 정당의 전리품으로 생각하고 이것을 구정권(舊正權)하에서 근무하던 사람으로부터 탈취하여 자기 정당을 위해 일한 사람들에게

---

172) 법률용어사전.

173) 교체 임용주의(交替任用主義, doctrine of rotation)는 19세기 중엽에 미국에서 성행하였던 공무원 임용제도인 엽관주의의 공식 용어.

나누어 주던 제도로 의미하게 되었다. 이러한 관료제를 흔히 정당 관료제라 부른다.[174] 이 제도로 말미암아 행정능률의 저하, 행정질서 교란 등의 폐단이 발생하였고, 이러한 폐단을 제거하기 위해 성적제가 대두하게 되었다.[175]

5) 연고주의

연고주의(緣故主義, nepotism)는 가족 중심주의, 지역주의 등을 의미하며 족벌이나 지연·학연 등에 따라 이해관계와 관심을 함께하고 다른 사람을 차별하는 배타적인 태도,[176] 혈연·지연·학연 등 일차 집단적 연고를 다른 사회적 관계보다 중요시하고, 이런 행동양식을 다른 사회관계에까지 확장·투사하는 문화적 특성을 말한다. 연고주의의 뿌리는 가족주의에서 찾을 수 있다. 연고주의는 조직 내에 가족적·친화적 분위기를 조성해 인간관계를 개선하나, 파벌적·할거주의적 행태를 조장함으로써 대내외적 정책 및 조직관리의 공평성과 합리성을 저해하는 역기능을 초래한다.[177]

6) 파벌주의

파벌주의(派閥主義)는 파벌적 행동을 하는 경향 또는 파벌을 주

---

174) 이해하기 쉽게 쓴 행정학용어사전.

175) 법률용어사전.

176) Basic 고교생을 위한 윤리 용어사전.

177) 행정학사전.

장하는 주의, 공적(公的) 사회에서 친분, 추종자 등의 사적(私的) 관계에 의하여 자파(自派)의 세력 확대, 지위·경제적 이익의 획득 등을 추구하는 행동양식 또는 의식 상태이다. 공적(公的) 사회에서 정실(情實)이나 친분, 추종자 등의 사적(私的) 관계에 의하여 자파(自派)의 세력 확대, 지배권의 확립 및 명예·지위·경제적 이익의 획득 등을 추구하는 행동양식 또는 의식 상태를 말한다.

특히, 관청·정당·노동조합·학계 기타 사회적 집단에서 널리 볼 수 있는 현상이다. 파벌주의는 근대의 비개성적인 조직 내부에서 개성적인 정서적 결합을 가능하게 하는 면도 있으나, 반면에 정실인사 등으로 자유로운 사회적 이동을 방해하며 조직 전체의 합리화와 능률을 저해하고 근대적인 공적 생활을 교란하는 중대한 폐해를 안고 있다.[178] 계파나 계보는 전체 구성원의 단합을 저해하며 법 앞에 평등을 가로막고 공정을 해치는 것으로 경계하지 않으면 안 된다.

7) 지역주의

지역주의(地域主義, regionalism)는 지역의 특수성을 바탕으로 하여 지역의 자주성을 유지하면서 그 연대·협력을 촉진하려는 입장이다. 보편주의에 상대되는 말이다. 지역주의에는 국내 지역주의와 국외 지역주의가 있다. 국제사회의 조직화를 추진하면서 보편주의자가 오늘의 세계는 하나이며 세계는 점점 더 좁아지고 있어서 국제 문제의 해결은 세계적 관점에서 도모하지 않으면 안 된다고 주장하

---

178) doopedia 두산백과.

는 데 대하여, 지역주의자는 국제기구의 실효성을 지탱하는 것은 지역 특유의 연대의식과 공통의 이익과 일체감 때문이라고 주장한다.

경제적·사회적 협력분야에서는 유럽공동체 등의 지역통합기구가 생겨 보편주의와 지역주의의 상호보완성을 보여 주고 있으나, 평화유지의 분야에서는 세계적 평화기구와 지역적 안전보장기구 사이에 대립이나 충돌이 발생할 가능성이 있으므로 양자 간의 관계조정을 도모할 필요가 있다.[179] 특히, 정치적 성격이 강한 지역주의는 지역에 대한 의식 또는 감정 등이 체계적으로 조직화하여 하나의 실천적 측면에서 이데올로기화된 신념 체계를 이룬다.[180]

현실 정치에서 정치가들이 국내의 지역주의를 장기간 이용하면, 다른 지역과 대립 구도가 형성되어 지역 간 대립과 갈등을 유발하고 대립이 첨예화하면, 지역 할거주의에 기초한 정치 구조가 구축되어 민주화와 국민 통합을 가로막고 정당 정치의 발전 저해 요소로 작용하는 역기능이 나타난다. 그러므로 정치가들은 국내에서 지역주의가 형성되는 것을 경계하고 권력 획득을 목적으로 한 득표와 지지세력 확장에 이용해서는 안 된다.

8) 정실주의

정실주의(情實主義, patronage system)는 인사권자와 개인적 신임이나 친소관계를 임용기준으로 하는 인사제도,[181] 실적(實績)을 고려하지 않고 정치성·혈연·지연(地緣)·개인적 친분 등에 의하여

---

179) doopedia 두산백과.
180) Basic 고교생을 위한 사회 용어사전.
181) 사회복지학사전.

공직의 임용을 하는 인사 관행이나 제도이다. 정실주의(情實主義)는 1688년 명예혁명 이후 싹터 1870년까지 영국에서 성행하였다.[182] 영국의 절대군주제 확립 당시 국왕은, 자신의 정치세력을 확대하거나 반대세력을 회유하기 위하여 개인적으로 신임할 수 있는 의원들에게 고위관직이나 고액의 연금을 선택적으로 부여하였으며, 장관들도 하급관리의 임명권을 이권화(利權化)함으로써 정실주의를 확대하였다.[183]

정실주의는 공무원 임용 관행으로 엽관주의(spoils system)와 그 생리가 비슷한 제도이다. 그래서 정실주의를 엽관주의와 같은 제도로 보는 사람도 없지 않다. 그러나 정실주의는 영국의 특수한 정치 발전 과정에서 생겨난 제도로 정치적 요인을 중요시하는 미국의 엽관주의(spoils system)보다 넓은 뜻으로 이해되고 있다. 엽관주의는 정권이 교체되면 공직의 전면 교체가 단행되었지만, 정실주의는 정권이 교체되더라도 대폭의 인사 경질은 없었다. 일단 임용된 관료에게는 신분이 보장되어 당시 영국의 공직은 종신적(終身的) 성격을 띠었다.

이처럼 정실주의가 종신(終身) 관료제를 채택하고 있었던 것은 공무원의 임용이 정당(政黨)을 중심으로 이루어진 것이 아니라 각 정치가를 중심으로 한 개별적인 인사 청탁이었다. 또 의원내각제하에서는 내각(內閣)이 사퇴하는 경우가 빈번하여 그럴 때마다 공무원의 교체가 대폭 단행되면 행정(→공공행정)의 공백과 함께 큰 혼란이 일어나기 때문에 행정의 안정과 계속성을 유지하기 위해서라도 종신 관료제가 필요했던 것이다. 그러나 정실주의가 성행했던 시대에는 필요 이상으로 공무원 수가 늘어나고 예산의 낭비, 무능

---

182) 이해하기 쉽게 쓴 행정학용어사전.

183) 사회복지학사전.

한 공무원의 배출과 행정능률(→능률성)의 저하 등 갖가지 폐단이
생겼다.

그리하여 영국에서는 이러한 비능률적이고 부패한 공무원제도를
타파하기 위하여 일대 개혁 운동이 일어나기 시작하였다. 그 획기
적인 계기가 된 것은 1853년의 노스코트-트리벨리언 보고서와 1870
년의 추밀원령(令) 제정이었다. 즉 1868년 새로운 선거법에 따라 자
유당이 집권하게 되자 글래드스턴(W. E. Gladstone) 수상은 일부
각료들의 반대를 무릅쓰고 공무원제도 개혁의 영단을 내려 1870년
에 실적주의(merit system)에 입각한 근대적 공무원제도를 확립시키
는 추밀원령을 제정·공포하였다.[184]

9) 연공서열제

연공서열제(年功序列制, seniority system)는 근속연수가 긴 구성
원을 승진과 보수 등에서 우대하는 인사 제도를 말한다. 관료제에
서 많이 나타나고 있으나, 일부 사기업체에서도 이러한 제도를 발
견할 수 있다. 예를 들어 미국·캐나다의 일부 사기업에서 일시해
고·승진 등 인사관리에서 근속연수가 긴 선임 노동자를 근속연수
가 짧은 사람보다 유리하게 대우하는 제도가 시행되고 있다. 직급
에 따라 정해진 초임급(初任給)을 출발점으로 하여 근속연수나 나
이에 따라 보수나 지위 등에 우선적 대우를 하여 주는 제도 또는
관행이다. 한마디로 신임(新任)의 순으로 승진·승급을 시켜주는
것을 연공서열제라 한다.

---

184) 이해하기 쉽게 쓴 행정학용어사전.

연공서열제 아래에서는 공무원이 열심히 일하지 않아도 별다른 잘못을 저지르지 않는 이상 일정한 기간만 지나면 저절로 승급과 승진을 하게 된다. 그러나 바야흐로 무한 경쟁시대에 임하여 행정 조직의 존립과 발전을 위해서는 이러한 관행의 철폐가 불가피하게 되었다. 즉 연공서열제는 공무원들로 하여금 무사안일주의에 빠지게 함으로써 정책 개발의 창의성을 무디게 하고 행정능률(→능률성)의 저하를 가져오게 하는 등 여러 가지 폐단이 있다.[185]

10) 지도자가 경계·배척해야 할 원소에 속하는 것들

(1) 지도자가 경계해야 할 원소

지도자가 경계해야 할 원소는 리더십 발휘에서 도구로 사용했을 때 결과가 상황, 대상, 정도에 따라 다르게 나타날 수 있는 것으로 분류되는 성분들이다. 잘 활용하면 이익이 되거나 도움이 되는 때도 있다. 그러나 이것이 확산하거나 장기적으로 사용되었을 때의 결과는 해를 끼칠 가능성이 크므로 경계해야 한다. 그렇다고 경계해야 할 원소들이 반드시 나쁜 것이나 좋지 않은 것으로 생각될 필요는 없다. 폐해가 나타날 수 있는 보완책을 마련하면서 잘 사용하면 도움이 되고 잘못 사용하면 폐해를 가져올 수 있다. 하지만 남용하는 것은 바람직하지 않다.[186] 지도자가 경계해야 할 원소에는 자기중심적인 사고, 의타심, 회의, 지나친 법규 의존, 집착, 쓴 마음, 합리화 등 지나친 방어기제 사용, 타성, 직관과 감 의존, 불평

---

185) 행정학사전·이해하기 쉽게 쓴 행정학용어사전.
186) 이진호(2011), "지도자론: 지도자가 갖추어야 할 자질과 리더십", 이담북스, p.207.

과 불만, 거짓말과 기만, 네거티브(negative) 전략, 충성에 의존한 경쟁 유발, 문제 제기, 공명심 등이 있다.

(2) 지도자가 배척해야 할 원소

지도자가 배척해야 할 원소는 평상시(平常時) 정상적인 상황에서 리더십 도구로 사용하고, 집단이나 사회조직 또는 구성원에게 확산하면 법규는 도전받고 갈등과 혼란이 고조되어 지도자 자신과 구성원은 물론 자신이 소속된 집단이나 사회조직의 유지 발전에도 위협이 될 수 있다. 그런데도 오늘날 높은 직위를 차지하고 있는 너무나 많은 사람이 배척해야 할 요소를 공공연하게 리더십 발휘를 위한 도구로 사용하고, 그것이 마치 리더십을 발휘하는 것으로 착각하는 경향이 있다. 하지만 배척해야 할 원소를 사용하는 것은 제대로 된 리더십을 발휘하는 것이 아니다.[187]

지도자가 배척해야 할 원소에는 부정적인 생각, 도덕적 해이, 개인주의, 정실인사, 부정부패 행위, 탐욕, 고정관념, 파벌 조성, 오만, 고립, 권위주의와 독단, 조작, 은폐와 은닉, 모함과 음해, 시기와 질투, 법규 위반, 인기영합주의(populism), 폭언, 쌍소리, 막말, 협박, 공갈, 위선, 기만, 이중인격, 인격적 모독 활용, 부하 공격, 청부 폭력, 부하를 내세운 폭력, 직접적 또는 간접적인 방법에 따른 부당한 압력행사와 요구, 공포 분위기 조성, 음해, 권모술수, 불공정 행위에 속하는 담합, 불공정 경쟁, 지나친 로비, 불법 행위에 속하는 불법 자금과 비자금 조성, 금권선거 등 여러 가지가 있다.[188]

---

187) 이진호(2011), "지도자론: 지도자가 갖추어야 할 자질과 리더십", 이담북스, p.220.
188) 이진호(2011), "지도자론: 지도자가 갖추어야 할 자질과 리더십", 이담북스, p.240.

제5장

정치가를 위한
사색의 시간

1. 진정한 용기란 무엇인가

용기(勇氣)는 씩씩한 의기, 사물을 겁내지 않는 기개, 의기(意氣)는 무엇을 하고자 하는 적극적인 마음이나 장한 기개를 뜻한다. 기개(氣槪)는 씩씩한 기상과 꿋꿋한 절개, 기상(氣像)은 사람이 타고난 올곧은 마음씨와 겉으로 드러난 의용(儀容)이다. 의용(儀容)은 몸을 가지는 태도(態度) 또는 차린 모습, 절개(節槪)는 절의와 기개, 신념·신의를 굽히지 않고 지키는 굳건한 마음이나 태도를 말한다. 이를 정리하면 용기는 타고난 올곧은 마음씨와 겉으로 드러난 몸가짐이 사물을 겁내지 않고 무엇을 하고자 하는 자세가 적극적이며 신념·신의를 굽히지 않고 지키는 굳건한 마음이나 태도라고 할 수 있다.

여기서 말하는 신념은 도리, 정당성과 합리성이다. 그러므로 진정한 용기는 도리, 정당성과 합리성을 추구하며 믿음과 의리를 굽히지 않고 지키면서 기존 제도와 법규 중 잘못된 것을 누구도 생각해내지 못한 방법으로 혁파하고 새로운 질서를 정립하는 것, 아무도 하지 않은 것이나 불가능한 것으로 여기는 일에 대해 해결 방법을 찾아내 성취하는 것이다. 용기는 만용과는 반드시 구분되어야 한다. 만용(蠻勇)은 사리를 분간하지 않고 함부로 날뛰는 용맹이다. 그러므로 용기 있는 사람이 되기 위해서는 부단히 연구하고 노력하여 사리를 분간하여 행동할 줄 아는 지혜를 갖춰야 한다.

2. 가치 혼란 부추기는 사람 독재자보다 더 나쁘다

　오늘날 자유민주주의 국가에서 살고 있는 사람들은 대개 독재자는 '나쁜 사람'이라고 생각한다. 독재(獨裁)는 독단으로 사물을 재결함, '독재 정치'의 준말이다. 독재 정치(獨裁政治)는 한 나라의 권력을 민주적인 절차를 무시하고 지배자 한 사람이 마음대로 행사하는 정치, 독재자(獨裁者)는 모든 일을 독단적으로 판단하여 처리하는 사람, 절대 권력을 가지고 독재 정치를 하는 사람을 말한다. 그런데 독재자보다 더 나쁜 사람들이 있다. 가치 혼란을 부추기는 사람들이 그들이다. 가치(價値)는 철학에서 대상이 인간과의 관계에 의하여 지니게 되는 중요성 또는 인간의 욕구나 관심의 대상 또는 목표가 되는 진, 선, 미 따위를 통틀어 이르는 말이고, 가치관(價値觀)은 어떠한 가치나 뜻을 인정하는가에 관한 각자의 관점을 말한다. 혼란(混亂)은 뒤죽박죽이 되어 어지럽고 질서가 없음, '부추기다'는 '남을 이리저리 들쑤셔 그 일을 하게 만들다'는 뜻이다.

　왜 독재자보다 가치 혼란을 부추기는 사람이 더 나쁜가? 그 답은 간단하다. 독재자는 대개 잘못이 드러나 비판이나 비방, 화풀이의 대상이라도 될 수 있다. 그러나 가치 혼란을 부추기는 사람들은 소리 없이 다가와 사람들을 선동하고 세뇌시킨다. 피해자들은 자신도 제대로 의식하지 못하는 사이에 가치관에 변화가 생겨 이념적으로 편향된 사고를 하게 된다. 그러므로 자신의 신념에 따라 행위를 한 것이 갈등의 원인으로 작용하여도 잘못의 원인이 자신에게 있다는 것을 의식하지 못한다. 심지어는 모든 책임을 상대에게 잘못이 있는 것으로 돌리고 비판과 비난을 일삼기도 한다.

갈등을 겪고 대가를 치르면서 잘못을 깨닫더라도 가치 혼란에 빠지게 되므로 자신이 그렇게 행동하게 된 원인을 쉽게 찾지 못한다. 만약 자신의 가치가 혼란하게 된 원인이 가치 혼란을 부추긴 사람 때문이었다는 것을 알았다고 하더라도 그에게 말려든 것은 자신의 어리석음이 원인이므로 제대로 따질 수도 없다. 집단이나 사회 조직에서 가장 경계해야 할 요소 중 하나가 특정한 이념이나 사상 등을 전파하기 위해 의식화에 앞장서고 자신들의 동조 세력을 포섭하는 사람이다.

가치 혼란을 부추기는 사람들은 대개 초기에는 단순한 인간관계나 개인의 피해 구제 협력, 이기심에 바탕한 구성원의 인기에 영합하는 행동을 하며 서서히 자신의 신념이나 가치, 사상이나 이념을 전파하는 일을 시작한다. 교류를 통해 어느 정도 시간이 지나면 비슷한 사상이나 이념을 가지거나 동조하게 하고 그 사람들을 규합하여 세력화한다. 이러한 과정을 거쳐 일정한 단계의 세력 확대가 이루어지면 권력 획득을 위해 기존 권력의 모순과 문제 등에서 드러나는 부당성과 불합리성을 지적하며 사회정의 구현 등을 명분으로 투쟁을 조장하고 획책한다. 그러나 그들이 추구하는 실질적인 목표는 권력 획득에 있다.

이념 논쟁에 의한 사회갈등과 분열 획책을 통한 권력 투쟁, 격렬한 노사분규 현장 이면에는 항상 가치 혼란을 부추기는 사람들이 존재한다. 인간은 누구나 자신이 권력자가 되고 싶은 권력 동기를 타고나므로 그들은 자신이 하는 행동을 대부분 정당한 것으로 생각한다. 잘못이 드러나 법규를 통해 처벌하려고 하더라도 끝까지 자신은 잘못된 행동을 한 것이 아니라고 항변하거나 잘못된 사회 법규의 희생양인 것처럼 사실이나 진실을 호도하는 경향이 있다.

그러므로 정치가들은 가치 혼란을 부추기는 사람들의 행동을 예의 주시하고 법규를 어길 때는 적극 대응해야 한다.

3. 실적과 성과 중요하지만, 그것이 전부는 아니다

현실적으로 지도자가 되는데 가장 중요한 요소는 실력과 실적이다. 추진력도 대단히 중요하다. 하지만 사람들은 결과를 평가의 핵심으로 삼기 때문에 과정이나 동기가 좋아도 결과가 좋지 않으면 높은 평가를 받기 어렵다. 실적(實績)은 실제의 업적·공적, 성과(成果)는 이루어진 결과를 말한다. 실적이 조직 내에서 승진하고 성공하고 지도자가 되는 데 중요하다는 점을 인식한 사람 중에는 어떤 수단과 방법을 사용하든 좋은 실적만 내면 된다는 위험한 생각을 하고 그것을 행동에 옮기기도 한다. 위법 행위를 사용하여 좋은 실적을 올린 사람들은 자신이 사용한 위법 행위를 숨기기에 급급하다. 좋지 않은 방법이나 반칙을 사용하더라도 그것이 드러나지 않으면 한때 좋은 실적을 올린 것으로 인정받는 일도 있다. 그러나 이것은 대단히 위험한 발상이다.

다른 사람들은 멍청이가 아니다. 감추는 것은 한계가 있다. 사람이 한 행위는 반드시 흔적이 남는다. 좋지 않은 방법을 사용한 사람 중에는 그 흔적까지 지우려 애쓰지만, 그런다고 모두 지워지는 것도 아니다. 설사 지워진다고 하더라도 자신의 양심까지 속일 수는 없다. 실적이나 성과는 중요하다. 그리고 현실적인 평가에 강한 영향을 미친다. 그러나 성과 창출에서 가장 중요한 것은 도리, 정당성,

합리성을 충족시키고 공감 받는 방법에 따라 쌓은 내용이어야 한다는 점이다. 그렇지 않으면 자신이 쌓은 실적으로 말미암아 훗날 비판받고 논란의 대상이 될 수도 있으며, 생각하지 못한 문제를 일으키고 구성원에게 피해를 주거나 부담으로 작용하게 할 수 있다.

우선은 필요성 때문에 잘못된 방법을 사용하는 것이 용인될지 몰라도 그것은 관례가 되어 다른 사람들도 새로운 방법을 개발하기보다는 손쉬운 잘못된 방법에 의존하려는 마음을 갖게 한다. 이러한 행동이 여러 사람에게 확산하면 법규가 도전 받고 훼손되어 결국은 모두에게 피해가 돌아오기 마련이다. 성과 평가에서 중요한 것은 목표 달성 여부이다. 그러나 집단이나 사회조직 내에서 일은 목표 달성이 끝이 아니다. 분배로 이어질 때는 새로운 일의 시작을 의미한다. 이러한 과정의 순환이 지속해서 반복된다. 따라서 성과는 진행과정과 결과에 대해 누구나 공감할 수 있어야 한다. 좋은 성과는 그대로 좋은 업적으로 이어질 수 있으므로 지도자는 좋은 성과를 창출하기 위해 끊임이 연구해야 한다.

4. 규칙 경쟁 등 좋은 틀 못 만들면 모두가 피해자 된다

사람은 누구나 우선 자신에게 이익이 되는 일을 하고자 한다. 이것은 본능적 욕구를 충족하기 위한 자연스러운 행동이다. 그런데 수많은 사람이 모여 사는 집단이나 사회단체 내에서 공익을 무시하고 자신의 이익에 우선하는 행동을 하면 문제가 발생한다. 그 문제로 말미암아 다른 사람이 손해를 입기 때문에 갈등과 논란이 발생한다. 이러한 문제를 해결하기 위해 사람들은 국가와 법규를 만들고 질서를 만들고 정해진 영역 범위 안에서 자유로운 활동을 통해 생업을 유지하게 하고 있다. 하지만 어떤 사회든 반드시 법규를 위반하는 사람, 법규의 한계나 맹점, 모순을 이용하는 사람, 법규 준수와 위반을 필요와 상황에 따라 오가는 행동을 하는 사람이 있다. 이것은 반칙이다.

반칙하는 사람과 반칙을 하지 않는 사람이 경쟁하면, 아무래도 반칙을 하지 않는 사람이 불리하다. 그런데 오늘날 민주주의에서 진행되는 많은 선거는 반칙으로 얼룩져 있다. 후보자 스스로 반칙을 통해서라도 당선되려고 시도하는 사람들이 적지 않다. 하지만 이들에게 편승하여 자신의 편익을 챙기고 이기심을 실현하기를 원하는 사람들이 반칙을 방조하고, 드러난 반칙을 오히려 두둔하거나 변명하며 억지 논리로 후보자의 처지를 대변하는 어처구니없는 일을 하기도 한다. 이러한 구성원의 이기적인 행동은 선거를 더욱 혼탁하게 하고 결국은 많은 양식을 가진 국민으로 하여금 선거와 정치에 대해 혐오감을 갖게 한다.

집단이나 사회단체는 기본적으로 공동목장과 같다. 공동목장에서 특정인이 편익을 더 많이 취하면 다른 사람에게 돌아갈 몫이 적어진다. 공정한 공동분배보다 모두가 자신의 이기심을 채우기 위해 더 많은 이익을 가지려고 경쟁하면 공동목장은 망한다. 목장이 망하면 사람이 살 수 없다. 규칙의 중요성이 여기에 있다. 우선은 각자 자신에게 돌아오는 편익이 다소 적더라도 공존공영을 위해 구성원이 규칙 경쟁의 틀을 만들고 지키지 않으면 언젠가는 모두의 생존을 위협당하는 대가를 치러야 한다. 구성원이 반칙을 일삼는 사람을 지지하고 그들을 내버려두면 그 사회는 선진사회가 될 수 없다.

다른 집단이나 사회에 소속된 사람들이 선진사회라 하더라도 기득권 세력 외에 일반 내부 구성원은 불공정에 시달려야 하므로 불만이 팽배할 수밖에 없다. 불공한 사회는 좋은 사회가 아니다. 그러므로 모두가 피해자가 되지 않기 위해서는 규칙에 따라 경쟁하는 좋은 틀을 만들고 모두가 그것을 열심히 지켜야 한다. 정치가는 더욱 그렇다.

5. 인간 삶에서 가장 중요한 것은 마음가짐과 노력

노력(努力)은 애를 쓰고 힘을 들임, 마음가짐은 마음을 쓰는 태도, 마음의 자세를 말한다. 인간 삶에서 왜 마음가짐과 노력이 가장 중요한가? 그것은 인간이 태어날 때부터 수동과 자동이 공존하는 구조로 되어 있기 때문이다. 즉 수동 부분의 노력 없이는 생존할 수 없도록 만들어졌다. ▲배가 고플 때 음식물을 확보하고 식사를 하고 ▲공부하고 훈련하고 경험하는 수동적인 노력이 가해지면, 그다음부터는 자동으로 소화하여 ▲몸에 필요로 하는 양분으로 전환하고 ▲에너지를 공급하여 몸을 움직이고 ▲건강을 유지할 수 있게 하고 ▲공부를 더 잘하게 하고 ▲스스로 좋은 생각을 창출하게 하고 ▲깨닫게 하고 ▲일을 잘하고 효율적으로 많이 할 수 있게 하고 ▲일을 감당해내는 힘도 생기게 한다.

인간에게 있어 수동 부분은 누가 대신해 줄 수 있는 것이 아니다. 모두 스스로 해야 한다. 각 개인이 타고난 자질도 중요하기는 하지만, 수동적인 노력이 있어야 잠재력이 빛을 발하고 꽃을 피운다. 아무리 뛰어난 천재적 소질을 가진 사람도 노력하지 않으면 아무것도 이룰 수 없다. 인간은 숨을 쉬지 않고는 3분, 물을 마시지 않고는 3일, 음식을 먹지 않고는 3주 이상을 살기가 어려운 어떻게 보면 아주 나약한 존재이다. 하지만 노력과 마음가짐은 인간을 강인한 존재로 거듭나게 한다.

마음가짐은 모든 일을 하는 바탕이다. 좋은 마음가짐을 갖고 일을 하는 것과 좋지 않은 마음가짐을 갖고 일을 하는 것은 결과에 많은 차이가 난다. 긍정적인 사고의 바탕이 되는 '할 수 있다'는 생각이 마치 불가능한 것처럼 보였던 많은 일을 해내게 했고, 그 결과 끊임없는 발전을 이룩했다. 지금 하는 일이 잘 안 되고, 잘 안 풀리고, 어려움에 부닥쳐 있다면 자신이 어떤 노력을 하고 어떤 마음가짐을 갖고 있는지 한번 살펴볼 필요가 있다.

6. 균형 잃으면 제대로 앞으로 나아갈 수 없다

균형(均衡)은 어느 한쪽으로 치우침이 없이 고른 상태를 말한다. 집단이나 사회단체는 비행기나 비행 물체와 같다. 비행기가 공항에서 이륙하여 상공을 날고 목표하는 장소에 정해진 시간 내에 도착하기 위해서는 균형을 잘 유지해야 한다. 균형을 잃으면 제대로 날지 못하거나 땅 위에 곤두박질칠 수 있다. 곤두박질치지 않으려면 균형을 잘 잡아야 한다. 집단이나 사회단체도 마찬가지이다.

집단이나 사회단체에서 균형을 유지하는 축은 크게 보면 지도자와 구성원이다. 지도자와 구성원이 상호 협력하여 균형을 잘 유지하면서 열심히 노력하면 목표하는 바를 달성할 수 있다. 그러나 지도자나 구성원 어느 한쪽에서 편중된 행동을 일삼으면 그 사회는 불만이 생기고 문제가 발생해 제대로 발전하지 않는다. 균형의 중요성을 가장 잘 표현한 것이 중용이다. 중용(中庸)은 어느 쪽으로든지 치우침이 없이 중정(中正)함을 말한다. 중용이 얼마나 실행하기 어려운 일인지는 중용에 잘 언급되어 있다.

<중용(中庸)> 제2편 군자(君子)와 중용(中庸)에 子曰 天下國家 可均也 爵祿 可辭也 白刃 可蹈也 中庸 不可能也(자왈 천하국가 가균야 작록 가사야 백인 가도야 중용 불가능야)라는 글이 있다. '공자께서 말씀하시길 천하의 국가도 고르게 다스릴 수 있고, 작록도 사양할 수 있고, 서슬 퍼런 칼날도 밟을 수 있다 하여도 중용은 능히 할 수 없느니라'[189]라는 뜻이다. 중용까지는 아니라도 누구나 제대로 삶을 하기 위해서는 사고와 행동의 균형을 유지하기 위해 노력해야 한다.

7. 고객 만족과 서비스의 본질은 무엇인가

서비스 제공을 통한 고객 만족의 본질은 고객에게 편익을 제공하는 일이다. 사전적 의미의 고객(顧客)은 물건을 사러 오는 손님, 단골손님이다. 하지만 여기서 말하는 포괄적인 의미의 고객에는 손님, 소비자, 고객, 거래나 연관 관계에 있는 사람, 함께 일하는 사람과 상대로 통칭하는 사람들 모두가 해당한다. 그러므로 고객에는

---

189) 중용.

자신을 포함한 가족 또는 집단이나 단체의 내부 직원이나 동료, 거래 관계에 있는 협력이나 납품 업체 관계자 그리고 하급기관, 상부의 관리감독기관 종사자나 최고 의사결정자, 국민도 포함된다.

서비스(service)는 손님을 접대함 또는 장사로서 손님에게 편의를 줌, 개인적으로 남을 위해 여러 가지로 진력함, 장사에서 값을 에누리하거나 덤을 주어, 손님에게 이익을 줌이다. 편익(便益)은 편리하고 유익함, 편리(便利)는 편하고 쉬움, 유익(有益)은 이롭거나 이익이 있음, 도움이 되는 데가 있음, 이익(利益)은 물질적으로나 정신적으로 보탬이 되는 것, 유익하고 도움이 되는 것이다. 사람은 누구나 자신에게 편익이 돌아오면 좋아한다. 그러나 편익은 반드시 물질적인 것만을 의미하지는 않는다. 친절(親切)은 매우 정답고 고분고분함 또는 그런 태도를 말하는데, 누구나 자신에게 친절하게 대해 주는 것에 감사하며 편안함을 느낀다.

고객에게 서비스를 제공하고 만족하게 하면 어떤 변화가 일어나는가? 첫째는 인간관계가 좋아진다. 인간관계가 좋아지면 연관되는 사람 모두 마음이 편해진다. 그러면 좋은 관계를 유지하기 위해 서로 협력한다. 소비자나 고객과 관계가 좋아지면 때로는 그들로부터 도움을 받을 수도 있다. 둘째는 일의 효율이 높아지고 수익이 증대된다. 민원과 불만사항이 제대로 제때 처리되지 못하면 하는 일이 지연되고 고객은 거래나 구매처, 서비스를 제공하는 업체를 옮길 수 있다. 그러므로 고객을 만족하게 하고 양질의 서비스를 제공하면 자신이 하고자 하는 일을 원활하게 처리하고 입지를 강화하고 편익을 증대시키고 편안하게 하고 발전 모멘텀[190])을 얻을 수 있는 결과를 가져온다.

---

190) 모멘텀(Momentum)은 그 자체의 성공으로부터 스스로 에너지를 축적해 집단이나 사회 조직 성장의 가속 효과를 만들어내는 힘이다.

고객에게 서비스를 제공하고 만족하게 하면 그것을 제공하는 나 또는 우리가 얻는 것은 무엇인가? 그것은 삶의 질 향상과 인간 존엄성 실현이다. 이것은 행복한 삶의 바탕이 된다. 고객을 만족하게 하고 양질의 서비스를 제공하면 그것으로 말미암아 우리가 속한 집단이나 사회가 유지 발전한다. 이것은 우리 자신의 행복한 삶을 위한 일이다. 실제 고객을 감동하게 하는 사람은 고객뿐만 아니라 자신도 기쁨과 행복을 느끼는 일이 적지 않다. 그러므로 고객 만족은 고객을 위한 일이기도 하지만 자신을 위한 일이다.

8. 합력의 크기 왜 수시로 변하는가

합력의 크기가 변화하는 요인을 한마디로 말하면 환경의 변화이다. 환경을 구성하고 있는 요소가 변화하므로 그에 따라 합력의 크기도 수시로 변화한다. 환경 요소는 여러 가지가 있다. 여건, 상황, 돌출한 장애물, 문제, 한계, 설비, 기술 개발 내용이나 기술 개발 정도, 지도자를 포함한 모든 구성원의 감정, 몸 상태, 기분, 추구하는 가치관, 능력 차이, 관심 등의 내부 요소가 있다. 외국이나 국제기구, 정부 정책이나 제도 시행, 새로운 법규 제정, 행정기관 담당 공무원의 교체, 시장 흐름, 소비자의 구매형태, 협력업체 등 외부 요소도 중요하다.

환경(環境)은 생물에게 직접 또는 간접으로 영향을 주는 자연적 조건이나 사회적 상황, 요소(要素)는 사물의 성립·효력 등에 꼭 있어야 할 성분 또는 조건을 말한다. 지도자는 이러한 요소를 반영하여 조직을 이끌어 가면서 문제를 해결하고 목표를 달성하고 발전하게 하면서 삶의 질을 향상하고 인간 존엄성을 실현해야 하므로 참 어려운 자리인 것같이 생각될 수도 있다. 그러나 이 어려움이 지도자의 필요성을 만들어 내고 리더십 역량을 키우도록 하는 것이다. 문제와 해결 방법을 모두 알고 있으면 왜 굳이 지도자를 선출하고 리더십 역량을 강조하겠는가?

세상에서 사람이 하는 일은 방법을 모르고 기술이 부족할 때는 한없이 어려울 수도 있지만, 방법을 알고 기술을 터득하면 대개 누구나 할 수 있다. 지도자가 되고 리더십을 발휘하여 큰 합력을 만들어내는 것도 마찬가지이다. 일은 혼자서 하는 것이 아니고 세상도 혼자 살아가는 것이 아니다. 열심히 공부하고 서로 도우며 살아가면 된다. 환경 요소의 변화는 급속한 대응을 요구하는 것도 있지만, 그렇지 않은 것이 더 많다. 그 내용이 어떤 것이든 집단이나 사회단체의 조직 체계가 만들어져 있고 각자 업무를 분담하고 있으므로 주어진 일만 잘하면 대부분 해결할 수 있다. 선택과 집중에 따라 결과와 나아가는 행로가 달라지지만, 온 힘을 기울여 선택하고 집중하여 나타난 결과는 그대로 수용하면 된다.

9. 선택과 집중이 현재 위상과 미래 성장을 결정한다

위상(位相)은 어떤 사물이 다른 사물과의 관계 속에서 가지는 위치나 상태를 말한다. 개인도 그렇지만 집단이나 사회단체의 현재 위상과 미래 성장은 선택과 집중이 큰 영향을 미친다. 인간의 삶은 어떤 선택을 하느냐에 따라 나아가는 길이 매번 달라진다. 최고라는 같은 목표를 두고 각자 나름대로 열심히 노력했는데도 그것을 성취하는 사람도 있고 성취하지 못하는 사람도 있다. 성취와 불성취의 차이를 만들어내는 것은 자질과 환경 등 여러 가지 요소가 있다. 그중에서도 가장 핵심적인 것이 선택과 집중이다.

선택과 집중이 핵심이 되는 이유는 우리가 주목하고 관심을 둬야 할 것이 타고난 자질과 주어진 환경 등 인위적으로 어떻게 할 수 없는 것이 아니라 인간의 노력으로 변화시키는 데 중추적인 역할을 하는 것이기 때문이다. 성취하는 사람은 대개 효율적인 방법을 선택하고 일을 하는 동안에도 그것에 집중한다. 그러나 성취하지 못하는 사람은 효율적인 방법과 비효율적인 방법을 오가거나 비효율적인 방법을 선택하고, 선택한 후에도 집중하지 못하는 경향이 있다. 좋은 선택은 기회를 살리고 더 좋은 기회를 불러들여 더욱 발전하게 한다. 그러나 잘못된 선택은 주어진 기회를 잃게 할 뿐만 아니라 발전의 기회까지 앗아간다.

선택은 일을 하기 위한 의사결정이므로 다음에는 일이 수반되어야 한다. 좋은 선택을 하고 그 결정에 따라 집중하여 열심히 일하면 좋은 결과를 낳기 때문에 위상도 점점 높아지기 마련이다. 이러한 행동을 통한 단계적 발전은 일을 감당하는 힘을 증가시키고 자신감을 갖게 하므로 현재의 위상은 물론 미래 성장까지도 결정하는 중요한 요소로 작용한다. 한번 성장에 탄력이 붙으면 현재는 물론 미래의 성장도 잘 견인해 나아간다.

10. 가치관, 문화, 환경의 중요성

　가치관과 문화, 환경은 인간을 전혀 다른 사람으로 변화시키는 힘을 가지고 있으며, 뛰어난 지도자를 만드는 가장 기본적인 요소이다. 인간은 누구나 자신이 속한 집단이나 사회 조직의 가치관과 문화, 환경의 영향에서 벗어날 수 없다. 같은 민족이라도 각각 다른 나라에서 태어나고 성장한 사람의 생활양식과 삶의 진행방식은 그 나라 특성에 따라 각기 다르다. 인간은 누구나 자신이 살고 있는 세계의 가치관과 문화, 지역적 특성을 비롯한 환경의 영향을 받는다. 특히, 우리를 둘러싸고 있는 사람들이 미치는 엄청난 영향력을 인정해야 한다.

　모든 집단이나 사회 조직은 교육과 단체생활 또는 일을 진행하는 과정에서 사회화를 추진한다. 공유 가치관과 문화 전달을 포함한 지도자 육성도 사회화를 통하여 이루어진다. 그러므로 특정한 사회 속에서 공동의 가치관과 문화를 부정한 채, 혼자만의 독특한 가치관이나 문화적 양식을 갖고 소속의 일원으로 살아가기는 어렵다. 사람은 누구나 변화하는 환경에 적응하며 때로는 변화의 주체가 되기도 한다. 각 집단이나 사회단체의 지도자는 자신이 소속된 집단이나 사회단체를 둘러싸고 있는 환경 속에서 성장하고 자신의 리더십을 발휘한다. 그러므로 환경과 사회화는 지도자를 육성하고 리더십을 발휘하는 바탕이 된다.

　전쟁영웅이 탄생하는 것, 맨손으로 시작하여 세계적인 거대기업집단을 만드는 것, 국민의 존경을 받는 정치가 되는 것 등은 모두 자신이 소속된 집단이나 사회단체의 가치관, 문화, 환경이 배태(胚胎)

하고 탄생하게 한다. 가령 한 국가에서 전쟁영웅이 출현하려면, 그 국가와 인접 국가 사이에 전쟁이 일어나고 자국의 가치관과 문화를 지키려는 강한 의지를 갖추고 전쟁을 승리로 이끌 장군이 사회화를 통해 육성되어 있어야 한다. 그러므로 좋은 지도자를 육성하려면 먼저 좋은 가치관과 문화, 환경을 만드는 노력이 필요하다. 세상에 우연히 만들어지는 것은 거의 없다. 반드시 누군가의 노력이 있었다. 단지 우연이라고 생각될 뿐이다.

11. 높은 지능지수를 가진 사람을 넘어서게 하는 것

높은 지능지수를 가진 사람과 경쟁에서 그들을 넘어서게 하는 방법이 있다고 하면 사람들은 마치 무슨 새로운 것을 발견했는가 하고 상당한 관심을 보일 가능성이 있다. 하지만 그 방법은 우리가 모두 이미 알고 있다. 교육훈련, 탐구, 재미, 몰입, 강한 의지, 용기, 지속적 노력, 인내, 원활한 인간관계, 협력 등이다. 이외에도 리더십의 핵심요소인 창의력, 추진력, 통제력, 통찰력, 통합력, 도덕성, 이타성도 좋은 도구가 될 수 있다. 또한 자신이 소속된 가정이나 집단, 사회의 배경이 보탬이 되는 사람도 있다. 이 가운데 자신이 가진 자질과 마음가짐에 따라 한 가지, 몇 가지의 조합, 모두를 활용해야 자신보다 높은 지능을 가진 사람을 넘어설 수 있는 사람도 있다. 상대의 노력과 지능 수준에 따라 결과는 달라진다.

우리는 교육과 훈련을 통하여 평범한 사람이 비범한 능력을 발휘하는 사례를 자주 보아왔다. 재미를 느끼며 몰입해 교육훈련을 받는다고 누구나 높은 지능지수를 가진 사람을 넘어설 수 있는 것은 아니지만, 분명한 것은 교육훈련을 받고 재미를 느끼며 장기간 몰입하여 노력하거나 일한 사람은 괄목할 만한 실력을 쌓으므로 누구도 쉽게 그들이 가진 역량을 무시하거나 과소평가하지 못한다. 교육을 통해 축적된 지식이 언제 어떻게 문리를 트이게 하고 자신 안에 존재하는 최고를 끄집어낼지 모르기 때문이다.

교육훈련은 사람으로 하여금 지식과 힘을 기르게 하므로 체계적인 교육훈련은 대단히 중요하다. 그리고 상대가 있을 때는 그들과 경쟁해 이기기 위해서는 상대의 실력과 행동양식 그리고 장단점, 나의 실력과 행동양식 그리고 장단점 등을 잘 비교 분석하는 탐구를 통해 상대를 이기는 방법을 찾아내야 한다. 상대도 노력을 안 하는 것이 아니므로 재미는 일시적인 것이 아니라 지속적이어야 하고, 몰입을 수반한 장기적인 노력이 필요하다. 누구나 재미를 느끼고 그것에 몰입해 있을 때는 다른 일에는 신경을 거의 쓰지 않는다. 하지 말라고 해도 그 일을 지속한다. 이러한 행동이 장기간 이어지면 반드시 실력이 늘어난다. 재미있어 하는 것이 잘하는 것일 때는 더욱 그렇다.

12. 인간 존엄성 실현 어떻게 할 것인가

인간 존엄성 실현을 위해서는 대략 일곱 가지가 필요하다. 첫째는 수신, 수양, 절제해야 한다. 둘째는 덕을 쌓고 도리와 이치, 순리를 추구하는 도덕적인 삶을 살아야 한다. 셋째는 좋은 법규를 만드는 일과 법규 준수이다. 누구나 지킬 수 있는 법규를 만들어야 다른 사람에게 피해를 주는 일이 줄어든다. 넷째는 상호존중과 협력을 통한 공존공영을 추구해야 한다. 다섯째는 이타심을 갖고 다른 사람에게 베풀고 배려하는 삶을 살아야 한다. 여섯째는 대화와 타협, 양보를 실천해야 한다. 일곱째는 프랑스 혁명 이념이자 민주주의 이념인 자유, 평등, 박애의 실천이다. 이외에도 인간 존엄성을 실현할 수 있는 요소는 여러 가지가 있지만, 위에 제시된 일곱 가지를 실천하는 것으로 인간 존엄성은 충분히 실현할 수 있다.

13. 삶의 질 어떻게 향상할 것인가

삶의 질 향상은 모든 인간의 숙원(宿願)이다. 인간은 욕심이 있기 때문에 대부분의 인간은 많은 것을 가지고 누려도 쉽게 만족하지 못하고 추가적인 삶의 질 향상을 꿈꾸고 추구한다. 이러한 삶의 질 향상을 달성하는 일은 그렇게 쉬운 일은 아니지만, 그렇다고 달성할 수 없는 일도 아니다. 사람에 따라 현재 삶의 질에 충분히 만족하는 사람도 있다. 우리가 살아가면서 삶의 질을 향상하기 위해서는 대략 6가지가 필요하다.

삶의 질을 향상하기 위해서는 첫째는 자녀교육을 비롯한 자신의 의식주 해결을 위해 생활에 필요한 적정한 수입이 있어야 한다. 수입(收入)은 금품 등을 거두어들임 또는 그 금품, 개인·단체·국가 등이 합법적으로 걷어 들이는 일정한 금액을 뜻하는데, 가정을 운영하기 위해서는 반드시 수입이 있어야 한다. 둘째는 발전을 추구하는 일을 하면서 적절한 휴식과 휴가를 동시에 가질 수 있어야 한다. 사람은 일을 해야 수입을 얻을 수 있고 발전도 할 수 있다. 발전(發展)은 더 낫고 좋은 상태로 나아감이다. 인간 삶에서 발전은 아주 중요하다. 하지만 대개 발전은 더 많은 시간과 힘, 더 높은 부담을 요구하므로 발전을 추구하면 스트레스를 받는다. 스트레스 문제를 적절하게 해결하거나 덜 받고 행복한 삶을 실현하기 위해서는 적절한 휴식이 필요하다. 셋째는 자신의 삶에 대해 생각하고 주변을 돌아볼 수 있는 정신적인 여유가 있어야 한다. 여유(餘裕)는 넉넉하고 남음이 있음, 덤비지 않고 사리를 너그럽게 판단하는 마음이 있음인데 전자는 주로 물질적 여유, 후자는 정신적 여유에 해당한다. 물질적 여유와 정신적 여유가 동시에 있으면 좋겠지만, 그런 경우는 흔하지 않다. 올바른 삶을 살기 위해 자신이 처한 현실적인 상황을 점검하고, 문제를 파악하여 대응할 수 있으며, 새로운 삶의 방향을 정립하고, 일의 효율을 높이기 위해서는 정신적 여유가 반드시 필요하다. 넷째는 가족과 화목하고 자신과 가족이 건강해야 한다. 화목(和睦)은 서로 뜻이 맞고 정다움이다. 화목한 가정을 이루는 것은 중요하다. 가정은 세상의 근본이다. 근본이 튼튼해야 모든 일이 잘 풀려나간다. 다섯째는 인간관계를 잘해야 한다. 인간관계(人間關係)는 사람과 사람과의 관계이다. 세상은 혼자 살아가는 것이 아니다. 다른 사람과 더불어 살아가는 곳이다. 그러므로 내가 부족하고 어렵고 힘들 때 도움을 받을 수 있어야 한다. 이것은 모두 인간관계에서 나온다. 인간관계가 좋지 않으면 서로 불편해진다. 불편한 관계가 되어 있는 상태에서는 내가 필요로 하는 도움을 다른 사람으로부터 받기 어렵다. 그러므로 원만한 인간관계를 유지하는 것은 타인을 위해서도 그렇지만, 자신의 안정적인 삶

을 위해 아주 중요하다. 여섯째는 수신, 수양, 절제해야 한다. 수신
(修身)은 마음과 행실을 바르게 하도록 심신을 닦는 일, 수양(修養)
은 몸과 마음을 닦아 품성이나 지식, 도덕심 따위를 높은 경지로
끌어올림, 절제(節制)는 정도를 넘지 않도록 알맞게 조절하여 제한
함, 탐욕(貪慾)은 지나치게 탐하는 욕심이다. 인간에는 탐욕이 있
다. 그러므로 무엇을 가지면 항상 더 좋은 것, 더 많은 것, 새로운
것을 가지고 싶은 욕심을 갖게 된다. 이러한 마음을 적절하게 통제
할 수 있어야 한다. 그리고 인간은 발전을 위해서도 그렇지만, 올
바른 삶을 위한 깨달음을 얻기 위해서도 공부하고 지식 쌓는 일을
게을리 하지 말아야 한다.

14. 인간관계 왜 중요한가

인간관계(人間關係)는 어떤 조직체 안에 있는 사람과 사람과의
관계, 세상(世上)은 모든 사람이 살고 있는 사회의 통칭이다. 신바람
은 어깻바람, 어깻바람은 신이 나서 어깨를 으쓱거리며 활발히 동작
하는 기운을 말한다. 좋은 일과 좋지 않은 일 등 세상 모든 일은 사
람과 사람의 관계인 인간관계에 의해 만들어지고 이루어지고 변화
한다. 기회도 마찬가지이다. 일은 혼자서 하는 것이 아니므로 어떤
인간관계를 하면서 일을 하느냐에 따라 결과가 크게 달라진다.

사회적 자본이나 인적 네트워크(network)가 중요한 이유는 자신이
소속된 집단이나 사회 내부에서 이루어지는 일도 있지만, 외부와 관
계에 의해 이루어지는 것들이 많기 때문이다. 외부와 연관된 것들은

이해교환, 신뢰, 필요, 배려, 타협, 양보, 공동노력 등 여러 가지가 있다. 일을 원만하게 진행하기 위해서는 사전에 관련이 있는 사람들과 좋은 관계를 맺을 필요가 있다. 처리해야 할 일이나 문제는, 그것이 실제 요구될 때부터 인간관계를 시작하면 좋은 결과를 얻기 어렵다.

인간관계가 좋지 않으면 마음이 불편해진다. 마음이 불편하면 하는 일에 집중이 되지 않고 의욕도 떨어지고 짜증이 난다. 이런 가운데 하는 일은 당연히 효율이 낮다. 신바람은 일하는 마음이 즐겁고 재미있을 때 나타나는 모습이다. 이때 사람들은 자기 일에 몰입하고 자발적으로 움직인다. 당연히 생산성이나 효율도 높다. 신바람이 나면 평상시에 힘들고 어려워 잘 하려 하지 않던 일들도 하려 들고 척척 해내기도 한다. 모든 일이 순조롭게 이루어지고 돌아간다. 그러나 마음이 불편한 상태에서는 신바람이 날 수 없다.

인간관계에는 여러 가지 유형이 있다. 서로에게 도움이 되는 좋은 인간관계, 한쪽에는 도움이 되지만 다른 한쪽에는 도움이 되지 않는 인간관계, 한쪽에게 일방적으로 부담이나 피해를 주는 인간관계, 양쪽 모두에게 피해를 주는 좋지 않은 인간관계 등이 있다. 당연히 서로에게 도움이 되는 좋은 인간관계가 가장 바람직하다. 하지만 이것이 쉽지 않다. 그러므로 나에게 도움이 되고 상대에게 피해가 가지 않는 인간관계, 상대에게는 도움이 되고 나에게 피해가 오지 않는 인간관계를 하기 위해 노력해야 한다. 좋은 관계를 갖는 사람이 주위에 많으면 일이 술술 풀린다.

15. 인간의 불완전성과 삶의 의미

인간이 살아가는 의미는 불완전성에 있다. 완전하면 모든 것이 이루어져 있으므로 부족한 것이 없어 더 성취할 것도 없고 문제가 발생하지 않지만, 발전도 하지 않는다. 불완전하므로 문제가 생기고 노력해 성취할 것이 있다. 인간이 궁극적으로 추구하는 삶은 행복이다. 행복(幸福)은 욕구가 충족되어 충분한 만족과 기쁨을 느끼는 상태, 욕구(欲求)는 무엇을 얻거나 무슨 일을 바라고 원함을 말한다. 행복을 느끼기 위해서는 욕구가 있고, 노력해 그것을 얻고 원하는 것을 실현해야 한다. 그런데 얻고 싶은 것도 바라는 것도 없으면 노력할 필요도 없다. 노력하지 않으면 성취되는 것도 없다. 성취되는 것이 없으면 행복도 느낄 수 없다. 이렇게 불완전함 속에 인간 삶의 의미가 있다.

욕구와 행복도 하나가 아니므로 사람들은 열심히 노력하고 더 행복해지길 원한다. 하지만 계속 노력해도 욕구를 모두 충족하지 못한다. 그런 가운데서도 사람들은 오늘도 더 많은 욕구를 충족하고 행복을 누리기 위해 노력하고 서로 독려한다. 때로는 이러한 일상이 힘들고 지겹게 느껴지기도 하지만, 이것은 진퇴양난(dilemma)이 아니다. 집단이나 사회 조직의 상부에 있는 지도자와 상사의 높은 실적, 좋은 성과 종용, 더 열심히 일하라고 요구하는 독려는 바로 나 자신의 생존과 행복을 위한 것이다. 내가 소속된 집단이나 사회 조직이 존재하고 유지 발전하기 위해서는 경쟁에서 이기고 살아남아야 한다. 수입이 늘어야 삶의 질도 향상하고 행복을 실현 가능성도 높아진다. 더 좋은 실적이나 성과를 올리지 않고 발전하는 곳은 없으며, 그 결과는 결국 나 자신에게 돌아오기 때문이다.

만약 나는 항상 다른 사람보다 더 많이 노력하고 더 열심히 일하고 실적과 성과도 좋은데 나에게 돌아오는 결과가 기대에 못 미친다고 생각되면, 나 스스로 새로운 집단이나 사회 조직을 만드는 길은 항상 열려 있다. 불평과 불만을 하기보다는 내가 몸담고 있는 동안은 온 힘을 기울여 노력해야 한다. 집단이나 사회 조직은 각자가 자신에게 분담된 일을 하고 성과를 창출하여 결과를 나누어 가지는 것이므로 결과 분배는 공평한 것이 아니라 차등 평등하다. 각자가 하고 싶은 일을 하고 기대하는 만큼 보수를 받는 완전한 평등은 실현될 수 없다. 즉 인간의 불완전함 속에는 항상 문제를 만들고 해결하는 데 한계가 있지만, 그것이 사람으로 하여금 일을 하게 하고 삶의 의미를 제공한다.

16. 형성이 있으면 소멸이 있다. 이것이 세상 이치이다

형성(形成)은 어떠한 모양을 이룸, 소멸(消滅)은 사라져 없어짐, 윤회(輪廻)는 차례로 돌아감, 불교에서는 중생이 해탈을 얻을 때까지 그의 영혼이 육체와 함께 업(業)에 의하여 다른 생을 받아, 끊임없이 생사를 반복함, 순환(循環)은 주기적으로 되풀이하여 돎 또는 그런 과정, 이치(理致)는 사물의 정당한 조리, 도리에 맞는 취지이다. 형성된 모든 것은 소멸하기 마련이다. 이것이 세상 이치이다. 그러나 소멸은 끝이 아니다. 변화를 통해 새로운 생명과 질서의 탄생으로 이어진다. 세상은 기본적으로 불교에서 말하는 윤회나 물질

순환이 지속한다.

그럼 이러한 순환 속에서 사는 우리 인간의 삶은 어떠해야 하는 가? 살아 있는 동안은 게으름을 부리지 말고 열심히 새로운 것을 만들고, 노력해 성취해야 한다. 그 이유는 세상 이치가 인간이 노력하고 일을 해 살도록 만들어졌기 때문이다. 세상은 잠시도 그냥 있지 않고 끊임없는 변화를 한다. 그러므로 과거에 좋은 것으로 여겨졌던 것이나 현재 좋은 것이 내일 좋은 것이 될 것이라는 보장이 없다. 그러므로 역사를 교훈 삼아 현재 해결할 문제와 새로 창조해야 할 것이 무엇인지 파악해, 문제를 해결하고 필요한 것을 새로 만들기 위해 노력해야 한다. 인간이 무엇인가 끊임없이 일해야 하는 이유도 형성된 모든 것들이 시간이 지나면 소멸하거나 가치를 상실하고, 새로 만들었을 때는 좋았던 것에 흠이 생기고 낡고 퇴색되어 기능이 떨어져 안 좋아지기 때문이다. 새로운 것의 창조와 관리, 점검이 필요한 이유도 여기에 있다. 그러므로 현재 좋은 것으로 인식되는 인간관계, 법률, 정책, 제도도 그 가치를 유지하기 위해서는 수시로 문제가 생기지 않았는지 점검하고 보완하고 필요한 것은 새로 만들어야 한다.

17. 교육에서 사회화의 중요성

사회화(社會化, socialization)는 개인이 집단의 성원으로 생활하도록 기성세대에 동화함 또는 그 과정, 개인이 그가 속한 사회의 규범과 가치를 내면화하여 정상적인 사회의 구성원이 되어가는 과정,[191]

인간이 사회적 존재로 변화하는 과정을 지칭하는 개념이다. 사회화는 개인이 어떤 사회적 상황에서 경험과 지식을 통해 행동을 형성하고, 그의 행동에 대한 타인의 기대를 인식하게 되고, 사회집단이나 사회의 규범·도덕·가치·신념 등을 배우고, 사회의 문화가 전승되는 과정이다. 사회화는 한 개인의 평생 이루어지는 과정이지만, 특히 어린 시절의 성장기에 집중적으로 이루어지는 것으로 보인다.192)

교육적 측면에서 본다면 인간관계를 통한 학습 과정으로 볼 수 있는데, 개인으로 하여금 그 사회에서 공인되고 요구되는 언어·사고·감정·행동의 제반 양식을 학습하여 정상적인 사회생활을 할 수 있게 하는 과정을 말한다. 여기서 더 주된 관심사는 지식이나 기술의 습득보다는 인성(人性)·가치관·태도 등의 행동성향에 관한 학습이다. 그러나 사회화가 일반적으로 개인의 통제를 통한 사회의 유지만을 의미하는 것은 아니며, 개인이 사회기대(社會期待)를 선택적으로 경험함으로써 이루어지는 측면도 포괄한다. 즉 사회기대에 동조하지 않는 것도 사회화의 개념 속에 포괄된다. 사회화는 교육이 갖는 사회적 기능의 중요한 측면이다.193)

사회화가 이루어지면 사회가 요구하는 가치를 공감하고 규칙을 익히고 공동의 목표 달성을 위해 노력하는 등 상호 공감대의 형성 폭이 넓어진다. 자연히 가치관도 사익 우선에서 공익을 우선하는 것으로 바뀌고 이기적인 행동보다는 이타적인 행동을 하게 된다. 그리고 가치 판단이나 평가기준을 이해하면 사회화가 요구하는 내

---

191) 교육학 용어사전.

192) 한국언론진흥재단.

193) 교육학 용어사전.

용을 벗어난 행동에 대해 벌칙을 가하더라도 그 이유를 알고 있기 때문에 처벌에 순응적이다. 하지만 자신이 행한 행동이 왜 나쁜 것인지 알지도 못하고 가르쳐 주지도 않고 잘못을 추궁하는 것은 모두를 위해 바람직하지 않다.

좋지 않은 지식과 잘못된 경험은 사람의 행동을 전혀 달라지게 만들 수 있다. 옳지 않은 것을 옳다고 억지를 부리면 세상은 혼란해질 수밖에 없다. 정치가들이 객관적으로 타당하고 합리적인 지식과 경험을 쌓아야 하는 이유는 직위를 줬을 때 권력과 지식이 이기심을 채우는 이기로 작용하지 않고 애초 정치가를 선출한 목적에 맞게 국가와 국민을 위해 봉사하고 헌신하는 데 사용되어야 하기 때문이다.

인간은 지식이 어느 단계에 이르면 스스로 사물의 이치를 깨우치는 능력이 있으므로 좋지 않은 경험과 지식을 습득했다고 반드시 좋지 않은 일을 하고 사는 것은 아니다. 하지만 자신이 습득한 지식을 보편적 가치로 받아들이는 특성이 있으므로, 가치 혼란을 막기 위해서는 처음부터 합리적인 지식을 습득하게 하는 것이 중요하다. 우리가 자라나는 세대에게 합리적인 내용을 교육해야 하는 사회화의 중요성이 여기에 있다. 특히, 교육자가 자라나는 세대에게 사상이나 이념적 편향성을 가진 내용으로 의식화 교육을 하는 것은 대단히 위험하므로 그러한 일을 내버려둬서는 안 된다.

18. 갈등이 생기는 원인과 해법은 무엇인가

갈등(葛藤)은 서로 불화하여 다툼, 상반(相反)하는 것이 양보하지 않고 대립함을 말한다. 갈등이 생기는 원인은 권력을 갖고 싶어 하는 지배동기, 공격동기, 각 개인의 욕구, 지능과 능력의 차이, 이기심 충족 우선 행동과 집착, 재화의 부족, 의심 등 여러 가지가 있다. 갈등이 생기면 인간관계는 불편해지고 모두를 힘들게 한다. 내용에 따라 간단하게 해결되는 것도 있지만, 사회 전체에 엄청난 대가를 치르게 하고 장기간 동안 깊은 상처로 남는 것도 있다. 그러므로 갈등이 생기지 않도록 서로 배려하고 협력하는 자세가 필요하다.

갈등을 해결하는 방법은 상대방의 입장을 고려하고 배려하는 이타심, 대화와 양보를 통한 타협, 절제와 수신 등이 대표적이다. 자기 욕심을 조금만 줄이고 양보하면 모든 것이 해결될 수 있다. 그런데 이것이 쉽지 않다. 인간이기 때문이다. 그리고 갈등 문제를 풀어가는 데 있어 가장 중요한 핵심은 '모든 문제의 근원이 기본적으로 자신에게 절반의 책임이 있다'는 생각을 하는 것이다. 그 책임을 어떻게 부담하여 해결할 것인가 하는 방향으로 접근하면 대부분의 문제는 쉽게 풀린다. 나는 오로지 피해자이고 원인은 상대에게 있으며, 책임도 상대가 져야 하고 나는 양보하지 않겠다는 생각으로 갈등을 대하면 문제가 해결되는 것이 아니라 오히려 확대되고 꼬이기만 한다.

갈등이 장기화하면 모두에게 피해가 돌아온다. 우선은 책임을 상대에게 전가하고, 억지가 통용되고, 외부 세력과 결탁하여 압력을 가하면서 강요하면 일이 우리에게 유리하게 처리되는 것처럼 보인다. 하지만 상대를 불편하게 하면 다음에는 자발적이고 순리적인 협조를 구하기 어렵다. 그러므로 눈앞의 이익이나 승리가 항상 좋은 것만은 아니다. 인생은 길게 보아야 한다. 먼저 양보를 하는 사람들은 바보가 아니고, 권력도 영원한 것이 아니다. 내가 갈등 당사자일 때 문제가 해결되지 않는 것은 내가 문제의 원인을 제공하고 있다는 사실을 반드시 기억해둘 필요가 있다. 상대에게 문제의 원인이 있는 것을 해결하더라도 나에게 원인이 있는 것을 해결하지 못하면, 갈등은 결코 완전하게 해결된 것이 아니다. 하지만 내가 안고 있는 문제의 원인을 해결하고 다른 사람이 일으키는 원인을 해결하면 모든 것이 해결된다.

19. 정도 걷고, 진리 추구하는 사람이 이긴다

정도(正道)는 올바른 길, 정당한 도리이다. 진리(眞理)는 참, 진실, 참된 이치, 참된 도리를 말한다. 참은 사실이나 이치에 어긋남이 없음, 진실(眞實)은 거짓이 없고 참됨이다. 이치(理致)는 사물의 정당한 조리, 도리에 맞는 취지, 도리(道理)는 사람이 마땅히 행하여야 할 바른길을 뜻한다. 꼼수는 쩨쩨한 수단이나 방법이다. 정도를 걸으며 진리를 추구하는 사람들의 삶은 거짓이 없거나 거짓을 멀리하므로 사실이나 이치에 어긋남이 없다. 일할 때도 꼼수를 쓰는 것이 아니라 정상적인 방법을 사용한다.

우선은 도움이 된다고 꼼수를 쓰면 순간적으로는 유리한 상황이 전개되고 좋은 성과를 올릴 수도 있다. 즉 경쟁에서 진리를 멀리하거나 진리를 실행하지 않는 사람이 한때 이기는 일도 생길 수 있다. 하지만 장기적인 측면에서 보면 결과는 달라진다. 사필귀정(事必歸正)은 만사는 반드시 정리(正理)로 돌아감을 뜻한다. 사필귀정이라는 말이 그냥 생긴 것이 아니다. 인간의 삶은 죽음으로서 자연으로 돌아가고 잊히는 일반 동물의 그것과는 다르다. 인간의 삶은 기록으로 남아 잘못된 행위에 대한 행적은 두고두고 비판과 비난의 대상이 된다. 그러므로 살아서는 물론 죽어서도 존경의 대상의 되는 삶을 살아야 한다. 그래야 진정한 승자가 될 수 있다.

그런 삶을 위해서는 정도를 걷고 진리를 실행하고 추구해야 한다. 우선 경쟁에서 이기고 자리를 차지하는 것이 다가 아니다. 자리를 차지하는 것은 시작에 불과하다. 남들이 손가락질하건 말건 어떤 수단과 방법을 사용하든 당선부터 되고 보자는 사람들이 너무 많지만, 그것은 정도가 아니다. 시작부터 잘못된 방법을 사용하면 자리를 차지한 후 재임 중에는 물론 퇴임한 후에도 두고두고 논란 대상에서 벗어날 수 없다. 공정 경쟁을 통해 떳떳하고 당당하게 최고 지도자가 되어야 하는 이유가 여기에 있다. 정치가에게 있어 자신의 명예를 지키지 못하는 최고는 최고가 아니고, 존경받지 못하는 최고는 최고가 아니다.

명예와 존경은 사람 직위나 직책에서 나오는 것이 아니라 훌륭한 인품, 올바른 삶이 만들어낸 뛰어난 업적에서 나온다. 정도를 걷고 진리를 추구하는 일을 하면 힘이 더 많이 들고 시간이 더 걸릴 수도 있다. 하지만 정도를 걷고 진리를 실행하고 추구하면 지도자의 자리에 있을 때는 물론이고 물러나서도 시비나 비판 대상이 되는 일이 거의 없다. 그것이 이치에 맞는 일, 올바른 길이기 때문이다.

20. 발전에 관한 사색

1) 발전이란 무엇이고 왜 지향하는가

발전(發展)은 더 낮고 좋은 상태로 나아감, 지향(志向)은 어떤 목적으로 뜻이 쏠리어 향함 또는 그 의지나 방향, 평온(平穩)은 평화롭고 조용함을 뜻한다. 욕구(欲求)는 무엇을 얻거나 무슨 일을 바라고 원함이다. '낫다'는 서로 견주어 보다 더 좋거나 앞서 있다. '좋다'는 '즐겁다. 유쾌하다. 아름답다. 훌륭하다. 뛰어나다. 슬기롭다. 효험이 있다. 낫다. 유익하다. 바르다. 또는 착하다. 괜찮다. 상관없다. 적당하다. 알맞다. 경사스럽다. 기쁘다. 화목하다. 친하다. 싫지 않다. 마음에 들다. 마땅하다. 순조롭고 상서롭다. 값이나 평가가 높다. 쉽다. 어렵지 않다'라는 뜻이 있다. 인간이 발전을 지향하는 이유는 '좋다'는 뜻에 속하는 상태로 나아갈 때 안정과 안전이 확보되고, 마음의 편안함과 평온함을 느끼고, 행복을 실현할 수 있다고 생각하기 때문이다.

2) 발전 항상 좋은 것인가

사람들은 일반적으로 발전은 좋은 것으로 인식한다. 그러나 발전이 항상 좋은 것만은 아니다. 발전이 좋은 것은 어느 정도까지이다. 한계가 있다. 그러므로 가장 좋은 발전은 지속 가능한 성장이 이루어지는 발전이다. 인간은 근본적으로 불완전한 존재이므로 아무리 발전하여도 완전한 존재가 될 수 없고, 완전한 것도 만들 수 없다. 세상과 인간의 삶은 완전에 가까워지면 반드시 어떤 문제가 생겨 불완전의 극한에 가장 가까운 혼란이나 무질서로 돌아가게 되어 있다. 이것이 자연의 이치이다. 즉 완전과 불완전의 극한 사이에 인간이 존재한다.

대단히 불합리한 것 같지만, 이것이 인간 삶의 존재 가치를 만든 다. 불완전의 극한에 가까운 상태가 되면 완전에 가까워지려고 노력 하게 된다. 그러한 노력과 도전을 통하여 일하고 인간은 성취와 행 복을 느낀다. 그러므로 발전이 빠르면 빠를수록 불완전의 극한에 가 까워지게 하는 결과를 가져온다. 좀 더 쉽게 설명하면, 우리가 산행 할 때 빨리 올라가면 올라갈수록 빨리 내려오게 되는 것과 같은 이 치이다. 산에 올라갈 때 경쟁의식이 강해 과욕을 부려 무리하면 처 음에는 한동안은 빨리 올라가고 앞서 가는 듯하지만, 얼마 지나지 않아 기력이 떨어지면 중도에 포기하는 사람들이 있다. 그래서 산행 을 많이 하고 노련한 사람들은 빨리 가는 것이 능사가 아니라 적절 하게 속도를 조절하며 가야 완주를 할 수 있다고 말하는 것이다.

이처럼 세상은 항상 빨리 가는 것이 능사가 아니다. 제때 가는 것이 중요하다. 평생 점진적으로 발전하는 것이 최고의 삶이다. 하 지만 상황과 여건, 환경이 끊임없이 변화하기 때문에 기복이 생긴 다. 나이가 들면 기력(氣力)이 떨어지므로 평생 점진적으로 발전하 는 삶을 사는 것은 이상에 불과하다. 세상은 다른 사람과 더불어 사는 곳이므로 우리의 발전도 중요하지만, 다른 사람 또는 다른 집단이나 사회조직과 치열하게 경쟁하며 생존과 안전을 확보해야 한다. 그러므로 기력이 왕성한 동안에도 제때에 맞춰 가기 위해서 는 발전 속도가 빠를 때는 속도를 늦추고, 늦을 때는 더 많은 노력을 해야 한다.

대기업은 중소기업을 경영하는 사람에게는 달성하고 싶은 목표이자 꿈이다. 하지만 수많은 계열사를 거느린 세계적인 규모의 대기업이 되면 좋을 것 같아도 대기업 나름대로 어려움이 있다. 인간이 만든 기업의 크기는 한계가 있고, 그 한계에 도달하면 모든 기업은 망한다. 그렇다고 중소기업이나 전문기업 또는 중견기업에 머무는 것도 능사가 아니다. 창업주가 세계적인 규모의 기업을 키우는 것이 부러움의 대상이 되기도 하지만, 능력이 부족한 2세나 3세는 오히려 한계에서 허우적거리거나 파산의 뒤치다꺼리를 감당하게 하는 원인으로 작용할 수 있다. 그러므로 창업주가 탄탄한 성장 잠재력을 확보하고 2세, 3세 이상 계속 발전해 나갈 수 있는 성장 가능성이 있고, 그 가능성을 후세 경영진들이 열심히 노력해 열어갈 수 있는 지속해서 발전하는 회사가 좋은 회사이다.

이런 회사를 만들기 위해 창업주가 일부러 발전할 수 있는 것을 하지 말아야 할 필요는 없지만, 발전 형태로 볼 때 그렇다는 것이다. 세상도 마찬가지이다. 하지만 점진적인 발전을 위해서는 항상 이전보다 더 많은 인내와 고통분담 노력이 필요하다. 이렇게 발전을 통한 행복은 인내와 고통분담 노력으로 만들어지는 결실이다. 그러므로 발전도 관리가 필요하다. 발전 관리에는 지나치게 빠르고 계속된 발전보다 어느 수준에 도달하기까지는 빠른 발전이 바람직하지만, 그 후에는 그 수준을 장기간 유지되도록 하는 것이 아주 중요하다.

21. 행복을 실현하기 위한 요소

행복(幸福)은 욕구가 충족되어 충분한 만족과 기쁨을 느끼는 상태를 말한다. 행복 실현에는 두 가지가 있다. 순간적 행복 실현과 장기적인 행복 실현이 그것이다. 순간적인 행복을 실현하기 위해서는 인간 존엄성 실현과 삶의 질 향상에 필요한 것들을 충족시키는 것으로 충분하다. 그러나 순간적인 행복이 수시로 또는 빈도가 높게 일정 기간 이루어지는 장기적인 행복 실현을 위해서는 인간 존엄성 실현과 삶의 질 향상에 필요한 것들을 충족시키는 것에 더하여 안정, 안전이 확보되고 평화가 지속할 수 있어야 하는 등 여러 가지 요소가 필요하다.

인간이 행복을 실현하기 위한 요소들을 살펴보면 첫 번째는 수신, 수양, 절제해야 한다. 두 번째는 덕을 쌓고 도리와 이치, 순리를 추구하는 도덕적인 삶을 살아야 한다. 세 번째는 좋은 법규를 만드는 일과 법규 준수이다. 네 번째는 상호존중과 협력을 통한 공존공영을 추구해야 한다. 다섯 번째는 이타심을 갖고 다른 사람에게 베풀고 배려하는 삶을 살아야 한다. 여섯 번째는 대화와 타협, 양보를 실천해야 한다. 일곱 번째는 자녀교육을 비롯한 자신의 의식주 해결 등 생활에 필요한 적정한 수입이 있어야 한다. 여덟 번째는 발전을 추구하는 일을 하면서 적절한 휴식과 휴가를 동시에 가질 수 있어야 한다. 아홉 번째는 자신의 삶에 대해 생각할 수 있는 정신적인 여유가 있어야 한다. 열 번째는 가족과 화목하고 자신과 가족이 건강해야 한다. 열한 번째는 인간관계를 잘해야 한다. 열두 번째는 안정, 안전이 확보되고 평화가 지속할 수 있어야 한다.

인간이 행복을 느끼는 것은 각자 다르다. 그러므로 위에 소개된 행복을 실현하기 위한 요소 중 어느 한 가지가 갖추어졌을 때 행복을 느낄 수도 있지만, 여러 가지나 전체가 갖추어졌을 때 행복을 느낄 가능성은 더 커진다. 그러나 이것은 어디까지나 가능성이다. 행복을 실현하기 위한 요소는 요소일 뿐이다. 인간은 행복을 실현하기 위한 요소가 갖추어지더라도 자신은 행복하다고 느끼지 못할 수도 있다. 인간에게는 탐욕이 있다. 그러므로 현재 여러 가지 행복한 요소들을 갖고 있더라도 그것을 당연한 것으로 받아들이거나 더 큰 욕심을 부릴 때는 더욱 그렇다. 그래서 수신, 수양, 절제가 필요한 것이고 도리와 이치, 순리를 추구하는 등 도덕적인 삶이 중요한 것이다.

22. 혼자만 잘 먹고 잘살려고 노력하는 사람 천하다

인간은 각자 타고난 자질과 처한 상황, 여건이 다르다. 그러므로 자신이 추구하는 이상적인 삶의 모습도 다르다. 돈 때문에 배워야 할 시기에 학교도 못 가고, 배고픔에 굶주린 배를 움켜쥐고 살아야 했던 시린 기억을 가진 사람에게는, 돈에 집착하며 베풀고 쓸 줄도 모르고 오로지 모으고 움켜지고 있으려 한다며 나쁘다고 말해 보아야 소용이 없다. 하지만 세상은 혼자 사는 것이 아니다. 내 짝이 될 누군가 있어야 하고, 나를 이해해주고 교류하며 더불어 같이 살아갈 사람이 있어야 한다. 일정 기간 사회와 단절된 생활을 하거나 고립된 공간에서 고독한 생활을 해본 사람들, 특히 혼자 어려움을 겪은 사람은 주위에 사람이 있다는 것이 얼마나 안도감을 갖게 하는지 잘 안다.

각자 삶은 다를 수 있지만, 한 가지 확실한 것은 나 혼자만 잘되고 잘 먹고 잘살기 위해 노력하는 사람은 비천하다는 것이다. '천하다'는 생긴 모양이나 언행이 품위가 낮다. 품위(品位)는 사람이 갖추고 있는 기품이나 위엄 또는 인격적 가치를 말한다. '비천하다'는 말은 지위나 신분, 생긴 모양이나 언행 등 사람이 갖추고 있는 기품이나 위엄 또는 인격적 가치가 낮다는 뜻이다. 혼자만 잘 먹고 잘살려고 노력하는 사람이 천한 이유는 이기적인 사람인데다 인간의 도리를 거스르는 일을 하는 사람이기 때문이다.

사람은 혼자서는 아무것도 제대로 할 수 없다. 삶도 마찬가지이다. 더불어 살게 되어 있다. 서로 돕고 역할 분담을 하는 협력을 통해 자녀도 생산하고 안전을 확보하고 안정적인 삶을 통해 행복도 추구할 수 있다. 인간이 왜 사는가? 하는 의문에 대해 사람을 포함한 자연과 사물에 무엇인가 도움을 주고 이로운 존재로 살기를 바라는 이유도 세상 이치가 서로 돕고 살아가게 되어 있다는 것을 알고 그것이 도리라고 생각하기 때문이다. 그러므로 나의 존재 자체가 나 자신은 물론 다른 누군가에게 꿈과 희망이 되고 도움이 되는 삶보다 좋은 것은 없다. 우리가 서로에게 꿈과 희망이 되고, 어려운 사람에게는 손을 내밀어 도움을 주는 등 더불어 잘 살아가기 위해 노력하는 것은, 세상의 이치와 도리에 따르는 당연한 일이다. 이러한 순리를 거스르고 혼자만 잘 먹고 잘살려고 하면 세상과 다른 사람들로부터 배척당하고 고립되기 마련이다.

23. 투쟁가와 영웅의 구분 왜 중요한가

시대는 영웅을 만들고 영웅은 시대를 만든다는 말이 있다. 시대 (時代)는 역사적으로 어떤 표준에 의거 구분한 일정한 기간, 영웅 (英雄)은 지력(智力)과 재능 또는 담력·무용(武勇) 등에 특히 뛰어 나서 큰일을 해낼 사람을 말하는데, 뛰어난 지도자나 위대한 지도 자의 별칭이라고 할 수 있다. 시대가 영웅을 만든다는 것은 전쟁 등 체제가 불안정하면 극심한 무질서와 혼란이 유발된다. 무질서와 혼란은 사람들의 삶을 위협하고 피해를 주기 때문에 자연스럽게 그것을 평정할 사람이 나타나기를 기다리고, 그러한 일을 해내는 사람을 영웅으로 추앙한다. 그러므로 환경이 반영된 시대의 요구가 영웅을 만드는 것이다. 그러나 대단히 역설적이게도 인류 역사를 보면 자신의 권력 욕구를 채우기 위해 혼란과 무질서의 극한인 전 쟁을 일으키고, 그 전쟁을 평정하는 것이 같은 사람인 경우도 많았 다. 그 대표적인 사람이 알렉산드로스와 칭기즈칸이다.

전쟁은 승리로 이끌어 뛰어난 공을 세운 사람을 전쟁영웅이 되 게 하지만, 다른 한편에서는 필연적으로 기존 사회와 시대에 엄청 난 변화를 불러일으키는 원인을 제공하고 새로운 시대를 만든다. 그러한 변화의 주역이 대개 전쟁영웅이다. 즉 영웅이 시대를 만드 는 것이다. 하지만 평시에도 각각 자신의 시대에서 맡은 바 임무를 통해 뛰어난 지도력을 발휘하여 세상을 발전시킨 영웅적인 사람들 이 많다. 우리가 여기서 알아야 할 것은 투쟁가와 진정한 영웅을 구분할 수 있어야 한다는 점이다. 그래야 애꿎은 사람들의 희생을 예방하는 것은 물론 자신의 탐욕을 채우는 이기적인 행동을 한 투쟁가가 영웅으로 둔갑하는 것을 막을 수 있다.

기존에 영웅이라고 추앙하거나 평가해온 사람 중에는 자신의 입신출세 같은 이기적인 탐욕을 채우기 위해 수많은 사람을 희생시키는 좋지 않은 리더십을 발휘한 투쟁가도 적지 않았다. 과거에는 리더십이 제대로 정립되지 않았기 때문에 그런 현상이 생겼지만, 앞으로는 영웅관도 제대로 된 리더십을 발휘한 사람으로 국한하여 다시 정립할 필요가 있다.

24. 문제 그리고 해결방법 접근

1) 문제는 무엇인가

문제(問題)는 해답을 필요로 하는 물음, 연구·논의하여 해결해야 할 사항, 해결하기 어렵거나 난처한 대상, 성가신 일, 귀찮은 사건, 많은 사람의 관심이 쏠리는 일, 목표(目標)는 어떤 목적을 이루려고 하거나 어떤 지점까지 도달하려고 함 또는 그 대상을 말한다. 목표는 인위적으로 설정된 문제이다. 몰지각한 지도자 중에는 문제가 생기면 부하에게 화를 내는 사람도 있다. 하지만 살아 있는 사람에게는 끊임없이 문제가 생긴다. 살아있기 때문이다. 중요한 것은 문제가 발생하는 원인이 무엇인가 하는 점과 어떻게 해결할 것인가 하는 점이다.

2) 문제는 왜 발생하는가

문제가 생기는 원인은 크게 보면 인간의 욕심·본능·재능의 차이, 인간의 불완전성, 자연의 이치, 환경 요소와 여건의 변화 때문이다. 이외에 부수적 요인으로 인간 능력의 한계, 한계를 넘어선 목표 설정, 탐욕, 균형 상실, 실수, 지식이나 능력 그리고 가치의 차이, 자원 부족, 불공정, 사고나 사건, 이기심 등 여러 가지가 있다. 사람은 각자 본능과 재능에 차이가 있고 욕심에 의해 더 많은 것, 더 좋은 것을 끊임없이 갖고 싶어 한다. 그리고 인간은 불완전한 존재이므로 갈등이나 모순이 발생하지 않는 질서 부여 방법을 만들 수 없다.

인간은 끊임없이 세상에 질서를 부여하고 이해관계를 조정하고 갈등이나 모순을 제거하기 위해 법규와 제도를 만든다. 하지만 아무리 법규와 제도를 잘 만들려고 하여도 상충(相衝)하는 부분이 있어 문제가 생긴다. 즉 인간은 한편에서는 끊임없이 안고 있는 문제를 해결하고 또 해결하기 위해 노력하지만, 다른 한편에서는 문제 해결노력이 새로운 문제를 만든다. 매일 아침이 되면 해가 뜨고, 밤에는 달이 뜨고, 계절이 바뀌고, 조수간만의 차이가 생긴다. 어떤 때는 비가 많이 내려 탈이고, 어떤 때는 비가 적게 내려 탈이다.

이렇게 지구와 달, 태양 등의 천체운동과 물이 순환하면서 기후변화가 일어나기도 하지만, 다른 한편에서는 일정한 온도가 유지되는 가운데 사물에 변화가 생기고, 생물에 생로병사가 발생하는 등 일정한 자연의 흐름이 생긴다. 이렇게 자연의 이치는 순환을 통하여 인간이 급격하게 늘어나는 것을 자연적으로 조정해 나간다. 살아 있는 인간에게는 어떤 형태로든 항상 문제가 생긴다.[194] 하지만 문제가 나쁜 것만은 아니다. 문제는 인간에게 삶의 의미를 제공하기 때문이다.

3) 집단이 안고 있는 구조적인 문제는 무엇인가

집단이 안고 있는 구조적인 문제의 근원은 주로 인간의 불완전성에서 기인한 것이다. 순환하는 자연의 이치가 전혀 영향을 미치지 않는 것은 아니지만, 그 영향은 극히 미미하다. 세상 모든 집단이나 사회 조직이 안고 있는 공통적인 구조적 문제는 무엇인가? 여기에는 두 가지가 있다. 첫째는 수입, 성장과 발전, 확장의 한계이다. 무한대의 수입이 있고, 성장과 발전, 확장이 원하는 대로 이루어지면 급료와 승진 등 많은 구조적인 문제를 해결할 수 있다. 그런데 그것이 어렵다. 둘째는 법규와 업무 분담에 따른 구성원 권한과 행동 제약이다. 질서를 부여하고 단합된 힘을 발휘하기 위해서는 통제가 필요하다. 하지만 너무 강압하는 것도 너무 느슨한 것도 좋지 않다. 어차피 구조적인 문제가 전혀 나타나지 않게 할 수는 없다. 그러므로 우리의 관심사는 어떻게 잘 관리해 나가면서 발전을 추구할 것인가 하는 점이다. 이를 위해 모두의 지혜와 인내, 협력이 필요하다.

4) 문제 해결방법은 무엇인가

애는 마음과 몸의 수고로움, 노력(努力)은 애를 쓰고 힘을 들임을 말한다. 문제를 해결하는 일차적인 방법은 애를 쓰고 노력을 하는 것이다. 그럼 그냥 애만 쓰고 노력을 하면 되는가? 그것은 아니다. 애를 쓰고 노력하는 것과 함께 협력, 인내, 양보, 타협, 대화,

---

194) 이진호(2011), "지도자론: 지도자가 갖추어야 할 자질과 리더십", 이담북스, p.20.

나눔, 배려, 역할과 업무 분담, 기존 기술 적용이나 새로운 기술과 방법 개발, 연구 등이 수반되어야 한다. 이것들을 개별적으로 또는 조합해 실행하면 문제 해결에 별다른 어려움이 없을 것 같다. 그런데 실제 일을 해보면 생각대로 잘 안 된다.

그 이유는 무엇인가? 몸과 마음이 갖고 있는 정신적·육체적 힘을 하나로 모아야 하는데 그것이 잘 안 되기 때문이다. 이렇게 힘을 하나로 모으기 어려운 것은 각자 지향하는 이상과 가치가 다른 데 있다. 몸이 한 곳에 와 있고 일을 하고 있다고 해서 항상 제대로 일을 한다고 보기는 어렵다. 진짜 온 힘을 기울여 일하는지 그렇지 않은지는 지켜보기만 해도 알 수 있다. 살다 보면 인간 능력의 한계로 도저히 해결할 수 없는 문제와 일이 있다. 아무리 애를 써도 해결할 수 없는 것은 때로는 그 자체를 인정하고 받아들이는 자세도 필요하다.

25. 안다는 것이 무엇인가

'알다'는 '감각하여 인식하거나 인정하다. 모르는 것을 깨닫다. 어떤 사람이나 사물에 대하여 인식 또는 경험한 기억을 가지다. 서로 낯이 익다. 사귀다. 생각하여 판단하고 분별하다. 관계·관여하다. 짐작하여 이해하다'라는 뜻이다. 이렇게 안다는 것은 단순하게 깨닫거나 습득한 지식을 기억으로 가지고 있는 것이 아니라 생각하여 판단하고 관계하는 일까지 해야 제대로 아는 것이라고 할 수 있다. 지식(知識)은 배우거나 실천하여 알게 된 명확한 인식이나 이해, 알고 있는 내용, 식견(識見)은 학식과 견문, 곧 사물을 분별할 수 있는 능력, 견식이다.

관여(關與)는 어떤 일에 관계함, 관계하여 참여함, 관계(關係)는 둘 이상의 사람·사물·현상 등이 서로 관련을 맺음, 어떠한 사물에 상관(相關)함, 남의 일에 참견함을 뜻한다. 실천(實踐)은 실지로 행함이다. 정규교육을 받거나 책을 많이 읽고 스스로 수행을 한 사람 중에는 자신이 많은 것을 안다고 생각하는 경향이 있다. 실제로 많은 것을 아는 사람도 있다. 그런데 깨달음을 얻고, 지식(知識)을 많이 가졌다고 아는 것이 많다고 할 수 있는가? 그것은 아니다. 지식이 가치가 있으려면 지식을 통하여 식견을 갖출 수 있어야 한다.

식견도 그것을 갖추는 것으로 끝나서는 소용이 없다. 올바른 일을 하는 데 사용해 가치를 창출해야 한다. 안다는 것이 제대로 아는 것이 되려면 아는 것을 올바른 일을 위해 사용하고 실천해야 한다. 그래서 '구슬이 서 말이라도 꿰어야 보배'라는 말이 생겼다. 어느 나라 할 것 없이 정치가들은 상당한 학력을 보유하고 있으며, 사람들 앞에서 고사성어나 명언을 인용하는 등 상당히 유식한 척하는 경향이 있다. 그러나 진짜 아는 것이 있는 정치가는 자신이 아는 것을 올바른 일을 위해 사용하고 실천한다. 정치가에게 올바른 일은 무엇인가? 그것은 국가와 국민을 위해 헌신하고 봉사하는 일이다. 즉 국가와 국민을 위해 아는 것을 올바르게 사용하는 사람이 진짜 아는 것이 있는 사람이다.

참고문헌

참고서적

권석만(2003), "젊은이를 위한 인간관계 심리학", 학지사, pp.84~91.

박세정(1995), "세계화 시대의 일류행정", 가람기획, pp.14~21.

박완규(2007), "리바이어던, 근대국가의 탄생", 사계절, p.157.

박효종(2001), "국가와 권위", 박영사, pp.26~61.

손무 저, 남면성 역(1982), "손자병법", 현암사, pp.19~21.

오석홍 외(2000), "정책학의 주요이론", 법문사, p.320.

이석훈(2000), "황소가 헬기를 끌고 가는 리더십", 북랜드, p.33.

이수윤(1998), "정치학 개론", 법문사, pp.79~110.

이종수 외(2005), "새 행정학", 대영문화사, pp.51~55.

이진호(2011), "부정부패 원인과 대책", 한국학술정보, p.171.

이진호(2011), "지도자론: 지도자가 갖추어야 할 자질과 리더십", 이담 북스, pp.20~240.

전광석(2004), "한국헌법론", 법문사, p.3.

조셉 S. 나이 외 저, 박준원 옮김(2001), "국민은 왜 정부를 믿지 않는 가", 굿인포메이션, p.28.

주성수(2004), "공공정책 가버넌스", 한양대학교 출판부, p.17.

최창호·하미승(2006), "새 행정학", 삼영사, p.780.

하태권 외(2001), "현대 한국정부론", 법문사, pp.11~310.

사전

21세기 정치학대사전
Basic 고교생을 위한 사회 용어사전
Basic 고교생을 위한 윤리 용어사전
Basic 고교생을 위한 정치경제 용
　　　어사전
Basic 중학생을 위한 사회 용어사전
Basic 중학생이 알아야 할 사회·
　　　과학상식
doopedia 두산백과
NEW 경제용어사전
교육학 용어사전
네이버 국어사전
네이버 지식사전
네이버 한자사전
민중국어사전

법률용어사전
사회복지학사전
세계영화대백과
시사경제용어사전
시사상식사전
실험심리학용어사전
위키백과
이해하기 쉽게 쓴 행정학용어사전
철학사전
특수교육학 용어사전
학습용어 개념사전
한국고전용어사전
한국민족문화대백과
한자성어·고사명언구사전
행정학사전

언론

국민일보
매일경제

중도일보
포커스신문

기타

네이버 오픈백과
서울대학교 철학사상연구소
중용

한국언론진흥재단
해피캠퍼스

색인

이진호 李津鎬

대구대학교 불어불문학과 졸업
한국방송광고공사 광고교육원 매체과정 수료
부산대학교 지방자치 및 NGO과정 수료
부산대학교 환경대학원(환경공학 전공) 졸업
전) 한국가스신문사 근무
　　한중씨아이티 품질보증팀장 역임
현) 교육, 부정부패, 행정개혁, 리더십, 정치, 사회갈등문제 연구·저술가

『그대여, 사색의 시간을 가져라』
『독도 영유권 분쟁 과거 현재 그리고 미래』
『부정부패 원인과 대책』
『지도자론: 지도자가 갖추어야 할 자질과 리더십』
『한국 공교육 위기 실체와 해법』
『한국사회 대립과 갈등 진단』
『현명한 부모의 자녀교육』

귀뚜라미그룹 기술아이디어 경진대회 동상 수상
(가정용 가스보일러 연도 폐가스 누출방지용 이음장치)

연락처: 010-8724-5910
이메일: bljh5910@nate.com

정치지도자론

초 판 인 쇄 | 2012년 7월 20일
초 판 발 행 | 2012년 7월 20일

지 은 이 | 이진호
펴 낸 이 | 채종준
펴 낸 곳 | 한국학술정보㈜
주   소 | 경기도 파주시 문발동 파주출판문화정보산업단지 513-5
전   화 | 031) 908-3181(대표)
팩   스 | 031) 908-3189
홈 페 이 지 | http://ebook.kstudy.com
E - m a i l | 출판사업부 publish@kstudy.com
등   록 | 제일산-115호(2000. 6. 19)

ISBN   978-89-268-3623-1 93340 (Paper Book)
         978-89-268-3624-8 95340 (e-Book)